岭南教育文库•教育理论著作类

校本教研

理论与实务

XIAOBEN JIAOYAN LILUN YU SHIWU

沈凌◎著

广东高等教育出版社
Guangdong Higher Education Press
•广州•

图书在版编目（CIP）数据

校本教研：理论与实务/沈凌著．—广州：广东高等教育出版社，2020.4

（岭南教育文库）

ISBN 978－7－5361－6689－9

Ⅰ．①校…　Ⅱ．①沈…　Ⅲ．①中小学—教学研究　Ⅳ．①G632.0

中国版本图书馆 CIP 数据核字（2020）第 010073 号

出版发行	广东高等教育出版社 社址：广州市天河区林和西横路 邮编：510500　　营销电话：（020）87551436 http://www.gdgjs.com.cn
印　　刷	佛山市浩文彩色印刷有限公司
开　　本	787 毫米×1 092 毫米　1/16
印　　张	16.25
字　　数	236 千
版　　次	2020 年 4 月第 1 版
印　　次	2020 年 4 月第 1 次印刷
定　　价	45.00 元

如果你想让教师的劳动能够给教师带来乐趣，使天天上课不至于变成一种单调乏味的义务，那么你就应当引导每一位教师走上从事教研的这条幸福的道路上来。

——［苏］苏霍姆林斯基

自　序

随着基础教育课程改革的全面深入推进，教育教学研究的重心已下移到基层学校，“为了学校、基于学校、在学校中”的校本教研已列入广大一线教师的工作日程。从现实情况看，虽然校本教研的理念日益被广大学校和教师所接受，但是校本教研并未转化为教师们的日常教育实践或职业生存方式，大多数学校的教研仍然停留在备课、听课和评课层面，大多数教师只关注教研活动的形式，并没有真正领会“校本”与“研究”的本质，既缺少系统性的问题研究，又忽视对校本教研成果的总结和提炼。导致校本教研处于低水平重复状态，对学校教育教学研究资源的积淀和校本教研的持续发展没有发挥应有的作用。究其原因，一方面是校本教研在我国特定的环境和体制下出现“失范”现象；另一方面是一线教师对“校本教研”这一概念的理解有所偏差。

课程改革是在原有课程基础上的变革，即继承原有课程的优秀成分，改革其不足之处。如此，与原有课程密切联系的教学研究成果资料也必然成为新课程改革的重要资源。因此，校本教研要注重它的系统建构，以便不断积累教研成果资源。校本教研的系统构建，是指对校本教研要有整体的系统规划。首先，要系统地思考学校课程改革的总体愿景，为校本教研提供系统性的任务目标安排；其次，要分析课程改革的愿景目标要求与现实教学实际的差距，发现有价值的教研问题，进而遵循问题解决的行动路径，形成“发现问题—解决问题—再发现问题—再解决问题”的系统建构过程。

校本教研既要推进教学改革，也要不断积累经验，提炼典型的教学设计和课例等，从而不断丰富校本教研的资源。这既是我国校本教研的现实诉求，也是校本教研的宗旨所在。

基于校本教研这一现实境况，我自告奋勇撰写了《校本教研：理论与实务》一书。本书基于“以理论指导实践，以实践印证理论”的学术原则，从校本教研的现状出发，结合课程改革实践中的现实问题和基层学校教研的实际需要，以“校本教研”固有的逻辑关系和发展规律为线索，力图对校本教研进行较为系统而深刻的阐释——理论篇审视了校本教研的背景与历程、内涵与特点、要素与范式、范畴与形态、文化与价值、转型与发展等内容，以凸显校本教研的理论价值；实务篇探讨了校本教研的使命与任务、组织与管理、策划与实施、流程与模式、方法与技术、成果与应用等内容，以凸显校本教研的应用价值。与此同时，“理论”与“实务”两个部分有机结合、相辅相成，形成一个从理论到实践、从历史到现实、从现状到愿景的校本教研方法论体系。此外，在内容的选择上，本书力求体现基层学校校本教研的现实情境性和课程改革校本研究的典型性。应该说，本书的结构和体例切合了校本教研的范式规律与发展逻辑，按照这一结构和体例去阅读、理解和实施校本教研，无疑更有规范性、科学性和实效性。

本书是我多年从事基层学校教研管理工作和进行校本教研研究的心得体会，书中不少章节的内容直接源于我校校本教研经验或教训的总结。从这个意义上说，本书具有服务于中小学和一线教师的现实针对性和实践应用性。然而，我的实践经验毕竟有限，理论视野亦不甚宽广，因此本书有些内容还得借鉴高人的相关成果（如书中已做注释的内容）。正是对这些高人研究成果的借鉴，本书的理论价值与实践价值得以丰富和提升，如果非要论本书具有什么优点和价值的话，那得归功于这些为我“间接”提供帮助的专业人士。

受笔者专业水准和研究时空的限制，书中存在的缺陷和不足，有待相关教育专家、校本教研的行家和用过此书的一线教师批评指正，有待笔者继续研究与探索后的及时修正。

最后，请允许我表达对广东省教育研究院的领导和有关专家、广东高等教育出版社的领导和责任编辑陈日轩同志的感激之情——承蒙他们的举荐和认同，拙著得以跻身“岭南教育文库”的大雅之堂。

沈　凌

2020 年 2 月于东莞

CONTENTS

目录

理 论 篇

实 务 篇

理论篇

第一章　校本教研的背景与历程

校本教研的产生有其深刻的思潮背景和理论渊源，了解校本教研的历史背景和发展历程，有助于我们正确理解校本教研的深刻内涵和本质意义，进而把握校本教研的发展方向，实现校本教研的历史使命。

一、校本教研的思潮背景

产生并兴盛于20世纪的“以校为本运动”“专业化运动”“教师即研究者运动”是一个相辅相成的思潮体系，它们构成校本教研制度“种子”生根的温床。

（一）以校为本运动

校本教研源于“以校为本”思潮。20世纪初期，欧美一些国家开始关注以校为本的教育改革，经历多次曲折发展之后，在90年代形成世界性的“校本运动”。以校为本是一种重视学校自身力量和学校自身发展的思潮，它主张在政府的宏观指导下，社会积极参与，学校自主办学。

以校为本的基本内涵可以用“为了学校、基于学校、在学校中”来概括。为了学校，是指学校自身应成为发展的中心和根本，一切办学措施要有利于学校组织及其成员的发展，从而有利于教育对象的发展。基于学校，是指教育改革的主阵地是学校，没有学校层面的改革，一切教育改革措施都要落空，改革的目标就不能实现，因为教育的改革与发展，归根到底要通过学校来体现。对于学校管理者来说，也要充分认识学校的地位和作用，把主次位置摆正，做好学校自身工作。在学校中，是指在学校的办学与教育改革中，要充分发挥学校成员的积极性、主动性和创造性，开发全体教职员工的创造潜能，使教师真正成为教育过程的主导力量。没有学校主体的作用，学校的一切改革都是不可能成功的。

以校为本的核心思想是组织再生、多元参与、绩效责任和自治精神。组织再生——以校为本是一种权力下放、分享决策的运作策略，与传统的由外力控制的学校发展不同，它是一种权力与资源的重新分配及其角色的重新定位，借此来活化学校，赋予学校组织的生命力；多元参与——就结构而言，学校教师、行政人员、社区人士、家长和学生组成学校管理机构，共同参与或分享决策权力；自治精神——加强学校自治，减少国家和地方的行政权限；绩效责任——权利与义务、自主与责任都是两面一体，在强调以校为本的同时，学校要承担决策所带来的相关后果。

（二）专业化运动①

专业化运动又称结构功能主义运动。它源于卡德威尔（B. J. Caldwell）和斯宾克斯（J. M. Spinks）于 1988 年出版的颇有影响力的《自我管理的学校》一书，该书从技术的角度强调学校管理是行政的而非政治的，学校层面的决策在国家和地方的方针政策下进行，学校的运作要去中央集权化。与此同时，墨菲（J. Murphy）和贝克（L. G. Beck）又进一步从专业化整合的视角表明了以校为本的逻辑体系。他们实质上是以结构功能主义的观点从专业化的视角解释以校为本的合理性——教育是一种专业化运动，并且随着时代的发展专业化将进一步提升。教育应该以专业人员为主力，对学校的资源、课程、教学、评价、研究等事务实施专业化的管理与运作。这样，才能发挥专业人员的专业智慧，增加专业化参与，根据学校和学生的实际需要，对教育资源做高效的分配与组合，从而提高学校的效能。反之，如果过于集权化、科层化，则会损害专业人员的积极性，降低资源的使用效率，妨碍学校的发展。

---

① 张行涛，李玉平．走进校本教研［M］．北京：开明出版社，2003：13.

（三）教师即研究者运动

随着“以校为本”和“专业化”思潮的盛行，“教师即研究者”成为共识，于是，“教师即研究者运动”于20世纪60年代前后在欧美国家应运而生。当时，越来越多的人认识到，没有学校参与特别是没有教师参与的教育研究，是无法使教育研究成果很好地在教育实际中得以应用的。如果没有得到学校及教师方面对研究成果的检验，那么就很难看到如何能够改进教学，或如何能够满足课程规划。教学要实现重大的改进，就必须形成一种可以使教师接受的、并有助于教学的研究传统。这种研究传统后来逐渐成为直指学校问题、将学校实践活动与研究活动密切结合在一起、以学校教师为研究主体的校本教研制度。

二、校本教研的理论渊源

理论是行动的先导。校本教研作为教师学习、研究、教学三位一体的职业生存方式和学校文化，自有其特定的理论依据。校本教研中的教师涉及终身教育理论、教师生涯理论；校本教研中的学校涉及组织理论、学校重建运动理论；校本教研中教师与环境的关系涉及互动理论。它们一起构成校本教研思潮的理论基点和校本教研实践的理论因子。透视这些理论的内涵，不难了解校本教研与之在思想体系和实践取向上的关联。正是基于这些理论蕴积的能量，校本教研实践才具有强大的生命力。

（一）终身学习理论

校本教研是教师终身学习的重要形式，作为一种成年学习者，教师的终身学习具有以下一些形态和特点。

自我导向的学习：根据自己的实际情况来选择学习的内容与方式，这就造成了教师学习的个别化倾向。

重视同伴之间的交流：同伴之间的交流与合作探讨，远比系统学习具有更高的效率和效果。

强调立竿见影的学习效果：重视学习的效率，学习之后就可以在具体工作中加以应用。

内在动机的学习诉求：只有考虑自己的需要，成人才会去参加学习，否则硬性的强制学习不会产生好的效果。

成人学习生活的复杂性：成人学习常常受到生活中情绪、压力、焦虑等因素的影响。

（二）教师生涯发展理论

校本教研关系到教师职业生涯的发展。教师生涯发展理论有“周期论、阶段论和循环论”三种取向。

周期论以线性的时间作为展开的逻辑线索，把教师的生长年龄、从教年龄作为生涯发展的指标来探讨教师生涯发展的需求和特征。阶段论不以教师的年龄或教龄作为指标，而是以教师共同的心理特征、态度、需求作为研究职业生涯的依据。循环论从多重角度来说明教师职业生涯的发展，以及职业生涯中所涉及的各种情景因素，发展不仅仅涉及个体的发展，而且涉及个体在环境中面临的各种因素，因而是复杂的、循环的发展模式。

虽然不同的研究所提出的教师生涯发展阶段的论述有所不同，但是它们有一个共同的观点：教师的职业生涯发展是一个动态的过程，不同阶段的教师对于学习存在着不同的需求，并非所有教师都走在相同的轨迹上。因此，校本教研的规划与设计，必须依据教师的生涯发展阶段，设计符合不同教师需要的学习规划，以便取得最佳效果。

（三）学校重建运动理论

学校重建运动兴起于20世纪80年代的欧美国家，至今依然盛行。其主要内涵是：地方政府、教育主管部门、学校（校长、教师和学生）和家长构成学校重建运动的主体。其中，政府官员是学校重建的促进者，教育主管部门是学校重建的管理者，家长是学校重建的伙伴，校长是学校重建的促动者，教师是学校重建的专业者，学生是学校重建的行动者。他们依据学校本位，运用“以校为本”“教师专业化”“家长的选择”“为了理解而教学”等校本教研策略，对学校的组织管理工作和核心技术工作进行再设计，力图改变学校原有的运作方式，重新构造学校的组织和管理方式，以便大幅度提高学校的教育质量和效能。

（四）学校组织发展理论

组织发展是指能让人们及其环境有计划、有系统改变的历程，目的在于使组织自我发展、自我更新。因为教育中的许多问题都源于学校文化的本质，教育改革实质上是一种文化变革。这种变革如果忽略了人际关系的互动，和组织的关系就无法持久。学校组织发展是学校为了适应社会变迁的需要而产生的，经过计划性和持续性的团体进程，其间包括专业发展、合作、参与、归属感和士气等，最终促进学校组织的自我更新。

学校组织的发展主要包括组织的互动和组织的文化建设两个方面。学校是一个组织，教师则是这一组织中的一个分子。教师通过校本教研将工作和学习结合在一起，以期不断适应环境的变化和社会的变迁。通过校本教研不仅可以提高教师的专业水平和工作质量，而且能有效地促进学校教育效能增量。

（五）社会体系互动理论

社会体系互动理论认为，教师的行为都是在社会中产生的，人类社会中所有的行为表现通常受到个人和制度两个方面的影响。比较两者，改变教师的人格特征远比改变制度容易得多。因此，通过校本的专业化发展来改变教师行为是现实可行的手段。

如果校本教研能够兼顾环境中的个人行为和社会规范，研究所取得的效果一定会更好。就场地而论，教师从事校本教研如果能够考虑到个人以外的环境因素，无疑会取得更好的效果。

（六）教师社会化理论

教师社会化是指教师在教育生活中，接受专业规范、适应学校教育环境的过程。通过继续社会化，教师可以学习到专业知识和技能，形成专业精神，建立自我观念与角色认知，从而表现正确的教学态度和角色行为。

在教师社会化的理论系统中，“符号互动论”认为：个人与他人的互动，需要“重要他人”作为参照，并修正自我观念，表现合适的角色行为。由此可知，教师的社会化就是教师在学校中经过同伴互动、重要他人的影响参照，建立和发展自我观念和专业角色的过程。“结构功能主义”认为：个人在社会体系中，根据各种价值取向，选择适当的角色期望，表现恰当的角色行为。由此可知，教师的社会化就是教师在学校中为了达成专业成长目标，根据学校规章制度的规定，以及同伴之间的互动，形成角色期望，获得专业知识与能力，内化教师规范，表现恰当的教师角色行为的过程。

三、校本教研的发展历程

20 世纪 60 年代前后，校本教研首先在欧美国家兴起，世纪之交在我国基础教育领域应运而生，并于我国教育改革大潮中获得长足发展。

（一）校本教研的发展过程

20 世纪 80 年代，我国有部分学校进行了各种各样的“准校本教研”的尝试，开始走一条教学研究校本化的道路。他们在结合学校的实际进行校本课程的开发，把国家课程资源转化为学校的课程，总结学校教研的特色，提升自己的理论水平，发展教师队伍等方面做过不少有益的尝试，从而出现了一些校本教研的先行学校。

21 世纪之初，伴随着基础教育新一轮课程改革的推行，校本教研正式登上历史舞台，从而开辟了校本教研的新时代。

2001 年 6 月，教育部颁发的《基础教育课程改革纲要（试行）》明确提出：“在教育行政部门的领导下，各中小学教研机构要把基础教育课程改革作为中心工作，充分发挥教学研究、指导和服务等作用，并与基础教育课程研究中心建立联系，发挥各自的优势，共同推进基础教育课程改革。”2002 年 12 月，教育部颁发了《关于积极推进中小学评价与考试制度改革的通知》，其中“建立有利于提高学校教学质量的评价体系”部分提到：“学校应建立以校为本、自下而上的教学研究制度——校本教研。”在此基础上，教育部基础教育司又颁发了《关于改进和加强教学研究工作的指导意见》，进一步规范了校本教研的原则性要求。我国的校本教研制度进入初步探索阶段。

2003 年 12 月，教育部基础教育司与上海市教委共同举办“创建以校为本的教研制度建设基地”第一次项目工作会议。2004 年 3 月，教育部基础教育司在基础教育课程改革项目中正式设立“创建以校为本的教研制度建设基地”项目。2004 年 9 月，该项目的专家组在上海召开项目组工作会议，正式确立全国 30 个省、自治区、直辖市和 84 个区县为全国首批“创建以校为本的教研制度建设基地”。这样，我国的教研制度自此进入“以校为本”的全面探索阶段。

2006 年 8 月，“创建以校为本的教研制度建设基地”项目组出版了全面反映“创建以校为本的教研制度建设基地”项目成果的专著《校本教研在行动》，预示我国的校本教研制度进入规范化发展阶段。

2012 年 11 月，首届全国教研系统负责人联席工作会议在成都召开，会议由教育部基础教育课程教材发展中心组织。会议就新形势下如何转变观念、创新思路，推进教研工作走上新台阶进行了研讨。2013 年 12 月，教育部基础教育课程教材发展中心在上海召开了第二届全国教研系统负责人联席工作会议。会议研讨、交流了在深化教育领域综合改革的新形势下，基础教育教学研究部门在深化基础教育课程改革，落实立德树人根本任务中的新思路和新举措。随着两届全国教研系统负责人联席工作会议的召开，我国的校本教研制度由外延式发展进入内涵式发展的新阶段。

（二）校本教研的现实反响

在基础教育改革全面推进的形势下，原有的教学研究制度受到巨大的冲击和挑战。树立新的教研观念，建立新的教研机制，探索新的教研形态，成为学校教学研究的中心工作和紧迫任务。

从制度层面看，首先，原有教学研究工作缺乏群众性，很多时候都成为教研室的“专利”，学校大多被动地参与，没有自下而上的教学研究氛围和工作机制；教学研究没有发生在真正进行教育的地方，研究的内容大多不是出自教学第一线，进行的教学研究没有给学校带来个性化的发展，更多的是强调共性和统一；没有充分发挥教师的专业自主性，甚至限制了教师创造性的发挥，挤压了教师的创造性空间。其次，教学研究机构在一定程度上存在着职责不清、分工不明的状况。在省、市、县各级教学研究机构的具体工作中，出现权限过大或者是权限不足等现象。

从观念层面看，教学研究机构在一定程度上观念滞后。教研机构主要是以工作促教学，而没有以研究促教学，缺少进行研究、促进教学的上位理念。教研人员虽然具有丰富的经验和有关组织协调能力，但是长期脱离一线教学，没有从事研究工作的体验，形成了经验主义的工作方式和方法。在教育教学日新月异的新时期，由于长期的经验主义工作习惯，接受新的思想受到影响，尤其是在当前基础教育课程改革中的新观念、新要求并没有比一线教师接受得快多少，有的还处于同一起跑线上或者略有落后。

从工作层面看，教学研究机构对于问题的研究例行化，没有到教学实践中去寻找问题、发现问题和解决问题。研究的目的本来是为了指导教育实践，指导学校的教育教学工作，但离开了教学一线的研究，是不会直接有效运用到学校中的。随着基础教育课程改革的深入和扩展，一线教师发现的问题越来越多，迫切需要研究人员参与和共同解决，以促进课程改革的进程。如果研究人员没有与时俱进的理论学习，只依靠过去的经验是远远不够的。

校本教研制度的宗旨在于让教师通过积极有效地开展教学研究活动，全面落实课程改革的目标，切实提高课程实施和教学实践的质量，并在这个过程中促进教师专业发展，提高教师进行课程建设的能力。一方面，教师在校本教研活动展开的过程中不断学习，转变原有的课程与教学观念，提高教学研究的能力和水平，扮演起研究者的角色。另一方面，随着教师群体专业素养的提高，校本教研必然促进学校的发展，并使学校日益成为一个学习型组织。可想而知，在一种民主、合作、进取、向上的学校文化背景下，校本教研活动成为促进学校特色发展的重要纽带，每一位教师都产生了对教学研究的兴趣，形成积极开展教学研究和校本学习的氛围，这一校本教研的新气象，必定使校本教研成为学校现代化发展的重要载体，成为我国基础教育现代化发展的突破口和关键点。

第二章　校本教研的内涵与特点

随着新一轮基础教育课程改革的全面推进，学校教育研究进入了“以校为本”的新时代，“校本教研”“教师成为研究者”等理念得以迅速传播和推广。校本教研的应运而生，是基础教育课程改革实践的内在要求和教育研究向实践回归趋势的必然反映。

一、校本教研的深刻含义

校本教研有广义与狭义之称。广义泛指在学校中进行的各种教育研究活动；狭义专指以校为本的教学研究。我国一些教育研究者通常使用“校本研究”“学校教育研究”“教师研究”等概念来指称以校为本的教育教学研究，应当说，这些概念实质上是一致的。

概而言之，校本教研就是为了改进学校的教育教学，提高学校的教育教学质量和教师的业务水平，从学校的实际出发，依托学校自身的资源优势而开展的教育教学研究活动。它包括三层含义：一是校本教研以学校发展为本，强调从学校实际出发，围绕学校工作中的实际问题，有针对性地开展教研工作，为学校的教育发展服务；二是校本教研以教师发展为本，强调确立教师在校本教研中的主体地位，让教师成为研究的主人，通过校本教研来培养教师、提高教师素质，为教师的自我发展、价值实现服务；三是校本教研以学生发展为本，强调关注学生，遵循学生的身心发展规律，有针对性、实效性地解决学生发展过程中存在的疑难问题。

校本教研基于“教学方式改变和教育质量提高”的愿景，在先进教育理念与千变万化的教育实践之间架起沟通桥梁——深入了解并及时解决教学中的困难和问题，使先进理论转化为生动实践并产生积极成果，最大限度地提高教学效益；教师从单纯的课程被动执行者的角色中解放出来，真正成为新课程的开发者、创生者，通过总结推广教学经验，探索教学规律，不断提高教师的专业水平和校本课程的建设与管理能力；创设一种教师之间相互学习、相互帮助、相互切磋、相互交流的学校文化环境，使学校成为一个促进教师不断成长与提高的学习化共同体。

综上所述，校本教研是以学校为研究基地，以中小学教师为研究主体，以解决中小学教育教学中的实际问题为中心任务，以实现学生、教师和学校的发展为根本目的的学校教育研究形态。

二、 校本教研的本质属性

校本教研不是教育科学研究，而是教育问题研究——不是以教育科学体系为研究对象，探讨教育科学体系中的问题，揭示教育科学体系中的规律；而是以教育问题为研究对象，探讨基础教育领域的问题，揭示基础教育领域的规律。校本教研是校本发展最重要的体现，是整合校本管理、校本培训、校本课程等的纽带。它将使学校具备研究的职能和形成自我发展、自我创新的内在机制。从本质内涵上看，校本教研具有如下三个方面的属性。

（一）校本教研是一种学校教育研究类型

校本教研作为一种实践性的研究活动，与理论性的、书斋式的研究活动有着明显的不同。首先，从研究的主体和对象看，校本教研是以从事学校教育教学活动的教师为主体，针对教师在教育实践中产生的真实问题而进行研究。其次，从研究的目的看，校本教研的关注点不仅仅是为了理论在实践中的应用，更是为了实践本身的改进。从教师专业发展的角度讲，教师除了拥有相应的学科背景、必要的教学技能等“专业特性”外，还应具有一种“扩展的专业特性”，即有能力通过比较系统的自我研究，或通过研究别的教师，或通过课堂研究，检验有关理论，实现专业上的自我发展。这实质上是一种为了改进实践的“探索行动”。最后，从研究的过程来看，校本教研始终都是在学校教育实践中进行，始终都与学校的教育实践保持高度一致。校本教研是一个“问题—设计—行动—反思……”的过程，教师边实践边研究、边研究边实践，在实践与研究的相互促进中不断反思，进而逐渐上升到理性认识，反过来更好地指导实践。这种实践为校本教研提供了最直观的研究基础。

（二）校本教研是一种学校教育研究机制

机制是实现系统运行的一切组织要素以及各要素之间的关系和相互作用的方式，它贯穿于整个系统，对实现系统的目标具有决定性的作用。新课程背景下校本教研的机制，是校本教研的各要素相互作用、有序运行的关系和方式，即由课程改革的实践来决定学校教育研究的方向、主体、课题、过程和成果价值的机制。

教研制度具有“自上而下”和“自下而上”的两种机制类型。“自上而下”的教研机制主要依靠上级行政推动的策略开展教研工作；“自下而上”的教研机制是基于学校自主创新的策略开展教研工作。“自上而下”的教研机制适用于大规模的教育教学变革，解决具有普遍性的问题。但随着基础教育课程改革的不断深入，面对课程结构的转变和教材的多样化，这种教研机制在解决学校遇到的日常的具体的实际问题时起到的作用不够明显，这就需要“自下而上”的教研机制作为补充。校本教研就属于典型的“自下而上”的学校教研机制。它不是对传统教研制度的全盘否定，而是对其的改进和完善，使“自上而下”与“自下而上”的教研机制实现优势互补，从而更有效地解决学校所面临的教育教学实际问题。

（三）校本教研是一种教师职业文化

校本教研是学校教师融学习、教学和研究于一体，促进教师专业成长的职业生活方式，这一教师职业生活的基本方式，使校本教研具有丰富的文化属性。

1．校本教研是一种唤醒

校本教研的根本目的不是传授给教师一些现成的研究方法，而是要把教师的创造潜能诱导出来，将教师的生命感、价值感从沉睡的意识和心灵中“唤醒”。校本教研就是要“唤醒”教师沉睡的研究意识，增强主体意识，使教师获得一种生命的升华。

2. 校本教研是一种体验

校本教研从根本上讲，是教师主体生命的投入，是教师生命的展开过程。教师不是站在对象（学生、教材、课程、环境等）的旁边，作为一名旁观者对外部进行观察和描述，而是进入对象中间，与对象融为一体，在不断地反馈、调节与体验中改善自己的教学行为，领悟教学的技艺，体味到教学的乐趣和自己生命的意义。它作为一种非线性的研究，是对自己教学和生命过程的体验，也是对自己工作和生命价值的批判性反思。

3. 校本教研是一种视界融合

学校的教学活动一般要受到两个视界的限制：一是文本的视界，如课程、教材；二是学生的视界，如学生的现实经验。文本视界是教育的理想视界，它反映了社会对人的发展的要求；学生的现实视界是社会文化、历史和环境互相作用的产物，由于每个学生的生活环境不同，学生的现实视界也各不相同。校本教研强调的是教师通过不断的反思来改善自身的教学行为，学生的视界和文本的视界，在教师的研究状态下不断相互交融，实现视界的真正融合，促使学生形成一种新的视界，即学生的智慧增长和个性充分发展。

4. 校本教研是一种对话文化

阐释学的逻辑是一种“对话式”的逻辑，从这一点上来说，校本教研就是基于教师与新课程对话、教师与自身对话、教师与教师对话、教师与学生对话的“对话文化”。在这种“对话文化”里，对话双方不是传统教育中的那种对象性的主客体关系，而是一种交往关系、意义关系，是一种“我”与“你”（主体与主体）之间的平等对话和问答关系。对话双方不只是各自陈述自己的观点和见解，还需要互相倾听和言说，即彼此敞开自己的精神世界，在“对话”中实现了精神的交流和意义的分享。这种“对话”的本质，不是用一种观点来反对另一种观点，也不是将一种观点强加于另一种观点，而是一种“共享”：共享知识、共享经验、共享智慧、共享人生的意义与价值等。通过合作性的共同反思来探索真理和改善行为，使学生的“现实视界”与“文本视界”不断融合，不断形成新的视界。由此可见，“校本教研”不仅仅是一种制度、一种方法，更是一种人与人之间的平等的合作和精神交流，通过“对话文化”获得教师教学行为的改善和专业水平的提高。

三、 校本教研的基本特点

校本教研作为一种新的教育研究形态，不是正规的专业研究，而是基于学校、为了学校、在学校中进行的实践性研究。其特点可以从与专业研究的比较中窥一斑见全豹。

表 2－1　校本教研和专业研究比较表①

项目	校本教研	专业研究
研究人员	以一线教师为主，学者专家提供支持，注重民主参与和合作协商；基本研究程度，经验少或无	以学者专家为主，其他人员协助；相当程度研究水平，经验多
研究目的	提升教学水平，获得教学专业能力，促进学校发展	发展或检验假设，解释或预测产生可推广的结论
研究问题	为改进实践，问题产生于实践需要	验证或发展理论，源于文献阅览或学术反思
文献探讨	多阅览可用的二手资料，概括了解	广泛阅览一手资料，全盘了解
选择样本	周围取样，不要求代表性，要求针对性	确定总体后抽取具有代表性的样本

① 张行涛，李玉平．走进校本教研［M］．北京：开明出版社，2003：13.

续上表

项目	校本教研	专业研究
研究设计	流程自发，有弹性，可修改，收集、解释、实施等阶段循环进行，不太关注控制无关变量和减少误差	严谨设计，控制干扰无关变量，有计划、按步骤严格实施，重视研究的信度和效度
资料收集	用简易可用的技术收集资料	采用具有信度、效度的测量技术，要进行前导性研究或前测
资料分析	简单分析，多呈现原始资料，注重实用性，较多主观看法说明，批评者协助检验结果	分析技术复杂，呈现分析后资料，多强调统计显著性、推理一致性或事件深层意义的诠释
结果应用	强调实用性和影响实践的程度，多提出改进教学的可用信息	注重结果的意义、理论的显著性，可重复验证，多提出研究和应用的建议
报告形式	依实际需要而定，无统一格式	强调合乎严谨的学术规范

从表2－1的比较中不难看出，校本教研在“研究主体、研究对象、研究目的、研究过程和研究结果”等结构要素上有着不同于专业性教育研究的特点。

（一）研究主体的参与性

研究主体的参与性指向教师参与研究，也可以理解为“教师成为研究者”。以往的教育研究认为研究是专家的事，教师天生就是“教书匠”，根本不具备独立从事教育研究的能力；专业研究人员是研究的主宰，教师只能是配合者，只能亦步亦趋地跟着专家的指示走，毫无发挥自身主体性的空间。这种忽视教师直接参与研究的做法，可能会带来两种后果：一种是研究结果缺乏针对性和科学性，不能用于教学实践；另一种是教师的积极性受挫，对教研成果不感兴趣。校本教研以确认教师的研究意识和能力为支点，倡导以教师为研究主体，提倡教师成为研究者，凸显教师在研究中的主体地位。教师研究的主体性贯穿于教师参与校本教研活动的整个过程中，包括确定研究课题、制订研究计划、实施研究、收集研究反馈信息并调整、评价结果、应用研究成果等。教师要成为研究者，就要确立研究意识，以研究者的心态置身于教学情境中，以研究的眼光审视、分析和解决教学实践中的问题，把教学研究与日常教学实践一样作为自己职业生活的一部分。教师真正成为研究的主体必须做到以下两点：一是具有主动意识，改变传统教学中按教学计划和教材照本宣科式教学的方式，与教材对话，与学生对话，成为能动的教学实践者而非被动的执行者，要驾驭教学过程，进行探究和反思性的教学实践，成为教学的主体；二是具有问题意识，保持对问题思维的敏捷性和心理上的警觉，不断审视、思考、质疑、探索、反思教学中的各个细节，提炼出有价值的问题，为进一步研究打好基础。

研究主体的参与性虽然指向以教师为研究主体，但不排除其他人员包括教育学者、研究者、科研人员的参与。专业人员也应成为校本教研的主体，因为专业人员为教师提供理论和技术的支撑，引领教师的专业成长，与教师共同研究并形成研究共同体。教师只有站在更高的角度与专业人员展开合作与对话，培养合作意识，才能使校本教研获得广泛参与和支持，才能使研究真实、翔实、扎实。为此教师要有与人合作的素养，这也体现出校本教研的整体参与性和合作性的特点。

（二）研究对象的具体性

与传统教研不同，校本教研以教育实践中的具体问题为研究对象，从问题出发，以问题的研究和解决为中心，通过对问题的分析解决来提升教学工作的质量。校本教研对象的具体性主要体现在以下四个方面：一是直接性。问题必须直接来源于教师自己的教学实践，是教师自己而非他人在教学过程中的经历和感受。二是特殊性。校本教研关注的是实际情境中的具体问题，表现出明显的学校伙伴及特征，不具有普遍性和代表性。三是微观性。校本教研的对象多为教学实践中比较具体的微观问题，问题范围较小，结构简单，相关因素较少。四是情境性。研究的问题产生于实际的教学情境中，研究计划的内容会从实际情境出发，根据实际需要及时修正。

（三）研究目的的改进性

校本教研打破了传统教研单纯的理论验证或构建之目的，凸显其“改进型”的价值取向。校本教研无论是作为一种教研活动，还是作为一种教研机制，其直接的和核心的目的都是为了改善学校实践、提升教学质量、促进师生共同成长。校本教研以学校为研究基地，密切联系学校实际和教师的教学实践，研究问题源于实践，研究结果服务实践，力图为提升学校总体实践水平而努力。但是，实现实践的改进即实现从理念到行为的转变的教育现象是复杂的，并不是靠一两次的实践就能形成意识和解决问题。因此，在校本教研的展开过程中，教师必须不断地实践反思和深入地观察、分析，去研究把握自己具体的教学行为，在文本学习讨论的同时，还要关注教学行为的连环跟进，这样才能使校本教研活动逐步走向深入，并不断提升学校实践水平。校本教研关注实践的改进，在改进实践的基础上，研究者也会形成自己对教育理论的独特理解，从而能够在一定程度上检验与发展教育理论，以期改变长期以来教育理论与教育实践两相脱离的状况，进而实现两者之间的良性互动。

（四）研究过程的反思性

埃里奥特指出：“改进事件”意味着教师以“反思性教育实践”的方式亲自“参与”研究。就是教师在“改进实践”的行动研究中，“将教学、课程开发、评价、教育研究与教师专业发展整合为反思性教育实践”。反思是校本教研的突出特征，它是教师以自己的教学活动为思考的对象，对自己的教学行为、决策及产生的结果进行认真的自我审视和分析的过程。校本教研的各个阶段，包括校本教研问题的确立、研究方法的制定、研究问题的分析与解决、研究结果的运用都离不开反思。教育实践应真正体现“反思—改进—再反思—再改进”螺旋上升的过程。

（五）研究结果的公开性

校本教研是一种立足实践的研究。随着世界范围内校本运动的广泛展开，教学研究向学校回归、向教师回归、向教学实践回归，已成为世界性教学研究趋势。当今的教学研究，要求研究者把自己的教学作为研究对象，用自己的教学观念关照、审视自己的教学世界。因此，作为研究主体的一线教师，要成为自身教学的反思性实践者，把研究融入自己的教学生活中，使教学与研究密切结合；要将自己的研究结果公布于众，引发他人对自身研究结果的讨论，让研究成果为他人所用，以期在切磋交流中实现共同提高。

校本教研作为一种大众化教育研究，表明了我国教育主导思想从“精英教育”向“大众教育”的转变——教育研究回归平民、回归生活、回归实践，从而体现了一种教育研究的转型和教育研究改革的进步。校本教研是对我国长期开展的教师学习与研究的发展与创新，是对教师教育与管理工作研究思维的转向，是对学校业务工作的整体反思与改进，同时也是教师教育范式转型的重要标志。校本教研具有多种质的规定性，适用于基础教育所有的学校及其课程。不仅义务教育阶段的学校可以实行，非义务教育阶段的学校亦可以实行；不仅可以应用于新课程的实施，也可以应用于传统课程的实施；不仅可以针对教学活动中的问题，也可以针对与教学相关的德育活动中的问题；不仅涉及“校本”范畴下的教师研究，还应包含校长和中层领导的教学管理问题研究。但是，对新课程背景下教师的校本教学研究方面的理念引导和行为规约则是校本教研关注的重点。

第三章　校本教研的要素与范式

要素和范式是校本教研的核心构件，它关系到校本教研的性质和方位。掌握校本教研要素关系与范式规律，既是正确进行校本教研的必要条件，也是校本教研成效的基本保证。

一、校本教研的核心要素

在校本教研中，教师个体、教师集体、专业研究人员构成了校本教研的三位一体关系，教师个体的自我反思、教师集体的同伴互助、研究人员的专业引领构成了校本教研的核心要素和基本活动形式。[①] 其相互关系如图 3－1 所示。

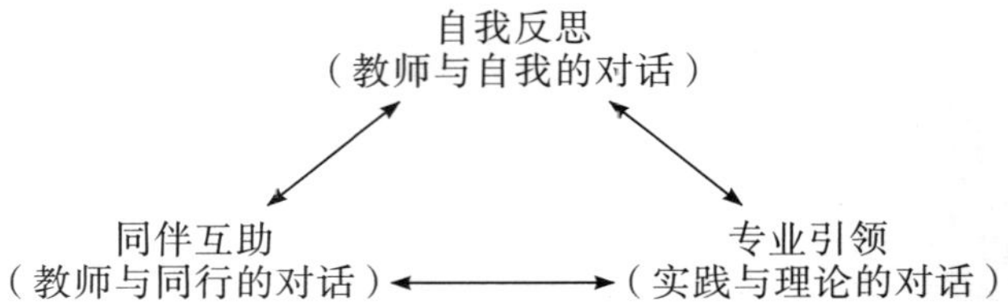

图 3－1　校本教研核心要素关系图

（一）教师个体的自我反思

自我反思是教师个体以自己的教学行为为思考对象，对自己在教学

① 余文森，吴刚平，刘良华．探索以校为本的教学研究［M］．上海：华东师范大学出版社，2005．

中的行动及其结果进行反省和检视。教师个体的自我反思从本质来说，是一种理论与实践之间的对话，即理论与实践两者相互沟通的桥梁；是研究的自我和教学的自我进行对话的过程，即理想自我与现实自我进行心灵沟通的方式。显然，这种反思不同于一般意义上的“回顾”“检讨”，它是对观念、行为、目标设定、实施过程和教育智慧等内容的反思。它的价值和意义在于将隐性知识显性化，即将难以明确表达的技能、技巧、经验、诀窍、直觉、灵感、心智模式等外显，使之成为有价值的教学实践知识。

自我反思是校本教研的基础和前提，只有教师的反思成为个体的自我意识，成为教师自觉自愿的行为，校本教研才能成为现实。在课程教学中，教师的自我反思根据时间的不同可以区分为前、中、后三个阶段，三个阶段分别具有不同的特点和具体表现形式。

1. 在课程实施前的反思

课程实施前的反思是一种预设性的反思，通过这种前瞻性的反思，可以使教师的教学行为更为有效；通过预测和分析，可以使教师的教学成为一种自觉的研究性实践活动。

2. 在教学过程中的反思

在教学过程中进行的反思，便于处理和思考随时出现的各种问题。教师在教学过程中的自我反思，具有监控性和即时性的特点，它能使教学活动得以高质高效地进行，对于教师的教学调控和应变能力也是一个有力的促进。

3. 在课程实施后的反思

课程实施后的反思，是指在结束教学之后及时回顾自己的教学活动，批判自己的教学行为。这样可以提高教师的教学总结能力和评价能力，提高反思水平，并使教师逐步成长为反思型教师。

在传统的教育研究中，教师大多处在被研究者地位，即成为教育实验中的“白老鼠”。而在校本教研中，教师则成为反思型的实践者和教学研究者。教师不仅是教学的主体，而且是教学研究的主体，他们把自己的教学行为作为研究的对象，研究自己的教学实践，反思自己的教学观念、教学行为以及教学效果。通过这样的反思性研究，教师的教学观念得以更新，教学行为得以改善，教学水平得以提升。

（二）教师集体的同伴互助

同伴互助是一个同学科、同年级、同学校、同区域（地域）的同伴之间实现知识共享、共同发展的机制。校本教研强调教师在自我反思的同时开放自己，形成相互交流经验、相互切磋心得的研究团队。在与同伴的互动中，共同分享经验，互相学习，彼此支持，共同成长。同伴互助的基本形式有交谈、协作、帮助等。

1．交谈

交谈有着不同的层次区分。浅层次的交谈主要是信息交换和经验共享，信息和经验只有在对话中才能被激活，教师只有通过交谈，不断从伙伴中获得信息、借鉴和吸收经验，才会少走弯路，发展自身。深层次的交谈主要是专业会谈和专题讨论。专业会谈是一个相对自由开放的发散过程，这个过程是最具有生成性和建设性的，它会产生和形成很多有价值的新见解；专题讨论是教师们一起围绕某个问题畅所欲言，提出各自的意见和看法，在这种有效的讨论中，每个教师都能获得单独学习所得不到的东西。

2．协作

协作指教师共同承担责任，完成某项任务。在课程教学过程中，往往要求许多教师共同承担研究课题而组织成为协作的团队。在协作过程中，要激发每位教师的兴趣爱好和个性特长，使教师在互补共生中成长，同时也要发挥每位教师的作用，每位教师都要贡献自己的力量，彼此在互动、合作中成长。

3．帮助

在教师队伍中，总有一些教师有着这样或那样的专长和经验，他们可以作为相互交流中的核心人物，承担起帮助和指导其他教师的任务，使他们尽快适应角色和环境的要求。学校中的骨干教师、学科带头人是教师队伍的核心和中坚力量，他们自然要在同伴互助中发挥积极作用。

校本教研是在学校层面上展开的教师群体行为或学校整体行为，其主要目的在于解决学校所面临的问题，这些问题也往往是作为个体的教师所碰到的共性问题。所以，校本教研不是靠个人的力量就可以完全做得到的，而是需要借助团体力量来实现的。校本教研常常体现为一种集体协作，体现为作为研究者的教师之间的合作。就校本教研发挥作用的机制而言，必须有教师集体的研究，唯有教师集体参与的研究，才能形成一种研究的氛围、一种研究的文化。这样的研究才能真正提升学校的教育能力和教育质量，才能成为教师的一种集体生活方式。教师集体的同伴互助，是校本教研的基本形式，是学校文化建设和学校凝聚力的重要标志，是学校集体主义精神的灵魂所在。

（三）研究人员的专业引领

校本教研是基于学校、以学校为单位进行的，但是绝对不是局限于本校，局限于本校的教职人员。专业研究人员是教育研究的先行者，在信息、资源等方面具有优势，可以为校本教研提供专业的引领和学术的支持，所以专业研究人员是校本教研中不可缺少的主体因素。离开了专业人员的学术支持与专业引领，校本教研就会出现低水平的重复，而且很难得到理论提升。校本教研要得到实质性的进步、得到可持续发展，获得专业人员的支持和帮助是一个关键因素。

专业引领的实质是先进教育思想和教育榜样的引领，其主体可以是教育专家，也可以是有经验的教师、有专业背景的研究人员和教研员等。其引领方式主要有学术专题报告、理论辅导讲座、教学现场指导以及教学专业咨询（座谈）等。每一种形式都有其特定的功用，但就其促进教师专业化成长而言，教学现场指导是最有效的形式，也是最受教师欢迎的形式。由此，专业引领的实施思路应立足于下面的“四个结合”。

1．理论培训和实践指导相结合

教学实践如果缺乏教育理论的指导，经验就不能自发上升为理性认识。教学理论的获取与习得并不能自动地保证教学实践的有效改进，更不能保证教学理论与教学实践的协同提升。教师专业素养的提升必须坚持理论培训与实践指导相结合。教师的学习提高，要以课程实施中遇到的各种具体问题为对象，以经验的总结、理论的提升、规律的探索、自身的专业发展为目的，把理论培训针对性地与教师在课程改革中的实际问题紧密结合起来。

2. 案例评价与教师讨论反思相结合

案例教学是发挥专业引领作用的一种重要形式，是实现教学理论与教学实践协同提升的一种教师教育的组织形式。案例既可以采用录像形式、文字形式，也可采用口头形式、现场表演形式，以使教师从中有所感受和体会。学校或教研员、专家组织教师参加案例的评价、讨论，既强调教学理论的获取和掌握，又强调教学实践的改进和优化，实现教学理论与教学实践的深度融合。

3. 教师授课与专家点评相结合

专家在点评中肯定教师的优点和成绩，指出不足，会使授课教师和参加听课、评课的教师同时受益。骨干教师、教研员上示范课与教师参与听课、评课相结合，专家型教师通过教学现场示范指导，发挥专业人士的专业引领作用，丰富教师的教学实践知识。

4. 课题研究与教学实践相结合

学校教师将教学实践中的难点、热点问题上升为课题，用科学研究的方法去研究探索，在“做中学”提升教师的理论修养，解决实践中的困惑和迷茫。

校本教研的三大要素是促进教师专业成长的三种基本力量，共同构成了一种全新的教研模式。自我反思、同伴互助、专业引领三个要素既具有相对独立性，同时又是不可分割的相辅相成关系。只有充分地发挥自我反思、同伴互助、专业引领三者的作用，并注重相互间的整合，才能有效地促进校本教研制度的建设。

二、校本教研的范式特征

研究范式是指研究共同体对其研究活动所持有的共有信念、共同的前提假设、共同的基本理论和研究规范。其范式型特征可以从校本教研的共同体的构成、指导理念和研究规范等方面加以审视。

（一）校本教研共同体的构成

校本教研是在学校层面上展开的、涉及不同成员的合作研究，研究者之间实际上就形成了一个研究共同体。校本教研共同体的本质特点是：学习是共同体的核心——在教研共同体内，学习不仅仅来自于学习成员之间，而且也来源于校际之间，更为关键的是教师的主动学习与反思；研究是共同体活动的纽带——共同体以研究为桥梁，关注教师在教学中发现的问题，并共同致力于问题的解决，进而提高教学效率；协作是共同体的运行方式——协作能力是后现代社会的基础条件，没有协作技能和协作关系就不可能有真正的学习，但协作不是研究方式和观点等方面的“整齐划一”，而是“和而不同”。校本教研共同体基于这些特质而形成，其成分有如下三个类别。

1．大学教师与中小学教师结成的研究共同体

大学教师与中小学教师合作的现实性在于：大学教师作为专业者不乏对教育问题的理论识见，也积累了教育方面的许多学养，但是如果闭门造车，一味做书斋里的学问，不但使理论本身没有验证的场所，而且由于在实践的认识与体悟上的缺乏而导致理论自身的针对性、现实土壤及意义的缺乏，最终有可能丧失理论的功用。而中小学教师作为教育教学实践第一线的人员，虽然积累了不少的经验，对教育也不乏感性认识，但对于如何从事研究，如何通过反思来提升自己的认识，形成“个人化的理论”，有时难免无从下手。况且在实践中，他们也需要了解、掌握一般理论，以便在一般理论的观照下规范和安排自己的行为。如此一来，不仅双方有了合作的愿望，而且中小学改革的实际又为这种合作提供了必要条件。

2．教研员与中小学教师结成的研究共同体

我国的基础教育研究有着教学研究与教育科研之分，前者由教研室负责，后者由教科所（院）负责。这种区分从分工的角度有一定的合理性，但在实际研究中均具有“指向学校的改革与发展”的一致性。因此，无论是教研室的教研人员还是教科所的科研人员，都理应关注学校及其教师的教学实践，与中小学教师构成校本教研共同体。由教研员（包括

教研室的教研人员与教科所的科研人员）与中小学教师构成的校本教研共同体，是最普遍的研究合作形式之一。与大学教师和中小学教师构成的研究共同体相比，它具有联系普遍、直接、灵活、广泛的特点，因为大学教师被工作所限，不可能长时期、频繁地与中小学教师进行合作，而这恰恰是教研员的职责所在。

3. 学校内部教师结成的研究共同体

学校教师自身结成的研究共同体所进行的研究最能体现校本教研的要求。因为，研究的问题来自于对学校实际的深刻认识，研究的主体是学校中的教师。该共同体既突出了“实践性研究”的特征，也突出了教师作为研究者的角色。校本教研是一种教师职业生活方式，教师凭借自己的力量，把自己及其服务的对象紧紧地联系在一起，并与对象共同构成了自己的生活世界。正是在这种生活方式中，校本教研才体现出了其本原意义。

建立校本研究共同体，在理念层面是为了最大限度地加强教师之间的专业对话和合作，营造教师之间专业合作的精神面貌和合作氛围；在实践层面，强调团队之间的良性合作与竞争，鼓励多样化的合作方式和发展；在个体层面，教师之间的专业合作不仅有助于推动学校教育教学整体质量的提高，而且有助于促进教师个体的专业发展。

（二）校本教研的指导理念

校本教研理念是基于校本教研思想而产生的理想信念，成为指导校本教研实践的基础理论和核心观念。

1. 研究是教师的生存方式

教师不只是教学者、学习者，同时还应该成为一个研究者。信息化时代的到来和教育教学改革，都要求教师不断更新自身的知识结构，转变一味向学生传授既定知识的做法，通过学习赋予教学新的元素，实现与学生的结伴成长、共同发展。另外，教师在教学中遇到的新问题、新矛盾都没有现成答案，专家能提供的只是关于解决问题的一般认识，不是解决问题的具体方法。教师只有拿起研究的武器，实现由实践者向研究者的转化，才能切实形成解决问题的新思路，找到破解矛盾的新方法。

在这种情况下，学习、教学、研究已成为教师生活中不可或缺的部分。学习与教学并驾齐驱，教学与研究双向互动，学习与研究相互促进，成为教师职业存在的新方式。

2. 学校是教学研究的基地

校本教研强调学校是教学研究的基地，意味着教学研究的重心要置于具体的学校教学情境中，教学研究的问题是从学校教学实践中归纳和汇集的，而不是预设和推演的，即要在学校真实的教学情境中发现问题、分析问题和解决问题。许多教学问题如果脱离了具体的教学情境去抽象地谈论，虽然容易做到，但意义却不大。比如，新课程管理政策对学校提出了新的要求，学校不仅要创造性地执行国家课程和地方课程，还有权力和责任开发适合本校特点的校本课程，这就会出现与以往任何时候都不相同的教学情境。再加上各个学校的情况差异很大，对于具体的学校而言，解决所谓“面上”的教学问题有一种隔离感，不能对学校的教学实践产生直接的影响。因此，只有置于学校的具体教学情境中，才可能找到解决问题的正确办法。

3. 教室即教学研究室

课堂是教育教学诸多热点与难点的汇集场所，许多教学思想观点常在这里碰撞，许多教育教学经验和成果常在这里产生；课堂又是萌芽、孕育、展现先进教育理念和实施教改实验的场所，学校教育研究的“主阵地”理所当然在课堂。同时，课堂教学过程作为一种有目的、有计划的探索过程，要求教师把教育研究与日常教学有机结合起来，将教室作为研究室，在教学中研究，在研究中教学。

4. 问题是教学研究的起点

教师的教学研究与专业研究有着根本性的差别，它自始至终是在教学现场进行，是以教师自身为研究主体，以解决实际问题为指向，以改进教学实践为衡量标准的。在日常教学中，难免会存在这样或那样的问题，这些问题因其新颖性、不确定性、复杂性等完全有可能成为研究的对象，进而形成教师教学研究的课题。

5．反思是教师研究常用的方法

日常教学中的研究虽然也会偶尔涉及统计、测量、问卷等方法，但对于教师来说，最常使用也最便于使用的方式还是教学反思。反思作为一种改进教学的研究手段，需要教师持之以恒，直至找到解决问题的途径。在今天看来，对教师教学帮助较大的是专题性的反思、小题大做的反思和对比鉴别式的反思。这样的反思，集中关注教学中的某一个突出问题，经过不懈探索、理清思路、澄清认识，从而提高教师的实践智慧。

6．重建是改进教学的必要途径

教学反思中，教师在稍纵即逝的教学现象中发现问题的同时，还要着力思考解决问题的方法，并且在后续的教学中加以探索与尝试。重建就是指经过教学反思，教师吸收众人的意见和建议，反复修改教学设计，重新安排教学方案，再次进行的教学实践活动。重建不是第一次教学活动的简单重复，而是一种自我扬弃和超越。教学重建的价值在于：第一，提高实践者对教材、课程的认识，以便实践者能够在更高层面上进行实践；第二，提高教师群体的教研自觉性，大家在听课、评课时不断生成教育智慧；第三，有助于实现教学效益的最大化。

（三）校本教研的基本规范

作为一种教育研究范式，校本教研在遵循共性的教育研究规范之外，还有其所秉持的特定规范。这些规范是校本教研范式基本规定性所在。

1．研究目的：建构实践知识

研究是人类的一种自觉的探究性认识活动，其目的应是建构知识。校本教研的目的只有定位于这一范畴才够合乎逻辑。从某种意义上说，促进教师专业发展、学校发展，提高教育质量只是校本教研间接的衍生性功能。如果把其作为唯一目的，很容易导致校本教研目的的虚无，因为学校中的诸多行为都可以说是为了促进教师专业发展、学校发展和教育质量的提高。

根据实践知识论可以把知识分为理论知识和实践知识。专业教育科研的目的是建构教育理论知识，校本教研的目的则是教师建构自己的相对完善的实践知识，由此实现专业发展和学校教育质量的提高。实践知识论认为，教师以一种独特的方式拥有一种特别的知识——实践知识，它支配着教师的实践活动。美国哲学家和教育家舍恩指出：专业实践充满复杂性、模糊性、不稳定性、独特性和价值冲突，对于其中大部分问题的解决，理论知识难以奏效，实践者只能依靠“行动中的知识”（实践知识）。陈向明教授指出：实践知识是教师真正信奉的、并在实践中实际使用和表现出来的对教育教学的认识。在教师的知识结构中，实践知识比理论知识更重要，它影响着教师对理论知识的筛选、解释和运用，支配着教师的思想和行为，是教师专业发展的知识基础。实践知识论对实践知识在教师专业发展及其专业实践中所具有的重要作用的揭示，彰显了教师通过校本教研建构实践知识的意义及其“合法性”。

从意识化程度看，教师获得实践知识的方式有两种：一是自发的积淀，二是自觉的建构。在自发积淀中，教师实践知识的形成处于缄默状态，教师“得之而不知”“变之而不知”，其形成内容的质量和形成过程的效率难以保证，其存在也处于缄默状态。因而，它对教师专业发展和专业实践的影响，可能起促进作用也可能起阻碍作用。因此，要高效积累和完善自己的实践知识，充分发挥其积极作用，就必须对其进行自觉建构和理性探究，以通过研究，使自己的实践知识由隐匿变为显在，由“自在”变成“自为”。实践知识论强调实践知识需要进行由“自在”到“自为”转变，说明教师通过校本教研建构实践知识的应然性和必要性。

2. 研究对象：有关教学基本特征与法则的专业问题

校本教研的对象是围绕学与教过程中的问题，尤其是反映教学基本特征与法则的专业问题。传统的教研活动比较注重关注教师“教”的行为，常以一篇篇课文（课题）、一个个单元为线索开展活动，凭已有经验或现成答案解决出现的问题。由于一篇篇课文、一节节课都是个别的，所以教师所获得的也是关于这篇或那篇课文怎么教，这节或那节课怎么上的经验或感悟。这样做的好处是，便于统一进度，便于检查、管理。但仅仅停留在这个层次是不够的，因为如果教材内容发生变化或者教学情况发生差异时，教师就有可能不适应。在校本教研中，教师可以通过对自己教育教学行为的直接或间接的观察与反思，通过与其他教师或专业研究人员的合作与交流，发现自己教学实践中的问题，发现学生的经验课程（学）与教师实施的课程（教）之间存在差异的问题。这些问题可能跨越了一篇课文、一节课的界限，既可能存在于每一节课、每一个活动中，也可能存在某一类课、某一类活动中。因此，促使教师不断关注学与教的基本特征和法则问题，关注最能体现教师专业特点的问题，是校本教研的责任所在。

3. 研究过程：多维视角观照下的实践反思

教师的实践知识不是某种客观的、独立于教师之外而被习得或传递的东西，它来自于教师的个人经验。美国教育家舍恩指出：实践知识是实践者通过对专业实践活动进行反思而形成的知识，它是由现场的实验来推动和检验的。日本教育专家佐藤学指出：实践知识是依存于有限语脉的经验性知识，是特定的教师在特定的课堂，以特定的教材、特定的儿童为对象形成的知识，它是在每一个教师的个性经验与反思的基础上形成的。

基于实践知识论，教师建构实践知识的校本教研过程主要是实践反思。在校本教研中，教师必须首先去实践，离开了亲身实践，教师的实践知识就失去了依托，教师无论学习了多么先进的理论，观摩了多么有成效的经验，构思出多么理想的观念和行为，都难以内化为教师自己的实践知识。教师要清楚地知道自己的实践知识是什么，要重建或完善自己的实践知识；还必须对实践进行反思，审视和分析自己的实践究竟是成功还是失败的，导致如此结果的行为究竟是什么，采取如此行为的依据究竟是什么，如此依据究竟是否合理。在对成功实践进行反思之后，教师就能够丰富和外显自己的实践知识。而在反思自己的失败实践、批判自己的错误观念和行为的基础上，教师只有形成新的观念、设计新的行为，并付诸实施，取得实践成功，才可能通过反思使自己的实践知识得以改进。

校本教研有两种基本策略，其实践反思过程也有一定区别。第一种是“内发式”校本教研策略，它是教师通过“经验提升”完善自己实践知识的研究过程，其基本程序是：发现自己的典型实践问题—分析问题—提出假设—实践验证—反思。第二种是“外引式”校本教研策略，它是教师通过“理论下嫁”或“经验移植”完善自己的实践知识的研究过程，其基本程序是：选择他人的先进理论或经验—分析理论或经验—实践验证—反思。

在校本教研中，“实践”意味着教师要躬身践行，“反思”意味着教师要“从自己的表象里跳出来观察和分析自己”。因此，实践反思必须以教师个人为主体，充分发挥教师的积极性和主动性。然而，“纯粹从自己眼中之我的角度出发，是不能观照并理解自我的外表的”，更不能关注自己的心灵。囿于个人视阈，教师所认为的实践成败未必是真正的成败，所做的成败归因未必是真正的原因，所依据的合理行为依据未必真正合理，因此，教师的实践反思还需要借助自身之外的多视角观照。根据美国教育学家史蒂芬·D. 布鲁克菲尔德的观点，这些视角还包括学生的视角、同事的视角和理论文献的视角。理论工作者的直接咨询指导应当是教师进行实践反思的重要视角，只是这样的机会对一般教师来说相对较少。作为教育实践“当事人”的学生的视角，在当前教师的实践反思中往往被忽视，需要被充分运用。

4. 成果形态：叙事性文本

在典型的校本教研中，教师所建构的实践知识需要借助文本来表现、传播和交流。

让·弗朗索瓦·利奥塔指出：“只有将知识转化成批量的资讯信息，才能通过各种新的媒体，使知识成为可操作和运用的资料。甚至可以预言，在知识构成体系内部，任何不能转化输送的事物，都将被淘汰。”事实上，如果不用文本作为成果表现形式，校本教研的过程—实践反思及其研究成果—所建构的实践知识就得不到表征，这不仅会造成对校本教研管理和评价的困难，限制研究成果对他人的启迪和借鉴意义，而且还可能导致校本教研由于结果的“无形”而流于“走过场”。然而，如果将校本教研成果限定为论文、专著，使数以千万计的中小学教师从事他们并不擅长的论文写作与理论建构，也会导致对中小学教师成为研究者的批判、质疑。

根据实践知识论，校本教研成果的表现形式应是叙事性文本，即教师“用自己的语言叙述自己的实践，从自己的实践提炼自己的经验，让自己的经验体现自己的特点”。叙事性文本采取“叙”“议”结合的写作方式，其中，“叙”是“议”的基础和素材，“议”是“叙”的提升和概括。由于实践知识以实践情境为依托，是依存于有限语脉的经验性知识，因此，叙事性文本就应包括篇幅相对较大的对实践过程的叙述内容；由于实践知识表现为教师对具体教育实践的切身体会和感悟，因此叙事性文本就应包括对实践过程的理性分析和概括。这种分析和概括虽然篇幅相对较小，达不到学术理论的抽象高度和逻辑严密性，却是叙事性文本的灵魂，是教师对所建构的动态性实践知识的个性化表达。

评价叙事性文本的指标主要有三个。一是所叙述的成功实践的信度及显著性。失败的实践不是教师的专业追求，对失败的实践无论描写得多么细致、生动，反思得多么深刻、恰切，都不能被看作是好的校本教研成果。二是所概括出的实践知识与具体实践情境的符合度。“叙”“议”两张皮式的叙事性文本是否反映出教师通过实践反思所建构的真实的实践知识状况。三是所概括出的实践知识是否体现先进的教育理论。该指标会引导教师在校本教研中重视对先进教育理论的学习、领会和运用，充分尊重理论知识在建构实践知识中的专业引领作用。

三、校本教研范式的实现

校本教研范式的规定性要求学校教研从外力驱动，以完成上级任务为目标、关注成果展示的被动型教研转向以学校发展为根本，以教学问题的解决为指向、关注教师专业发展的自主型教研。实现这一转向的基本条件有两点：一是唤醒、确立、尊重、维护教师的专业自主；二是充分发挥教研组的职能。

当前比较流行的观点认为，教师专业有七项指标即专业自主、专业训练、专业伦理、专业知识和能力、专业组织、专业服务、专业成长。教师拥有专业自主是教师迈向专业化的重要条件。英国课程论专家斯腾豪斯于 20 世纪 60 年代中期提出了“教师即研究者”的观点，其核心思想就是“改进教育实践，关键要靠真正进行教育活动的教师发现自己实践中的问题，思考解决办法来实现，关键在于使教师得到发展，扩大他们的专业自主性”。唤醒教师的专业自主意识，不仅仅是让教师明确自己是专业发展的主人，有权利选择自己专业发展的路径；更重要的是唤醒教师的专业自觉、自省与自律，让教师明确作为专业人士，自己有责任自觉参加专业训练、专业创造和专业服务，并在专业生活中接受群体的规范和约束。只有唤醒教师的专业自主意识，教师才会积极主动地投入到校本教研当中，变“要我研”为“我要研”；只有确立、尊重教师的专业自主地位，维护、保证教师的专业自主权利，教师专业发展的需求才会得到表达与满足，其动力才会强劲，其发展才可能主动、生动而富有个性。

注重发挥教研组的功能，并不是说校长与区域性教育管理部门在校本教研范式转换中可以置身事外，而是说在校本教研范式转换中教研组处于非常特殊的地位。教研组是有效开展校本教研的基本单位，负有征集教师发展需求、制订教研计划、实施教研计划、组织教研活动、指导教师制订个人发展计划、引领教师专业发展、组织专业资源、协调组内外及学段间关系、实现教研活动过程管理等功能。这根“神经末梢”不但要传导教师专业自主的需求与意愿，使得校长、区域性教育管理部门能够把握信息、提供教师所需要的专业支持，而且要在唤醒教师的专业自觉、自省与自律上发挥独特的作用。有鉴于此，教研组应坚决摒弃行政组织的行为方式，可以参照国际培训绩效、教学标准委员会（IBSTPI）教师能力标准，采用集体协商的形式制定学科专业发展标准。教研组应充分分析本组的优势与不足，揭示出本组专业发展中存在的主要问题，然后根据组内教师的意见采集重要的、便于检测的指标形成本组的标准或规范，从标准起步保证校本教研的有效开展。这样，才能保证校本教研范式的顺利实现。

第四章　校本教研的范畴与形态

校本教研的范畴和形态指向校本教研的内容范围和活动形式，关乎校本教研的方位和成果。正确认识校本教研的研究范畴，恰当选择校本教研的活动形态，不仅是校本教研方法论的应有之义，也是校本教研规范化的必然要求。

一、校本教研的范畴类型

从研究内容的范畴上看，校本教研属于“应用研究”“现场研究”“中微观研究”。

（一）应用研究

教育研究按研究的目标指向可分为应用研究和基础研究。两者之间的主要区别在于：基础研究旨在增加科学知识的组织体系，并不一定会产生直接的实际价值的结果；应用研究旨在解决直接的实际问题，增加科学知识的目的是第二位的。基础研究以抽象、一般为特征，目的是揭示、描述、解释某些现象与过程、活动机制与内在规律。这也就是说，基础研究对研究领域具有直接增加知识的价值；或是对教育理论中的个别原理、概念等做出修正、说明；或是对某一领域中已形成的概念、原理等做进一步的探讨，乃至建立某种新的理论体系和在核心概念、基本范畴和基本原理方面有所突破。其成果一般与直接的应用无关。应用研究以具体、特殊为特征，它是对基础研究的成果做进一步的验证，就所关注的某一实际问题寻求概率性的必然结论，其目的在于解决某些特定的问题或提供直接有用的知识；或是解决教育实践中某些典型的、涉及面广的问题，提出有效地解决问题的方法，并能在一定范围里推广；或是直接解决个别实际问题，使之更具操作性。这也就是说应用研究更关心实用效果。

需要指出的是，教育教学中基础研究与应用研究的区分是相对的，两者也没有什么高低之分。基础研究虽然旨在增加科学体系的知识，但有时也有可能产生有实际价值的结果；应用研究虽然旨在解决直接的实际问题，但它将对增加科学体系的知识做出贡献。

校本教研属于应用研究。这是因为，首先，丰富的教育实践必然要求教育研究中的应用研究占有较大的比例。学校作为教育实践的重要基地，时刻产生一些迫切需要解决的问题；社会的不断发展也在持续地向学校提出新的需求，这就使学校的改革成为人们关注的焦点。其次，应用研究的可行性较强。一方面，应用研究成果的实用性、操作性强，便于推广，并能有效地训练教师学会运用这些成果；另一方面，这种能直接派上用场的或直接产生效用的应用研究，可以把教育实践活动同研究直接联结起来，便于教师的实践应用。我国几十年来在学校开展的教育研究表明，学校情境中的教育研究主要是应用研究，有关学校中的教育实践问题或者教学改革重大问题，需要通过应用研究来解决和落实。

应用性的校本教研是指为了直接解决特定的实际问题，以期在短期内获得效果，取得经验，并进行局部推广的校本研究类型。这种校本研究的显著特点是操作性、实用性、显效性比较强，主要的关注点在于其研究成果的质量和效果之上。这里所说的质量，一般是通过实用性的突击式的操作方法体现的，其效果虽非立竿见影，但见效周期相对较短。这种校本研究由于以近期目标为宗旨、以立即应用为要领、以快速奏效为祈求，忽视了对质量的稳固性及效果的持久性的思考和探究，因此也暴露出明显的缺陷。其缺陷主要在于这种研究的个性特征过于明显，推广价值不高，而且带有较强的功利色彩。但由于它毕竟是一种客观存在，而且在基层学校有一定的“市场”，有着一批践行者，学术界必须予以正视，为其寻找恰当的定位。至于它是否符合教育规律，符合何种教育规律，尚需做深入的探讨。

（二）现场研究

教育研究按研究开展的地点、资料收集的方式可分为“书斋式”研究与现场研究。在“书斋式”研究中，主要通过查阅文献获得研究材料，并通过自己的思维加工而取得研究成果，因而“书斋式”研究又称为“文献研究”。这种研究者不是直接接触教育实践活动，只是对实践活动的旁观性思考，专业研究者进行“书斋式”研究的情况较多。现场研究则是在实践活动发生的现场进行的，“到现场去”是人们认识事物性质的可靠方式。当然现场研究也需要做文献考察，这样可以节省时间、精力，能够及时、全面地把握某类课题的研究动向、研究程度。但更多的还是亲临教育活动现场，通过直接的观察，对现实存在的与教育实践有关的人、物、事等活动进行如实的记录、分析、推论。这种现场研究最适合于了解和解决实践问题方面的课题研究。在这种研究中，研究者与实践的接触是直接的，可以看到事物发生、发展的真相。

校本教研主要是现场研究，它较好地体现出研究与实践的一致性。当研究者就是教师本人时，繁重的教学任务使他不可能、也没有必要中断实践活动，去进行与他的实践活动关系不大的“书斋式”课题研究，加上教师一直在现场中，这为他的现场研究提供了极为有利的条件。从某种意义上说，当教师在观察、思考并试图理解他所参与的教育活动时，就开始了现场研究。即便是学校里开展的实验研究，也很好地体现了现场研究与教学实践的一致性，因为它以课堂为实验室，实验的过程就是教育活动开展的过程。

具体来说，基于现场的校本研究是指就学校教育教学工作中的某一个现场现象、现场情境而开展的一种研究类型。这种校本研究是围绕特定的、具体的教育教学现场进行的，其主要关注点必然在于它的针对性、即时性、鲜活性和真实性，特别要尽力发掘现场现象、现场情境的即时效果和即时价值，追溯这种效果和价值产生的渊源和影响。例如某位教师的一堂课走红现象，某次教育教学活动的轰动效应，都不是偶然的、孤立的事件，而是在有着有利的先决条件和牢固的实践基础、有着适当的机会和诸多因素的协助、有着主观的努力和各种客观力量支持的情况下出现的。总之，只有具备天时、地利、人和多种有利因素，方能取得成功。由于这种校本研究的针对性、即时性强，在研究的过程中务必要注意将其即时效果发挥到极致；由于这种校本研究的鲜活性、真实性强，在研究的过程中还要努力将其即时价值提炼得准确、深刻、到位，让其亮点和轰动效应能够持续不断地发挥作用，形成长期的影响。

（三）中微观研究

教育研究按研究对象大小可分为宏观研究、中观研究、微观研究。宏观研究把教育活动看成是一种有自身特性的社会现象，“教育作为容易引起科学注意的社会生活的一部分，是一个特定的、有意创立的体系，在这一体系中进行着同样特定的过程，这一体系与其社会体系及过程有联系，但又是独立的，并且有其本身的动力”①。这些联系包括与社会政治、经济、文化等方面的联系，对这些联系进行的研究即宏观研究。中观研究是把教育活动看作是在某种机构（如学校）进行的活动，对这些机构进行的有关教育、教学、管理活动的研究，都属于中观研究。微观研究把教育活动看成是人与人交往的一种特殊形式，有关这方面的研究属于微观研究。比较而言，宏观研究重在研究“联系”，包括社会各系统对教育的要求与投入，教育系统对社会各系统的产出与作用等；而中观、微观研究，更注重一般社会系统所没有的教育体系内的特殊成分，比如课程、教学等现象。

校本教研主要针对的是学校这一机构内部进行的各种活动，从学校的制度体系到师生间的人际交往，因而属于中观、微观层次的研究。由于学校与外部社会有着多种形式的交流，因而对学校个性化的教育活动的研究必然会涉及学校与社会关系的研究。当然，这种关系的研究与宏观的关系研究是有区别的。后者是在教育与社会关系的最一般的意义上做全面的论述，而前者则以学校的具体事项为出发点，研究内化成为学

---

① 奥利维拉．比较教育：一种基本理论在发展中［J］．教育展望，18：2.

校内部的一些特殊类型的社会关系，如学校里的经济现象、政治现象、文化现象等。由于中观层次研究从不同角度反映了人与人之间的相互关系，这种相互关系又体现了人的情感、需要、动机以及生活的意义和价值，当对这些问题做进一步研究时，就达到微观研究范畴了。这样看来，所谓的中观研究与微观研究并没有明显的界限。

中观性校本教研是指为解决某一所学校发展的前景蓝图、大政方针、思路走向等问题而开展的校本研究类型。这种校本研究，主要的关注点在于对一所学校的具有全局性特征的研究论题的选择，如全校的教育发展问题、全校的教育质量问题、全校的管理水平问题、全校的文化建设问题、全校学生的素质提高问题，等等。开展这类校本研究需要注意的是，在论题的选择上，要具有前瞻眼光；在价值的取向上，要追求办学品位；在材料的取舍上，要做到抓大放小；在研究的方法上，要坚持实事求是；在学术的追求上，要尝试理论建树；在研究的效果上，要展现办学特色。总之，开展这类中观性校本研究，必须立足于校本的立场，以发展观、整体观、学术观和特色观作为支撑，以取得理想的研究成果。

微观性校本教研是指针对学校教育教学和管理中各种各类具体问题而开展的校本研究类型。这种校本研究多涉及微观领域，主要的关注点应该在于研究的深入性、典型性和创新性。这就是说，只有进行深入研究，才能认识到问题的实质，找到解决问题的症结和关键；只有进行典型研究，才能把握住问题的特征所在，发挥典型的标杆和导向作用；只有进行创新研究，才能寻觅到问题发展的生长点，进入一个新的研究境界，取得唯我独有的创新成果。在一所学校中，这种微观性校本研究的课题，可以说是无处不在、无时不有的，诸如班级管理的研究、学生干部的培养和任用研究、学生的心理需要研究、问题学生研究、学生群体研究、学生的学习方式研究、班主任工作艺术研究、学校人际关系研究、教师角色转换研究、优秀教师队伍建设研究、学科教学领域的诸多问题研究，等等。对于基层学校的校长和教师来说，由于这种微观性校本研究贴近学校的教育教学实际，不妨将其作为学校主打性的校本研究内容。

上述三种研究范畴仅仅是从研究性质的视角对校本研究范畴做了相

对划分。多数情境下，它们是相互联系、相互包容、相互补充的，即你中有我、我中有你、你我相依的，很难将它们绝对严格地分割开来。

二、校本教研的活动形态

校本教研活动形态是教研活动的外在载体和内在结构的统一体，具有形式和神态两个方面的内涵，总体上可分为正式形态和非正式形态两大部分。前者是指具有明显组织形式和规程方法的教研活动形态，后者是指融汇于教师个人的生活过程，有教师个人的实践智慧支撑，无特指目标、方法灵活多样的教研活动形态。正式形态和非正式形态具有同样重要的功能，两者共同构成校本教研活动形态的体系。

（一）校本教研的正式活动形态

从理论层面上看，校本教研可大体区分出“以改进教学管理为目的，以提高教学能力为目的，以解决日常教学中的常规问题为目的，以促进观点对话交流为目的，以解决教学实践中的突出问题或较大困惑为目的，以提高教学效率、实现资源共享为目的”等六类活动形态。它们构成了校本教研正式活动形态的主体，是校本教研中占主导地位的教研活动形态。

以改进教学管理为目的的教研活动形态包括备课管理、课堂教学检查与指导、作业管理、实践与实验活动管理、考试与评价管理等类型，它们都是十分具体且极具“业务味”的工作，不能以刚性的制度代替研究或者以单纯的评价代替指导。

以提高教学能力为目的的教研活动形态包括以课例为载体的集体备课、观课、评课、说课和微格演课、同课异构、一人同课多轮、多轮同课循环等类型，它所着眼的是教师教学能力的提高，并进而改进教师的课堂实践。

以解决日常教学中的常规问题为目的的教研活动形态，把研究的着眼点集中到常规教学中某一主题或者某一问题上来。这一教研类型主要有“以教育教学实践为素材、以叙事研究为主要方法”的教学研究、磨课等。它是教师们面对真实的教育教学事件时，主动及时地运用反思策略，分析思考其中的道理、规律，并合理应对的探索过程。

以促进观点对话交流为目的的教研活动形态包括学术沙龙、教育论坛和辩课等类型，正是通过这些教研活动，加强了教师观点和经验的交流与共享，促进了研究的深入和有意义的生成。

以解决教学实践中的突出问题或较大困惑为目的的教研活动形态，大都超越了学科教学的活动单位，采用有组织、有计划的课题式的行动研究。对广大中小学教师来说，它不是仿效专业人士的研究模式，而是以工作实践的研究与改进为主，做与自己能力相宜的研究。从教师工作的实际出发，这种教师行动研究多以微型课题或个人课题作为教师行动研究的形式。

由于校本教研的成果表现为日后教育教学改进的资源，因此，以提高教学效率、实现资源共享为目的的资源建设应该纳入校本教研形态的范畴。这一方面是对提高教学资源建设质量的呼吁——希望教学资源建设能够更多地按照研究的路径来进行，以克服以往教学资源建设中过于依赖经验的倾向；另一方面也是对教育教学研究目标和内容的一种导向——校本教研活动的开展，应该能为自己的同行提供更多促进教学活动改进的资源或素材，与教师的教学实践相结合。为此，学校要将备课资源、教学设计、作业设计、学校课程资源、综合实践活动以及有关教育故事的案例资源统筹起来，借助网络与信息技术，建立研究与共享的工作机制，以此促进教师学习团队的形成和教师的专业发展。

“以校为本”不是“一校为本”，校本教研不等同于“本校教研”。只要是以教师作为研究主体，以学校层面的真实问题作为研究对象，以促进教师的专业发展和学生的学业发展为目的就是校本教研。有些偏僻的农村学校一共只有十来个教师，有的年级只有一个班，有些学科仅有一个人，在一些少数民族地区还存在着“一师一校”的现象。当校本教研深入到具体学科领域时，要做到同科互动、同伴互助就困难了。此时此地，完全可以按照就近原则，由一所规模较大、办学水平较高、教研能力较强的学校牵头进行中心辐射，几所学校组成联合校开展校本教研活动。在组建校本教研联合校时，应注意发挥城市学校的优势，组建城乡联合学校。在校际资源互相支援的基础上，合作共享、平等交流，积极开展诸如教学互访、专题合作、同伴结对、课例研究等多层次的教研活动。这种充分利用优质教育资源，支援教育资源相对匮乏的学校以共同提高教师的研究水平的教研，就是区域合作教研形态，它是上述各教研活动形态的综合应用，同样体现校本教研的本质和价值。

（二）校本教研的非正式活动形态

从现实情况看，校本教研活动形态有一类是非预设性的，也就是在没有事先准备的情形下自然发生的，这类教研活动就属于非正式的教研活动形态。非正式教研活动形态的最大特点是生成性和随意性。所谓生成性，是指此类活动往往是由于某些教学事件而自然生成的；所谓随意性，是指此类教研活动可以随时随地进行，不受地点场所、内容形式的限制。

在学校中，非正式的校本教研活动形态（简称“非正式教研活动形态”）比比皆是。这是因为“我们生活在一个不断循环发展的环境中，其中每项活动都是基于现有条件而发生，而条件改变又成为进一步活动的基础。这个过程既没有开始也没有终结，通过活动的长链，人们相互结合在一起，每个人对自己过去经历的余波和他人已发生的活动不断作出反应”①。因此，这种非线性的相互作用，产生了大量非正式的教研活动，从而形成非正式教研活动形态。

非正式教研活动形态一般都短小和简单，通常是教师围绕教学工作的即兴交流，针对个别学生的诊断，教学疑难的咨询讨论、对学校焦点（热点）问题的自由讨论，与专业人员的对话等。这类教研活动的发生可以在办公室、走廊、教室、餐厅甚至车厢内。通过这个非正式教研活动形态，教师之间随时交流，大家相互交换信息，从而使教师之间的相互开放、合作有了可能。非正式教研活动形态实际上是一种办公室主流文化的反映，集中体现了每个成员的心理和价值取向，构成了团队研究与

---

① 原献学．组织学习动力研究［M］．北京：中国社会科学出版社，2007.

学术氛围是否浓郁的重要标志。非正式教研活动形态是一种常态下的教师工作与学习方式，贯穿并浸润在教师日常的教学生涯之中，它既可以是预设性的专题教研活动的自然延续，也可以是新的正式专题研究活动的孕育和萌芽。

三、 校本教研形态的取向

校本教研的活动形态与传统的教研活动形态在功能上有很大不同。传统的教研活动往往是“输血”型的培训，现行校本教研活动则是能够形成“造血”机制的活动——校本教研形态的实现，旨在为不同层次的教师提供合理结构的知识资源，并促使教师学会教学，形成教学专长；学会反思，获得可持续发展的本领；学会积累，获得专业成长经验和个人教育智慧。由此，校本教研活动形态的应用必须坚持以下取向。①

（一）研究主题与形式的针对性

校本教研的重要目的就是为了解决教学中遇到的困惑或问题，教研活动如果没有针对性，就像一场没有具体成效的游戏。教研活动的针对性有两层含义：一是解决问题的针对性，二是对于不同教师群体需求的针对性。

任何一次校本教研活动都应有清醒的背景分析和明确的活动意图，把握住背景中的客观形势与自身特点，从而明确本次教研活动的意图、目标与主题，无疑是教研活动形态的要义。活动目标的确定，既要有长远意义的考虑，也要有明确具体的操作性。在组织教研活动时，常见的问题是主题过大，傍借口号话语，缺乏活动主旨，难以生成较为集中的、有针对性的讨论。类似“素质教育课堂教学模式研讨会”“新课程背景下课堂教学研讨会”等，只适合作为系列活动的名称，而作为一个为期 2 ~ 3 天的会议，可能需要缩小切口或增加附注。

由于不同人群所关心的话题是不同的，教研活动的针对性同时要体

---

① 张丰．校本研修的活动策划与制度建设［M］．上海：华东师范大学出版社，2007．

现对不同人群需求差异的把握。以城市教师为主，还是农村教师为主；以年轻教师为主，还是以中老年教师为主；以同学科教师为对象，还是以多学科教师的综合活动为对象。教研活动形态的选择要有“观众意识”。

（二）活动过程的可参与性

校本教研活动要求参加者真正融入，而不是旁观。这就需要组织策划者既要有以“参加者”为中心的意识，也要具备操作性设计的能力。

学习与提高需要任务驱动。这可以是操作任务，也可以是思考任务；可以是明确规定的任务，也可以是暗示性的任务或诱导性的任务。教研活动形态的选择应该让参与者有值得思考或行动的参与点，并提供参与者及时交流的机会。可参与性不仅仅体现在任务设置上，教研活动中平等、合作与分享的氛围也会影响参与性，这对组织策划者和参与者都有相应的要求。鉴于教学问题的解决有很大的背景性和特殊性，因而教研活动形态不仅是为了准确回答教学问题，而且是为了搭建平台、营造氛围，提供专业支持，使参与者自己提出问题、分析问题和解决问题的过程。

（三）解决实际问题的建设性

针对性是一种预想，可参与性是一种可能，而教研活动的有效性要看教研活动形态的实施对于解决具体问题的建设性。前者靠的是组织策划者的预设，而后者主要靠参与者的生成。针对性与可参与性都是教研活动是否有“建设性”的重要条件。如果说，教研活动是教师成长与进步的“扶手”，那么，活动之后提出改进教学行为的理解与建议就是“蹬阶”。当然，研究的共识并不同于行政会议的“决议”，它不是教师共同接受的具体结论，而是对多种行为的具体分析，进而对教师后续教学行为的改进有所启发。

（四）研究主题的连续性与渐进性

试图通过一次活动解决问题是不切实际的。一次活动能给予教师的影响毕竟有限，要实现转变教育观念、改进教学行为的目的，需要坚持对某一主题进行多方位的持续研究。教研活动形态只是关键性的促进载体，几次活动之间的工作过程能否成为持续研究的一部分，可能是决定教研活动成效的关键。因此，校本教研活动形态的实施应扩展到平时的工作中，将若干系列性、连续性、表面相异而实质相关的研究活动联系在一起。例如，对于“课堂教学中的学生评价”问题的研究，其研究流程可以是：表达学习评价中的困惑—收集与评价改革相关的学习资料—交流学习资料与学习心得—研究解决问题的办法—教学现场呈现与研究—反思实践与改进—经验交流并形成认识。至于集中活动，可以作为平时研究探索的汇报交流环节。这种策略对于学校教研组来说是十分实用的。

对某一主题的连续研究，应该体现“形成共识—行为跟进—进一步认识—进一步改进”螺旋式上升的特点。它既可以是大主题下对小专题的深入“剥笋”，也可以是分工研究的共享交流。

（五）教研过程的生成性

与传统教研相比，校本教研具有活动过程可参与性的机制优势，而且教研活动过程中会产生超越预设的自然生成。这种生成，既有个体意义，也有共同意义。校本教研活动形态的有效性常常反映在对这种生成的敏感度、驻足度与利用度上。

校本教研活动目标的达成并不像“走路”，它没有明确的起点与终点。它的达成是在真实参与经验积累后的无形提升，而且教师们的目标达成要比学生学习更具分化性，这就是即使参加相同的教研活动而收效程度可能相去甚远的原因所在。因此，教研活动中不必采用即时评价来考量教师的进步，而应鼓励大家积极投入。

（六）理论结合实践的指导性

由于工作性质的原因，教师的实践经验虽然丰富，却难以用理论来解释和指导自己的实践，这就制约了教师实践的发展。为此，校本教研应该把沟通理论与实践作为着眼点。校本教研的目标不在于深奥的理论研究，而在于教师掌握指导教育教学实践的朴素道理。教研活动形态是教师学习理论与应用理论的“连接”与“导引”。如果能够通过理论的学习与运用，将教育教学实践抽象化或系统化为更高一层次的理论雏形，那就彰显了校本教研的境界。因此，校本教研形态实施的水平与质量，也体现在能否很好地促进理论与实践的结合，能否帮助教师形成基于实践的理论。

综上所述，校本教研的活动形态扬弃了传统教研形态中“学校角度的整体安排比较多，考虑教师个人需求的内容安排少；学科自身活动的内容比较多，学科之间的借鉴、整合与合作较少；经验性的条文介绍比较多，反思性的实践研究比较少；权威者单向传授讲述比较多，成员间彼此分享和交流的机会少；注重职业技巧的比较多，着眼教师专业发展的比较较少”等弊端，强化了学校教研活动形态的功效，更加有利于教师的专业发展。

第五章　校本教研的文化与价值

教研活动作为一种在我国中小学持续了60余年的教研制度的重要形式，一直是联系教师与课堂教学的纽带，也是中小学教师工作的重要组成部分。校本教研在继承传统教研经验的基础上融入了文化人类学的新内涵，体现了学校教育研究方法论的进步与发展。

一、校本教研的文化意义

从文化学意义上看，校本教研在研究理念上是全新的，在研究策略和方法上是智慧的，在研究群体的态度上是积极热情的，在研究风气上是民主融洽的。因而，校本教研的文化意义不言而喻。

（一）校本教研的文化特征

校本教研文化是在学校文化与校本教研相互作用的过程中形成的，它包括教研群体的价值观念、思维方式、行为规范及活动结果等，以具有学校特色的精神形式、制度形式和物质形式影响和制约着成员的活动方式、精神面貌与文化素养等。

1. 校本教研的显性文化与隐性文化

与学校文化一样，校本教研文化包括显性与隐性两个方面。校本教研文化的建构、解构和重建一定程度上比制度的建设与完善有着更为重要的意义，这是因为在校本教研文化形成与成型的过程中，其内在的吸引力、凝聚力、向心力或离心力深刻影响着校本教研活动的结构、模式和效果，也对教师个体的专业发展需要和行为方式产生重要的影响。这种影响其实就是显性的校本教研文化与隐性的校本教研文化持续、共同作用的结果。显性的校本教研文化主要体现为校本教研活动开展的环境布置与布局、设施与设备等；隐性的校本教研文化主要体现为校本教研制度所体现的价值取向、精神内涵，教师群体的心理、态度、思维、价值观，活动的方式、方法、氛围，等等。

2. 校本教研的制度文化与行动文化

校本教研制度建设包含着对已有教研制度的创新、变革和完善，从而对新型校本教研活动起到保障、促进和激励作用。从本质上讲，制度本身也是学校文化的重要组成部分，是学校价值观和精神的刚性显现，它的最终实现不是止于完备的文本，而是培育一种有利于组织健康发展的学习文化。因此，无论是校本教研制度建设还是校本教研活动创新，都指向于共同的文化诉求，蕴含着共同的文化特质。当然，从建构与形成积极的校本教研文化的角度看，它们还是有所差别的。

校本教研的制度文化，是制度文本内涵的文化意义通过规范和秩序的表达来无形传递和表达的，它具有目的性、理解性和预设性。因为制度制定的本身就是有目的的，制度所要表达的效果也是预设的，制度的执行需要组织和个体的理解力做保证。校本教研的行动文化则是参与者在教研活动过程中慢慢形成的共同的活动状态、方式（氛围、行为、程序等）和思维习惯（价值、态度、期望等）。这种文化是生成的，并有感悟和约定俗成的特征，因为它一开始也许受制于制度，但归根到底与活动本身的质量有关。因此，我们在关注校本教研制度建设质量的同时，也必须高度关注校本教研活动行为的质量。只有真正满足教师专业发展需要的教研活动，才能培育健康的校本教研文化。

（二）校本教研的价值取向

校本教研文化的深层结构是校本教研组织或群体的价值系统，其取向返璞归真，彰显鲜明的人文关怀和学理价值。

1. 观念上从“分歧”转向“共识”

传统教研管理体制导致不同层面、不同主体对教研价值存在严重的分歧，各层面的文化价值观缺乏一致的认同和相应的合力，教研文化建设内耗过大。其主要表现为：第一，管理者对教研过于集权，很少考虑学校成员的具体感受，人们常用怀疑的目光审视学校教研的价值观念，教学研究停留在教学而不是研究上；第二，参与主体的价值观存在矛盾，教研员多以行政命令的方式推进教学研究，而作为教研主体的学校教师沦为配角，成为“看客”和“旁观者”，教师自然对教研的价值缺乏应有的重视，因为他们参与教研，既不是为了解决教学实际问题，也不是为了自身的专业成长，而是为参与而参与，或者是出于某种功利需求而参与。

校本研究则把教学研究与教师个人的发展、学校的兴衰紧密联系起来，极大地提升了教研价值的认同面和认同度。由于教研内容贴近教师的生活，研究方式富于人文关怀，增强了教研的亲近感和真实感，并且使优秀教师内在的隐性经验显性化，从而为其默会知识的借鉴、迁移和运用创造了条件。这种以校为本的教研，降低了教师参与教研活动的难度，极大地调动了教师参加教研活动的积极性，有利于教师的专业发展。

2. 制度上从“制约”转向“促进”

制约和规范是制度建设最基本的要求，也是制度得以存在的理论前提。校本教研制度以促进人的发展为旨归，与学校文化相互兼容，能够更好地发挥制度文化的“促进”（不是制约）功能。这种基于制度形成的关于规则、机构及其相互影响的个体观念和行为习惯的教研文化，通过制度的力量，达到革除旧的教研弊端、形成新的教研机制的目的。从而把学校发展成为一个有着先进教研文化、可持续发展的组织。

3. 方式上从“形式”转向“状态”

教研活动对教师的促进作用虽然是不容否定的，但是低水平的教研活动给教师带来的触动比较小，教师的专业发展也就比较慢。提升教研活动的含金量，归根结底在于教研活动要培育教师的研究状态，而不是追求形式。国内外的有关研究表明，教师的探索性实践是教师专业发展的一条重要途径，校本教研活动是教师专业生涯中的重要载体，要让它在教师专业成长和课程改革中发挥作用，就应努力让教师浸入研究文化之中，使教研活动超越形式主义局限，成为解决教学实际问题的有效行动。

4．效益上从“经验”转向“理念”

以往的教研活动注重个体教学经验的总结和交流，校本教研重在关注经验和问题背后的理念和行为方式，即关注的是这些经验怎样才能形成，从而使学习和研究成为教师共同的职业生活方式，使教研组、学校成为真正的学习型组织。

5．目标上从“做事”转向“成人”

传统教研关注的焦点是“做事”。作为一种外在的评价手段，教研是衡量学校业绩和教师能力的尺度。教研的外在功能被无限扩大，教师参与教学研究的根本目的在于成就学校，为学校争光。学校行政的强势干预，愈加强化了这种观念。“做事”成为教学研究的一种主要取向，人的发展被边缘化了。

新课程改革背景下的教研不仅要关注“做事”，而且要关注“成人”，并把人的发展作为核心。在新的校本教研文化的理念下，“成人”主要关注两个维度：教师和学生的发展。教师的素质关系到课程改革的成败，校本教研为教师专业发展提供广阔的空间。校本教研的目的在于通过研究促进教师的专业成长，提升教育质量。学生是教育的对象，也是教研的终极目标，如果说教师的发展与教研直接相关，那么学生发展就是教研的终极要求。当校本教研真正实现把人放在首位的时候，教学研究就会被赋予充分的活力和强大的动力。从“做事”转向“成人”是校本教研的基本宗旨。

二、校本教研的文化功能

文化具有强大的渗透力量。校本教研强大的文化功能主要通过“目标导向”“团队凝聚”“精神激励”来实现。

（一）学校教育价值的导向性

学校是一种按照人的生存、生活、生长的理想状态构建的“人化”环境。文化的本质理所当然就是对人类生命和精神的开发。苏联教育家苏霍姆林斯基有言："教育——这首先是教师跟孩子在精神上的经常接触。"由于人的精神生活（内心世界）是否丰富，取决于他同周围世界的实际关系是否丰富，取决于他同自然界和其他人的相互作用的内容与性质，正像世间没有两片相同的树叶一样，学生也是千差万别的。这就要求学校教育与学生的心灵接触，学校一切动态的、静态的教育内容都要触及学生的心灵。校本教研的重要目的就是探究与学生心灵接触的内容、途径、方式等，以期构建学生心灵的家园。

学校发展的根本是学校文化的创新，学校文化创新的源头是教育价值的创新。在社会转型或重大教育变革时期，一所学校的师生长期沿袭下来的日常生活方式往往难以自然地与学校发展的新要求相契合，这就需要学校自觉地对原有文化进行扬弃，在保留和继承原有文化积极一面的同时，剔除其中某些不合时宜的元素。学校在适应和推动社会发展过程中，不仅要进行精神文化创新，更要变革教育价值观——站在文化的高度，从教育价值取向和办学理念等教育管理的源头上进行创新，以对先进的学校文化做出贡献。只有对先进的学校文化做出贡献，其创立的理论才会具有普遍的指导意义。

学校教育价值观一旦成为全体成员共同拥有的精神支柱，对学校组织的建立、维系、发展就具有感召和凝聚作用。实际上，从校本课程设置到教学活动设计再到学生作业布置等校本教研内容，都能反映出学校的价值观。可以说，学校发展与否，从根本上取决于教育价值观的创新与否。因为，学校教育价值观是学校全体成员审视各种教育活动的共同标准和尺度，是衡量、评判学校精神文化、行为文化的理论前提和哲学依据。

（二）学校发展目标的引领性

校本教研不是专业的教育科研，是基于学校实际条件、解决学校和教师直面的实际问题的教育教学研究，也是解决教师实践智慧问题的行动研究。教师的专业技能要有知识支持，但主要是实践智慧支持，这需要教师实践经验的积累和对自己的行动进行研究和反思。校本教研的根本目的在于从学校内部推进教育改革，为学校确立新的发展目标。

这也就是说，校本教研制度的建立在更深层的意义上是除旧布新，即消除旧的研究传统，形成新的教研文化。我们在制度基础上讨论文化时，强调制度的价值观念、道德伦理、思想意识与制度、习惯、规范、规则的内在一致性，即制定的制度能在多大程度上反映人们意识中所秉持的思想、道德和伦理的价值判断。从应然的角度讲，建立校本教研制度就是构建一种全新的教研文化甚至是学校文化。在这方面，东北师范大学附属小学为我们提供了一个范例。

东北师范大学附属小学在科研兴校、科研强校的教育实践中走出了一条自主创新、改革发展之路。在70多年的发展历程中，学校植根传统，立足现实与未来的需要，结合教育发展趋势，不断进行教育实践的理论创新。20世纪90年代初，经济和社会的发展要求学校教育更加凸显人的主体性，实现人的主体性价值。由此，学校就确立了“小主人教育实验研究”和“小学生主体性教育实验研究”两项课题，建立并完善了小学生主体性发展的基本目标体系，构建了科学合理的课程体系和教学结构。进入21世纪以来，学校在国内率先对综合实践活动课的相关问题进行了探索，并开展了“校本课程开发的理论与实践研究”课题，着手对校本课程开发的理论和实践问题进行深入的研究与探索。正是这些富有前瞻性的校本课题研究，使学校在不同的历史时期不断吸纳新的教育思想，更新教育观念，始终走在教育发展的前沿。同时也为学校文化增添了新的内容，使学校焕发出新的生机与活力。

（三）学校教育资源的整合性

教育资源一般是指保证教育活动正常进行而可使用的人力、物力、财力的总和。不断提高教育资源的开发利用、合理配置和使用的效益，不仅能提高办学效益，更能体现学校办学特色和办学水平。现代学校制度强调学校组织的开放性，就意味着一种巨大的资源集合和教育功能的倍数增长。强调学校与外部环境之间的沟通、交换和互动，以积极的姿态主动吸收一切有益于学生成长、有益于学校发展的教育资源，是现代学校建设的应有之义。现在，教育资源的范畴已大大扩展，不再局限于教师、学生和教材，自然、人生和社会等都可以纳入教育资源范畴。因此，整合学校、社区与家庭“三位一体”的学校教育资源体系，是学校变革的重要途径和方式。

整合学校教育资源，形成教育合力，是校本教研的重要课题。北京中关村第一小学利用学校独特的地域优势，充分发挥家长资源，成立了百名家长顾问团，为学校的发展出谋划策。各班级也成立了家长委员会，参与、支持班级工作。学校利用附近的中国科学院和中关村的科技文化优势，举办科普百场讲座；与中科院联手成立少年科学院，开展“走进科学院，走近科学家”活动。其中就有身为学生家长的航天英雄杨利伟多次与航天城合作开展的活动，通过“小小宇航员”中队会，走进航天城，感受宇航精神。这就是校本教研的文化功能在教育资源整合方面的范例。

三、 校本教研的文化效应

校本教研不是教研方法的改良，而是教研文化的根本性变革。随着基础教育课程改革的全面深入推进，校本教研文化对学校管理、教师发展以及教研制度建设产生了重要而积极的影响。

（一）创建了一种开放性教研制度框架

校本教研是以制度建设为重点的。这里的制度建设，一方面是指将校本教研本身作为一种制度来理解而常抓不懈；另一方面是指校本教研的有效性依靠相关制度的支持。

相对以往的教研室所组织的教学研究而言，校本教研更需要相应的制度支持。这些制度包括各级政府的政策认定、学校的各项规章制度以及教师学生团体的相关制度。通过加强学校内外各种制度建设，形成了对校本教研发展运行的制度支持体系。如果说以往的教研室是一种封闭组织，那么校本教研就是一个开放的系统。在开放的校本教研制度下，学校中的全体教师是教学研究的主体，而不仅仅局限于教研员的角色，有时学生群体也可作为教研主体，因为身为教育教学活动的直接受用者，他们的一些意见和建议将直接成为校本教研问题的重要来源，而且其本身也将成为教学研究的一项重要内容。与此同时，校本教研活动还可以向校外辐射，将与学校利益相关的校外人士，尤其是专业研究人员整合在校本教研制度之下，从而有利于该制度的有效实施。

（二）营造了学习型学校的文化氛围

校本教研是以营造学校中学习型文化为中心的。如果我们把校本教研仅仅理解为听课、评课，那就与以往教研室所组织的教研活动无异了。在校本教研制度下，不仅要强调在教学中发现问题，更应该强调通过教学来研究问题、解决问题。当我们的教师都以学习的态度来进行教学研究，那么教学研究就不仅仅是评课、挑毛病那么简单的事情，而是从学习型学校的角度、从系统思考的角度出发，通过团体学习来建立共同的愿景。这样，校本教研就成为学习型学校的助推器。这样的学校，才是有效的学校，才是有生命力的学校。

（三）构建了教师专业发展的反思平台

由于校本教研为教师创建了一个学习型的学校文化氛围，教师的专业化素质因此有了一个充分提升的舞台。教师同伴的学习交流，使存在的问题进一步显现，而这些问题又是教师想竭力改正而又难以把握住的。这样，校本教研为教师教学过程中的问题提供了一个正视的机会，这种正视问题的过程本身就是教师自我反思的过程。正是这种正视问题的过程，使教师的专业化水平得到发展，因为教师之间的交流互动，既是对教学问题的一次影射，又是对自身存在的不足和缺陷的一次发现。当研究的问题明朗化了，就为进一步解决问题奠定了基础。

（四）培育了“教师即研究者”的主体精神

校本教研促使教师成为研究者，要求教师专业意识的自觉和专业生活方式的转变，以提高专业智能和素养。这就是说，校本教研培育了“教师即研究者”的主体精神。这种精神主要表现在以下四个方面。

1．基于追踪问题的课题意识

校本教研意味着“以改进学校实践、解决学校自身所面临的问题为目标”。但校本教研又不只是零散地改进学校实践的问题，它需要从零散的问题中提升普遍的、关键性的教学难题。当教师或合作者意识到某个普遍的、关键性的教学难题并追踪这个教学难题时，原来的教学难题就转化为研究课题。追踪的重要性在于使零散的问题转化为课题研究。

2. 基于有效教学理念的教学设计意识

问题提出或者课题提出来之后，需要教师和相关合作者一起设计解决问题的思路和策略。校本教研和一般性的、日常性的问题解决的不同之处就在于：校本教研不是随意地解决问题，它必须经过比较慎重的设计，而且必须根据某种有效教学的理念来设计解决问题的策略。设计往往需要以集体智慧提出有效教学的普遍理念以及有效地解决学校实际问题的具体策略。

3. 基于对话的合作意识

真正有效的教学研究往往是有效合作的研究，这种合作是学校开展校本教研的一个极其重要的保证。教研室与学校是“合作伙计”的关系。校本教研计划应该由学校校长、教师共同研制。教研室不能代替学校，但也不被动地等待校方邀请，而是“在计划制定与实施的过程中给予强有力的指导与帮助”。在合作的校本教研中，教师必须学会提问。真正的提问意味着教师提出个人解决问题的思路之后的疑问，而不是只提问然后等待教研员或他人来解决。

4. 基于研究过程的成果意识

校本教研同其他所有研究一样，必须有研究成果，即将研究的结果提交公众讨论。但校本教研比其他研究在表达研究成果上更强调研究的过程，而不只是一个研究结论。它更看重研究过程中已经发生了哪些事件和已经做了哪些事情，而不只是提出“应该做什么”或“不应该做什么”。这就是教师在校本教研的基于研究过程的成果意识。

第六章　校本教研的转型与发展

在当前深化基础教育领域综合改革、落实立德树人根本任务的新形势下，教育事业各领域改革创新全面推进。与此同时，我国的校本教研经过10多年的探索与实践，进入突破潜在局限、转变发展方式、构建发展策略、实现持续发展的新阶段。

一、校本教研的潜在局限

任何一种事物都无法达到十全十美的境界，校本教研也如此。我们在看到校本教研价值的同时，也要注意到校本教研可能出现的显性或隐性的局限所在。

（一）校本教研的隐性局限

校本教研的隐性局限是校本教研衍生的间接出现的问题所在：

校本教研的去中心化倾向，往往会误导为不信赖传统的决策当局，从而可能彻底把国家和地方的决策拒之门外，如果没有在学校建立完整的决策机制，就可能导致学校发展的无政府状态。

学校成员来自四面八方，具有不同的文化背景和生活历史，将这些差异较大的人组合在一起，如果没有共同决策的经验和相当的团队精神，校本教研就很难有实质的成效。

校本教研开放式的参与策略，目前还不能表明教研成果与学校的进步的必然关系，或者说不能表明校本教研一定会比其他专业成长途径更有效率。

对于多数教师而言，学校既有的教研机制有可能弱化他们批判反思的能力，现有的人事聘任制度也可能让他们产生教研惰性，教师可能普遍对一般机构举办的教研活动不感兴趣，这样的话，在校本教研中，常存在机会不够均等的现象。

（二）校本教研的显性局限

校本教研成效的不确定性和产出的滞后性决定了校本教研功效的显性局限。

1. 校本教研不能解决学校所有的教育教学问题

校本教研强调解决教师自己的问题、真实的问题和实际的问题。这些问题可能是学校日常生活中一些习以为常、见怪不怪的“小”问题，也可能是教师专业成长中都会遇到的现实问题。这些问题可能与当下教育教学的热点问题相去甚远，但只要当教师发现并持续追踪某个有意义的教育教学问题时，他们很可能会感到有实实在在的收获与成长，增强教师从事研究、投身教研的动机和兴趣，最终促进教师教育教学的有效性，这才是校本教研的现实意义所在。而且校本教研的性质也决定了它是“点上”的突破而非“面上”的推进，不可能面面俱到解决学校所有的教育教学问题。

2. 校本教研不能完成教师专业发展的全部使命

与传统教研相比，校本教研固然更有针对性和灵活性，但我们也应以客观态度审视校本教研的功能。校本教研不是教师专业发展的唯一途径，不能解决教师专业发展的全部问题。对教师素质的培养主要从教师的使命感、现代教育理念与职业理念、教育教学实践能力三个方面进行。校本教研正是以学校教育教学活动中的实际问题为出发点，以解决教育教学实践中的问题为旨归，并在解决问题的过程中有针对性地促进教师能力的提高。由此，校本教研的教师专业发展功能主要集中在操作层面的教育教学实践能力上。当代教师应有的社会使命感、现代教育理念、教师职业理念及道德精神的形成与塑造，很难在校本教研中得到充分的实现，校本教研不可能完成教师专业发展的全部使命。

值得一提的是，上述校本教研的局限性只是一种可能性的潜在状态，如果按照校本教研的本质要求和价值范式去组织实施，则是可以避免或者降到最低限度。

二、校本教研的转型要求

随着教育事业逐渐向以促进公平、提高质量为根本标志的内涵式发展阶段转变，教育发展对校本教研工作提出了新挑战、新要求。校本教研面临深度转型，这个转型的核心要求，就是由传统教研向现代教研、向符合时代需要的教研、向以人为本的教育教学总体需要转变。具体来说，就是要实现如下六个方面的转变。①

（一）研究重心由研究以教为主向研究以学为主的转变

由以教为主向以学为主转变，是进入21世纪以来中小学教学改革的一个最重大的转变和核心要求。教学中实现由以教为主向以学为主转变，校本教研作为服务指导学校教学工作的重要机制，必须按照这样的整体思路，把过去重视研究教、为教服务的工作重点转向研究学、为学服务。这可以说是现代校本教研工作的基本点。

（二）基于经验的教学研究向基于事实和数据的教学研究转变

基于经验的教学研究向基于事实和数据的教学研究转变，要求研究的方式和方法要向着更加科学、规范、理性的方向转变。过去开展校本教研往往基于个体的经验，基于对教学工作经验性的总结分析，一定程度上已经影响了校本教研的整体水平。现在，我们提倡运用科学的方法和手段，利用规范的研究方式，实现问题的解决，如通过对数据的分析，对大量事实的提炼，最终形成科学、理性的判断。这样得出的研究成果，对于一线学校的指导，会更有说服力，更具实效性。

（三）由注重统一性的教学要求向注重个性化的服务转变

由注重统一性的教学要求向注重个性化的服务转变是为了适应整个教育体制、运营模式的转变而做出调整的工作思路。过去的教育教学模

① 田慧生. 由传统教研转向现代教研［N］. 中国教育报，2014-03-05（07）.

式中，统一性的要求过多，我们习惯用统一的目标、内容和模式来要求不同的学生。现在我国教育改革的总趋势是要求改变这种统一性，走向多样，实现学生的个性化发展。因此，校本教研必须适应这种变化，由过去习惯于提出统一性的要求、研究统一性的问题、进行统一性的评价，逐渐转向满足不同学校、不同学生、不同教师的多样化需求，提供个性化的指导和服务，并通过这样的转变，促进学校教育教学走向多样化，走向选择性，最终服务于“为学生提供适合的教育”这样一个总要求。

（四）由关注知识传授的研究向关注全程育人、综合育人、全面育人的研究转变

过去我们的教研员就是学科教研员，大家都是立足于自己的某一个学科做教研，研究的问题不外乎知识怎么传授，尤其是学科知识怎么传授。现在，我们要关注的是如何使教研工作在立足于学科研究、知识技能研究的基础上，向整体关注人、培育人转变。

（五）由单纯的关注教材教法研究向加强对教学质量的全要素研究以及服务区域及学校发展转变

校本教研需要开阔的视野，要在更完整的意义上去研究教学改革和发展问题，既能立足于教材教法，又能关注到教学的全过程，考虑到教学质量的全要素。同时，教研工作既要面向课堂、学生、教师，还要对学校的整体发展，进行整体设计、规划引领。也就是说，要从过去的一个点的研究，逐渐向整个面的研究去拓展；从关注教学的某一个要素，转向关注教学的全要素。

（六）由基于传统课堂教学的传统教育模式向基于开放的信息化教学的现代教育模式的研究转变

信息化不仅带来技术上的革新，带来方法手段的变化，更重要的是，它已经深刻影响到我们课堂内在的结构，影响到教学关系的调整，影响到整个教学形态的改变。校本教研要及时适应这种变化，思考如何借助信息化手段进行研究，还要看到信息技术对传统课堂教学模式带来的全新挑战，比如慕课风暴、翻转课堂，这些都为课堂教学带来了革命性的

变化。那么，为什么信息技术多年来不断与教学结合，却没有引起应有的关注，而这次慕课风暴和翻转课堂则引起了超乎想象的高度关注？事实上，过去的信息技术与教学结合只是一种方法、手段的结合，一种方法、手段的改变，而慕课风暴、翻转课堂则带来了教学观念、教学结构、教学方式的巨大变化，把过去教师教、学生学，变成了课前利用视频学习，课上问题解决、答疑。这就给我们带来了一点启示，预示着信息技术不仅将从方式手段上对课堂教学产生影响，对我们的教学观、教学整体的结构、教学模式等也将会产生巨大的影响。所以校本教研要及时预见未来可能发生的变化，加快转变的步伐，调整研究的手段和关注的重点，尽快由传统教学模式走向开放的、信息化条件下的现代教学模式。

三、校本教研的发展战略

面对校本教研的潜在局限性及其转型诉求，校本教研的当务之急，是在有生力量的培养、长效机制的建设和科学管理上寻求解决之道。

（一）加强校本教研有生力量的培养

我国校本教研的发展实践证明，校本教研队伍的素质是校本教研的决定性因素。校本教研呼唤正确的学校领导决策者、创新型校长人才和研究型教师，加强这三种有生力量的培养，是校本教研队伍建设的中心任务。

1. 加强学校领导决策者的培养

从现实情况看，学校领导普遍重视教学成绩和教师工作时间的投入，但较为忽视校本教研的研究过程。校长在各级会议和公众场合强调最多的是教学工作，较少强调教研工作；强调教研工作只是在课题申报、中期汇报和结题的几个环节上，平时大多无暇过问校本教研问题。另外一种现象是，校长的科研能力很强，想法很多，校本教研涉及的项目太多，出现一人负责多个项目、一人参与多个项目的现象，从而造成下属部门负责人和教师们不堪重负。在教研组和备课组活动中，学校不同程度地存在没有过程的检查和评价，或有检查和评价但仅仅是形式主义，导致教研活动和备课组活动缺乏实质性的教研氛围。

学校领导必须是校本教研发展的决策者——具有先进的校本教研理念，坚持以教师为主体的校本教研，能够与教师进行有效沟通，制定有效的校本教研制度和教研机制，正确评价校本教研的过程和结果，并走在教师校本教研的前列，做教师的教师。

2. 加强创新型校长的培养

校本教研在实际工作中不仅仅是以校为本的教学研究，而且是以此为中心而展开的学校一切事务和活动。然而现实情况则是：不少校长往往以上级行政部门的标准行使自己的职权，以规范的工作为指南，不越雷池半步，以致对上级教育行政部门产生了极大的依赖性，缺少办学的主动性和创造性，从而忽略了以校为本的工作方向和学校发展的大好机遇。

上级教育行政管理部门制定的标准与学校的实际以及校长自身的要求多少存在一定的差距。在这样的情形下，校长就必须有充分的认识，既要向主管部门要求的标准努力，又要调整和制定适合学校自身发展的具体标准，尽最大努力使两种标准统一起来，从而达到标准双赢的效果。当制定的标准与主管部门要求的标准差距很大时，校长必须审视学校制定的标准有没有偏离大方向。若有时，校长不妨细化教育行政部门的高标准，把它分解为几个梯级的标准，循序渐进，以逐步达到教育行政管理部门的要求。有时候也会出现上级教育行政管理部门制定的标准低于学校发展的标准，这时校长就必须高瞻远瞩，放眼世界，大胆改革，制定既高于教育行政管理部门，又适合学校向更高目标发展的标准。

我们的校长队伍建设还需要多方面的努力。校长要努力成为正确的决策者、教学的领导者、教育的设计者、科研的引领者、办学的开拓者和思想的创新者，做教师的教师，以培养好我们的学生，做好我们的教学工作，发展好我们的学校。

3. 加强研究型教师的培养

校本教研的主体是教师，教师即研究者。教师的工作场所主要在课堂，通过知识的传授和问题的解决与学生建立关系，培养对社会有用的人，在此过程中出现的各种问题都属于教师研究的范围。成为研究型教师与教师成长的环境关系很大。因此，教师团队建设就显得尤为重要，优秀教师团队的建设是教师成为研究型教师的重要条件。比如在师徒的结对上，新教师的最直接影响就来自于指导老师，他的教法、习惯、举止、态度以及处理问题的方式无一不影响着新教师。当教师进入成熟期时，他们才会积累足够多的经验，形成了自己的教学特色和风格，成为研究型的教师。

研究型教师具有教学研究的强烈意识，并由此勇于对教学问题进行探究，积极寻找解决问题的方法，而不只是立足于高层次的理论和学术研究。

（二）建立校本教研的长效机制

校本教研长效机制是校本教研持续发展的基本保障。校本教研的长效机制旨在充分发挥四种人的作用：一是校长、教导主任和教科室主任等教学管理工作者的作用；二是各科任教师的作用；三是教科院（所、室）的教研工作者的作用；四是学科教学论专家的作用。只有当上述人员通过恰当的组织和运作方式，协调一致，融为一体，形成教学与研究的共同体，齐心协力全面开展教学工作时，校本教研才能真正落到实处。

首先，校本教研机制要切实促进教师树立问题意识、反思意识、研究意识。要使教师用研究者的眼光审视、分析教学实践中遇到的问题，主动将教学工作与教学研究融为一体，开展专题研究，并积极寻找解决问题的办法。

其次，校本教研机制能够激发教研组的作用。教研组活动应制度化、规范化，通过开展形式多样的教研活动，使教师的问题得到解决，教师的经验得到分享，教学的资源得到共享，进而促进教师共同发展。

再次，校本教研机制能够发挥教研人员的专业引领作用。教研人员要有高度的使命感和责任感，始终将为学校服务、为教师服务、为学生服务作为教研工作的宗旨；要高度关注教学改革与实践，重视收集自下而上来自基层教师的教学问题；要组织骨干教师开展专题研究，为学校教学研究和教师专业成长提供切实有效的帮助。

（三）重视校本教研的科学管理

校本教研管理的最高境界是文化管理。因此，校本教研要做到科学管理，就要努力形成先进的校本教研管理文化，树立校本教研文化的自觉和自信。

其一，加强校本教研计划的管理。学校要指导、督促教研组制订、落实教研组计划，并形成科学合理的校本教研的评估办法。

其二，落实教研组的职能。学校要选拔思想素质好、组织能力强、教学水平高、虚心学习、勇于教改、热心公务、乐于奉献的教师担任教研组长，同时，明确教研组长的责、权、利，并定期考核；学校要处理好教研组活动与年级组教学的关系，使教研组不仅是教学常规的落实者、教研活动的组织者，而且是教师教育理论的加油站和学术交流的园地，切实发挥教研组的教学研究职能。

其三，加强常规教学研究的管理。教学研究必须按照课程改革的要求，结合新教材的特点，开展教材、教法研究，对怎样备课、上课，怎样评价、辅导学生等学科教学常规内容进行深入研究，以更高的标准、更优的方式来组织教学。

其四，加强教材使用和开发研究的管理。教学研究要针对新课程教材内容富有弹性的特点，充分挖掘地方课程资源，整合教学内容。

其五，加强学法研究的管理。课程改革使教材的权威地位下降，从而扩大了教师教学和学生学习的自主权，但也使教师承担了更多教学选择的责任。为此，教师应结合学科特点，在研究学生学习方法的基础上，思考如何营造学生自主学习的课堂情境的方法和途径，充分发挥学生学习的自主性。

实务篇

第七章　校本教研的使命与任务

校本教研的旨归在于完成校本教研的使命和任务。使命与任务具有内在的统一性，使命决定任务，任务成就使命。校本教研的使命与任务，契合新课程理念和教师工作方式及其角色要求，体现了校本教研制度对传统教研制度的扬弃和超越。

一、校本教研的重要使命

校本教研作为课程改革的支撑系统，其重要使命就是基于课程改革的校本性研究、指导和服务。具体言之，就是认真研究学校课程的功能、结构、内容、实施、评价和管理，深入了解并及时解决教学中随时出现的困难与问题，总结推广教学经验，在课程改革的推进过程中，不断提高教师的专业水平和驾驭课程的能力。这一使命涵盖以下六个方面的要求。

（一）进行基于课程改革的教学研究

以新课程为导向，围绕推进新课程的需求，着眼新课程推进中的实际问题开展教学研究。既注重切实解决课程改革真实情境中的具体问题，又强调理论概括和提升，为课程改革的不断深化总结经验、探索规律。

（二）促进教师的自主反思

促进教师个体的自主反思，增强教师的研究意识，逐步形成自己对教学现象、教学问题的独立思考和创造性见解，使教师逐步成为学习型的研究者、反思型的实践者，真正成为教学和教学研究的主人。

（三）谋求学生、教师、学校的整体发展

课改的灵魂是要促进学生发展，学校的发展是为了学生的未来。“生本”是“师本”“校本”的前提条件和根本目的，通过校本教研使全体教师得到发展，进而使每位学生得到发展。

（四）挖掘学校和学生生活资源

发展新课程需要创造性地使用新教材，围绕学生的需要来研讨和解决问题。挖掘学校和学生生活资源，为课程实施和课堂教学服务，是校本教研的基本职能。

（五）建立学校教师群体的合作研究制度

建立经验共享的教学交流制度，使教师之间能经常有效地互通信息、交流体会、相互切磋、分享经验。建立行之有效的校本培训制度，使教师基于学校，结合实践，获得观念上的更新和理论上的提高。建立相互协作的教研攻关制度，使教师充分发挥团队精神和个性特长，群策群力、优势互补，在分工协作、互动共生中获得专业发展。

（六）发挥教研员的“专业引领”作用

教研员要运用专业理论和专业知识，采取专业化的工作方式，引导和带领基层学校教师开展研究、获得提高。“专业引领”就其实质而言，是理论和实践之间的对话与合作，是理论和实践关系的重建与升华。

二、校本教研的基本任务

校本教研的任务是校本教研使命的项目化、对象化和目标化。解构校本教研任务系统，厘清校本教研各项任务的地位及其关系，是完成校本教研任务的前提条件。

（一）校本教研的任务系统

基于上述校本教研的使命，校本教研的基本任务可以总体概括为：创造性地实施新课程，促进教师专业发展，提高学校的课程建设能力，全面提高基础教育教学质量。

校本教研这一基本任务可以解构为“学校发展研究”“学校管理研究”“学校德育研究”“学校教学研究”等四个分项任务系列。其中，学校发展研究包括学校发展规划研究、学校特色和品牌建构研究、学校教育质量和效益研究、学校文化建设研究等子任务；学校管理研究包括常规教学管理研究、学生学业成绩管理研究、教学资源管理研究等子任务；学校德育研究包括德育工作目标体系研究、德育途径方法研究、德育活动实效性研究等子任务；学校教学研究包括校本课程研究、校本教材研究、教学模式研究、教学效能研究等子任务。它们构成一个相辅相成的校本教研的任务系统。

（二）校本教研的基础性任务

学科教学研究处于校本教研任务系统的基础地位。所谓学科教学研究，是以某一个学科的教学为研究对象，以提高一个学科的教学水平和教学效益为目的，以课堂教学为研究重点，以专题研究为主要形式的研究类别。基础教育课程改革很大程度上也是各学科的教学改革，只有深入开展各学科教学研究，提高各学科的教学水平，才能在教学中切实落实好对学生“人文底蕴，科学精神；学会学习，健康生活；责任担当，实践创新”等核心素养的培育，促进学生全面发展，提高学校的教育质量。因此，学科教学研究是学校发展的基本动力，是提高教学质量的重要保证。同理，校本教研的最终目的只有通过学科教学研究的实施才能实现。因为，校本教研只有抓住学科教学研究这条主线，才能真正改善教学实践，提高教学质量，促进教师的专业发展和学生的身心健康发展。鉴于学科教学研究在校本教研中的重要性，在此对学科教学研究任务做一具体阐述。

1．学科课程研究

基础教育课程改革实行国家、地方和学校三级课程管理，使得校本课程开发成为校本教研的重要任务。校本课程开发的领域广，实用性强，教师大有作为。教师在校本课程开发研究中可以做的研究有课程的设置，课程的性质、宗旨，课程的目标、内容与要求，课程的实施，课程的评价等。

2．校本教材研究

在完成了校本课程的开发之后，往往需要选用或编写相应的校本教材，因此，校本教材研究就成了校本教研的一项任务。校本教材研究的任务主要包括三个方面的内容：一是对选用的校本教材评价，如教材的特色、教材的缺点与不足等；二是对选用的校本教材分析与运用，如教材的知识结构分析、能力结构分析、情感态度与价值观分析、重点难点分析、表述结构分析，运用教材的基本策略定位，学科课程资源的开发与利用等；三是校本教材的编写，如教材内容的选择、内容的组织、内容的表述等。

3．教学模式研究

教学模式有多种多样，但任何一种模式都不是万能的，都具有特定的功能和适用范围，因此，教师必须学会探索符合学校实际、具有校本属性的学科教学模式。教学模式的创新既可以是创设也可以是改造。其创设即先提出理论假设，设计实施方案，再经过教学实践的检验、修正和完善而成；或者先在教学实践中探索，再经过总结经验、提炼和论证，概括升华而成。其改造即对现有的教学模式通过吸收、借鉴、融合、加工而成。在创设和改造教学模式的过程中，必须充分考虑学校实际条件（学校地域条件、教学设备条件、教学水平、教学环境等）、学生特点和教师自身特点。

4．教学效能研究

聚焦课堂的有效教学是当前课程改革的热点，也是学科教学研究的前沿问题。课堂教学是课程改革的主阵地，没有课堂行为的改革，就没有素质教育的落实，也就没有新课程的真正实现。课堂有效教学关系到课程改革的成败，校本教研必须关注新课程背景下课堂教学效能。

课堂教学效能研究可以围绕以下一些问题展开：新课程课堂教学面临的问题调查研究，新课程课堂教学核心素养目标有效设计研究，新课程课堂教学内容有效设计研究，课程资源开发利用与课堂有效教学研究，新课程有效课堂教学的模式研究，新课程课堂有效教学的策略研究，新课程课堂讨论教学的有效性研究，新课程课堂自学辅导教学的有效性研究，新课程课堂发现教学的有效性研究，新课程课堂活动教学的有效性研究，新课程课堂案例教学的有效性研究，新课程课堂问题教学的有效性研究，新课程课堂合作学习的有效性研究，新课程课堂探究学习的有效性研究，课堂有效教学与低效教学的课堂行为差异研究，等等。

三、校本教研任务的落实

校本教研任务的落实，必须借助于"基于'教学问题'的课题研究""基于'有效教学'理念的教学设计""基于'教学对话'的教学行动""基于'问题解决'的教学反思""基于'改进结果'的教学重建"[①] 等手段、路径。这就是说，校本教研的各项任务只有适时转化为一个个具体的研究课题、教学设计、探索行动、教学反思和教学重建的形式才得以落实。这个落实的过程，就是一个充分彰显校本教研特点和价值的过程。

（一）基于"教学问题"的课题研究

校本教研强调解决自己的问题、真实的问题、实际的问题。但并非任何教学问题都能构成研究课题，只有当教师持续地关注某个有意义的教学问题（对问题追踪和设计），并细心地设计解决问题的思路之后，日常的教学问题才可能转化为研究课题，教师的"问题意识"才能上升为"课题意识"。

强调对问题的追踪和设计，意味着所研究的课题来自教师的教学实践。课题产生的途径往往是"自下而上"的，是教师"自己的问题"而非"他人的问题"，是教室里发生的"真实的问题"而非"假想的问题"。

强调对问题的追踪和设计，意味着校本教研不是"随意性问题解决"或"经验性问题解决"。教师虽然在日常教学中从来就没有远离过"解决问题"，但如果教师只是以日常经验和惯用策略去解决问题，而不是想方

① 余文森，吴刚平，刘良华. 探索以校为本的教学研究［M］. 上海：华东师范大学出版社，2005.

设法之后采取行动并持续地反思其效果，那么，这种问题解决只属于“日常性教学”活动，算不上研究。

强调对问题的追踪和设计，能使日常教学中的“问题意识”与校本教研中的“课题意识”区分开来。不过，这不是说“问题意识”就不重要。教学研究中常见的障碍，既可能是“课题意识太弱”，也可能是“课题意识太强”。“课题意识太弱”的教师容易满足于以日常经验解决那些琐碎的日常问题，不善于在解决日常教学问题的过程中捕捉一些关键的值得设计、追究的“研究课题”。由于缺乏必要的追究与设计，那些日常的教学问题虽然不断被解决，但教师却很难从整体上转换自己的教学观念，改变自己的教学行为。与此相反，“课题意识太强”的教师容易热衷于“热点问题”“宏大问题”，对自己日常教学中的实际问题视而不见或“以善小而不为”。满足于“大问题”“大课题”的后果是忽视、轻视了教室里每天都在发生的真问题以及自己产生的真困惑。

（二）基于“有效教学”理念的教学设计

教师日常的“教学设计”（备课）所形成的方案即教师的“教案”。校本教研意义上的“设计”虽不完全等同于一节课或一个单元的“教学设计”，但它实际上离不开教师日常的、具体的，以一节课或一个单元教学为单位的“教学设计”。校本教研中的“设计”意味着教师在发现某个值得追究、追踪的教学问题之后，在接下来的一系列的课堂教学的设计中，寻找和确定解决该问题的基本思路和方法。

不过，该“设计”与其说是个体化的“备课”“写教案”，毋宁说是具有合作意义的（不是形式化的）“集体备课”和“说课”。“集体备课”和“说课”实际上是借鉴他人的经验或智慧。当教师在集体备课、说课中借鉴他人的经验或智慧来设计解决教学问题的“基本思路与方法”时，这种“备课”活动或“教学设计”活动就具有“校本教学研究”的意味。

就此而言，校本教研就是以“研究”的意识来强化“教学设计”活动的。但校本教研中的“设计”又不只限于“备课”或“集体备课”。或者说，当教师期望借鉴他人的经验和智慧来设计自己的教学方案以便解决某个教学难题时，他们还可以从另外的地方获得“他人的经验、智慧，比如与专家对话，以及阅读相关的教学论著”。这就是说，一个有责任感的教师总是“想方设法”地教学，而“想方设法”又意味着教师既反思“自己的经验”，又琢磨“他人的经验”。当教师将“自己的经验”与“他人的经验”做比较时，自己“想方设法”的教学便有了灵感和着落。

（三）基于“教学对话”的教学行动

“行动”是指根据既定的“目标”而进行实践探索。如果校本教研所既定的“目标”是一节课或一个单元的教学过程，那么，接下来的“行动”既包括教师的“上课”，也包括相关的合作者的“听课”（即一般所谓的“集体听课”），此时教师的“上课”就转化为“公开课”或“研讨课”。

就教师的“上课”而言，“行动”不仅意味着观察事先所设定的目标方案是否能够解决问题，而且意味着在“教学对话”中创造性地执行事先设定的目标方案。教师一旦进入真实的课堂，面对具体的学生，就不得不保持某种“教学对话”的情境，在“教学对话”中，根据学生的实际学习状况，根据教学过程中发生的意想不到的教学事件，去灵活地调整教材、调整教案。

（四）基于“问题解决”的教学反思

在整个校本教研的过程中，“反思”实际上是贯穿始终的。所谓“反思”是指教师以及合作研究者在“行动”结束后回头思考解决问题的整个过程，查看所设计的方案是否能够有效地解决问题，如果问题没有很好地解决，就需要进一步弄清究竟是所设计的方案本身不合理，还是方案的执行发生严重偏离，如此等等。

由于校本教研常常是一种基于教师个体自主思考的“合作研究”，因此这种反思也可以称之为“集体讨论”，它与此前的“集体备课”“集体听课”相呼应。事实上，校本教学研究需要经常性地与中小学已经存在的集体备课、集体听课、集体讨论等教学研究制度相结合。“教学反思”的关键在于开阔自己的眼界，汲取“他人的经验”并将他人的经验转化为自己的“设计”和“行动”。由此说来，校本教研与其说是对传统教学研究方式的改变，不如说是对传统教学研究方式的一种落实和恢复。

当教师"讲述"自己教学研究的过程及其发生的教学事件时，可以不必盲目依赖于传统的概念体系和逻辑技术。教师讲述的教学事件与教师撰写的"教育论文"相比将会发生一些变化——它将变得富有"情趣""活泼""生机盎然"；变得"日常""亲切""生活化"；变得更"动听""可读""可爱""令人感动""使人受启发""俏皮""欢快""美妙""音乐性的""有韵味的""有灵性的""让人心领神会的""引起共鸣的"。教师叙述自己的个人教育生活史的过程，实际上是在研究、反思自己的教育生活经历，反思自己在教学中到底发生了哪些教育事件。这种叙述性反思使教师进入"研究性教学"的境界。

（五）基于"改进结果"的教学重建

教学重建即再次进行的教学实践活动，这种教学实践源于第一次教学实践，它是经过教学反思，对教学设计进行重新策划，由实践者进行的第二次、第三次实践活动。教学重建活动有虚拟性教学重建和实质性教学重建两种表现形态。

所谓虚拟性教学重建是指在一种虚拟的状态下进行的教学重建。参与者可以敞开心扉，根据自己对教材的理解，再对课程进行创造性的设计，以便这种设计具有创新性与合理性。但是这种设计能否符合教学现场的实际，设计者与实践者都没有十分的把握。在校本教研实践中，集体评课这种形式就蕴含着教学重建的成分。当然，这里的重建只能是一种"应然"。虚拟性教学重建的价值在于：第一，多角度解读文本，提高大家对文本理解的认知高度；第二，多角度解读学生，提高大家对学生发展的再认识；第三，多角度解读课堂教学，重新审视教学设计和教学工具使用的合理性；第四，互相启发，提高大家的教育理论修养。

所谓实质性教学重建是指经过教学反思，教师吸收众人的意见和建议，反复修改教学设计，重新安排教学方案，再次进行的教学实践活动。教学重建不是第一次教学活动的简单重复，而是一种自我扬弃和超越。在教学一线，我们经常可以看到，有的教师为了参加评优课，或为了开设示范课，都会在有经验专家的指导下修改设计再次进行教学实践。这种实践本身就是一种教学重建。实质性教学重建的价值在于：第一，提高实践者对教材、课程的认识，以便实践者能够在更高层面上进行实践；第二，提高教师群体的教研自觉性，大家在听课、评课时不断生成教育智慧；第三，有助于实现教学效益的最大化。

上述两种教学重建是基于学校教师自觉参与的教学研究，因而有着现实意义和实践价值。

第八章　校本教研的组织与管理

在“科研兴校”思想的推动下，校本教研已列入基层学校工作日程。然而从整体上看，不少学校的校本教研工作仍停留在随意性的教研活动层面——教师自下而上自发地选择研究课题的较多，学校根据校情有计划、有目的地开展校本教研的较少，校本教研活动远不及教学活动、班级活动那样具体、有序。这种状况影响了校本教研工作的绩效，不利于教师教研水平的提高。强化校本教研的组织与管理，就是改变这一被动局面，提高学校教研质量与效益的根本举措。

一、校本教研的组织形态

校本教研组织是以现代组织理论为基础的一种学校组织，其组织形态是指为了增强校本教研工作效率、提升校本教研质量所采用的管理体制和组织方式，它是开展校本教研工作的组织保障。

（一）校本教研的管理体制

从现行学校教研工作的实际看，校本教研的管理体制大致可以分为校长室直管型、教导处兼管型、教科室专管型三种类型。

1. 校长室直管型体制

校长室直管是指学校不设置专门的教研管理机构，不配备专职教研人员，由校长室统一部署，校长或副校长全面负责学校的教研工作，具体组织教研目标的制定、教研计划的实施、学校课题的研究、教研队伍的建设、教研过程的管理、教研经验的总结和教研成果的推广等。

（1）校长室直管的优势。校长或副校长亲自组织教研活动，能够比较迅速地把教研纳入学校的整体工作，使教研成为学校全部工作的一个重要组成部分，增强教研在学校各项工作中的地位和影响。

校长或副校长亲自组织教研活动，能够使校长在坚持教育教学管理的同时从事教育教学研究，把学校的基本工作和教研活动结合起来，自觉地钻研教育科学理论，及时掌握教育改革信息，逐步积累教育科研素养。校长教育科研素养的形成和发展，必然会对学校教育教学研究乃至整个学校教育工作发展带来有利的影响，促进学校办学层次和教育质量的提高。

校长或副校长主管直接参与各项教研工作，不仅可以用自己的思想行为感染、影响教师投入教研工作，以自己的榜样激励、带动教师参与教学研究，还能通过教研，促进其他行政人员改进工作方法和工作作风，用科学的方法去分析、解决学校中的问题，提高管理水平和工作质量。

（2）校长室直管的不足。校长室是学校最高的行政组织机构，校长是学校最高的行政负责人，要贯彻党和国家的方针、政策，执行上级教育行政部门的决议，制定学校的办学目标和发展规划，负责领导和组织学校的教育教学工作，领导和组织教职员工的业务学习和专业培训，管理学校的校舍、设备和经费，改善教育教学条件，可谓头绪纷繁，工作众多。在校本教研运行过程中，校长或副校长应该充分履行对教研的领导责任，主持学校教研目标和发展规划的制定，使全校人员有明确的奋斗目标和鼓舞人心的学校教研工作宏伟蓝图，但要全面组织规划实施，具体负责教研过程管理，总结教研工作的经验教训，则会显得时间不足、精力不够，难以长期坚持。

校长室直管学校教研，校长或副校长具体组织各项教研活动，开展教研活动和进行工作指导，则需要教研理论的支撑和专业知识的奠基。作为学校教研活动的一个组织者、管理者、指导者、研究者，如果缺乏教研的基础知识和基本素养，就不可能有效地组织各项教研活动和有质量地开展课题研究和科学地实施工作指导，这样就会影响学校教研运行的效益和管理的质量。从校本教研发展过程和运行情况看，校长室直管学校教研的方式，是我国“文化大革命”结束后中小学教育改革初期的产物，是学校教研起始阶段运行的主要方式。

2. 教导处兼管型体制

教导处兼管是指学校不设置专门的教研管理机构，不配备专职教研人员，由教导处主任或某位副主任分管学校教研工作，具体组织教研计划的制订和实施，开展教研活动和课题研究，培训教研队伍，指导成果总结和成果推广，全面进行教研的过程管理。这一教研体制是中小学教研发展过程中的阶段性选择，在促进学校教育改革和推动学校教研发展方面起到了一定的作用。

(1) 教导处兼管的优势。中小学一般设教导、总务两处和一校务办公室。在两处一室中，教导处作为重要的行政机构，在校长的领导下，管理全校的教育教学工作，管理学科教研组、备课组、年级组和班主任，形成了一个结构完整、运作有序的工作管理系统。因此由教导处兼管学校教研工作，只要思路清晰、方法得当，就能凭借既有的业务组织和管理网络，比较顺利地贯彻学校教研计划，开展各项教研活动，组织各项课题研究，推进学校教研工作，实现学校教研目标。

教导处全面负责学校教育教学工作的管理，具体组织教学业务管理，学生思想政治教育工作和教育活动管理，学生文化、体育、卫生、生活、纪律的管理。事实上，这些教育教学工作管理的内容和任务也是学校教研工作的重要内容。教导处兼管学校教研，如果处理科学、安排有序、措施得体，就能把教研和科研结合一起，促进校本教研工作的有效开展，提高校本教研的效益。

(2) 教导处兼管的不足。在中小学两处一室的组织机构中，教导处是主要的行政机构，学校的主要工作和核心任务，包括党的教育方针及教育行政部门指示的贯彻、国家制定的课程标准和学校教育教学工作计划的实施等，都是通过教导处来组织和完成的。教导处在教育教学事务众多、管理工作十分繁忙的情况下，要加进一份新的校本教研工作，在时间和精力的安排上多少会捉襟见肘，力不从心。

教导处的工作目标和管理内容是常规性教育教学业务，如教师的备课、上课、作业批改、课外辅导，学生成绩考核、课外活动等工作，虽与教研工作目标和管理内容有紧密的联系，但毕竟有所区别，二者相互独立，不能相互替代，如教研课题的管理内容和评价要求，与教育教学日常管理内容和评价要求就存在很大差异。因此，教导处要胜任教研的组织和管理工作确实有点“勉为其难”。

教导处兼管教研，其管理人员必须进行培训，学习教育科研知识，掌握教育科研方法，懂得学校教研运作的一般要求，以弥补自身教研知识的不足和教研能力的缺陷。没有教研知识和能力的基础，就不可能有序地开展教研活动和有效地组织课题研究，也就难以取得有质量的研究成果。

3. 教科室专管型体制

教科室专管是指学校设置教科室作为专门的教研管理机构，配备专职教研人员。教科室在校长的领导下，负责制订和实施教研计划，开展教研活动，组织课题研究，培训教研队伍，总结教研经验，进行教研过程管理，协调学校其他组织机构的关系，推进学校的改革和发展。

学校成立教科室，专管教研工作，是教育事业发展和教育改革深化的必然结果，是校本教研运作方式的正确选择。许多学校设置专门教研机构后，教研工作有了长足进步和飞速发展，已经形成了一个纵横交错的教研网络，培养了一批教研骨干，承担了一批研究课题，并取得了一批具有较高质量的研究成果，推动了学校教研工作持续、有序、高效、全面地发展。不少学校的教研专门机构，通过自身的努力，已经拓展职能，成为学校领导的智囊团、思想库和参谋部，增强了自身在学校教育改革与发展中的地位。

教科室专管与校长室直管、教导处兼管相比，具有显著优势。这种优势主要表现在以下三个方面。

（1）专一性。学校建立教研专门机构，方向明确，目标专一，有利于加大教研的力度，改善教研的运行，增强教研的地位，强化教研的功能，推进学校的改革和发展。

（2）专业性。学校建立教研专门机构，配备教研专职人员，他们一般都接受过专业培训，具有较为系统的教研专业知识和较为丰富的教研素养，熟悉课题选择和课题设计的基本技巧，懂得课题研究实施的组织艺术，掌握教研成果总结的一般方法，能够胜任学校的教育教学研究工作。

（3）权威性。在校本教研运行过程中，学校组织各项教研工作，尤其是课题立项和科研成果评选，往往缺少权威性，教师对课题立项和成果评选的认可度不高，甚至持较大的异议，这在一定程度上影响了教育科研工作的开展。学校建立专门教研机构，制定合理的规章制度，规范工作过程和操作行为，能够提高工作的可信度，增强管理的权威性。

从中小学教研发展过程和运行实际情况看，教科室专管体制是学校教研发展阶段运行的主要方式。这种运行方式对校本教研的进一步发展产生着积极的影响。我国地域广阔，学校众多，各地的教研发展不平衡，即使同一地区的学校其教研发展水平也存在较大差异。因此，学校教研管理体制的选择既要适应时代的发展，也要注意学校教研的实际，不能一概而论，搞“一刀切”。

（二）校本研究的组织方式

校本教研组织由一线教师、行政人员与教研专家共同组建而成，并根据成员、学科、研究内容、时间、规模、组织结构等标准有不同的分类方式。例如，根据成员的不同，可以分为青年教师学习小组、骨干教师提高班、“青蓝工程”团队、课题核心小组等；根据学科的不同，可以分为语文、数学、艺体、科学等教研组。这就是说，校本特征的研究组织是以学校发展为中心的教师、行政人员、专家构成的统一体，其组织方式如图 8 -1 所示。

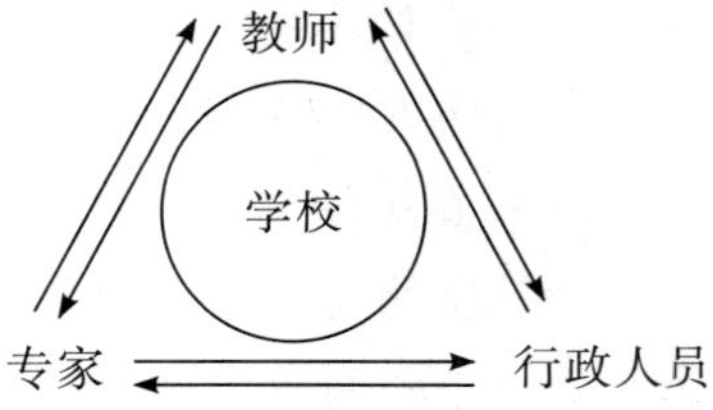

图 8 -1　校本教研的组织方式

行政人员是学校发展的策划者和组织者。校本教研是行政人员经营学校的一种有力武器：一方面，行政人员根据学校发展的需要，确定校本教研的目标，提供活动的条件，组织相关的考核，进行过程性的管理；另一方面，广大教师的研究结果又反馈给行政人员，对学校领导产生影响，调整着研究的过程和方式。行政人员与教师之间是相互联系、相互促进的。

专家拥有大量的理论经验，在校本研究中起着理论指引的作用。专家享有组织内充分的话语权，是行政人员、教师进行校本教研的有力补充。但专家在校本教研中面临的困难是：专家的话语能否为实践者所理解和内化，行政人员能否提供足够的实践条件，理论能否找到可以验证的途径。与此同时，行政人员需要注意的是：学校需要得到怎样的帮助，学校需要什么类型的专家，学校能够提供怎样的条件保障，如何才能获取最大的研究成效。专家和行政人员之间有一个相互选择、相互调整、相互适应的过程。

上述三位一体的教研组织是校本教研得以有效实施的组织形态，其职能意义主要表现在以下四个方面。

1. 人际关系的和谐平衡性

校本教研组织强调话语的主体间性、组织成员作用的互补性、领导地位的交叠性，教师、行政人员和教研专家在这个组织结构中的地位是动态和谐发展的。

2. 投入——生产的生成性

校本教研组织是一个生产型组织，具有整体性、综合性和最优化的特点，其“发现教育问题—提出研究计划—实践产生效益—发现新的问题”的活动程序使学校教育不断走向完善。

3. 信息处理的有效性

从物质经验的产生到精神意识的交流和文化的积淀，从概念的引进到概念的同化和顺应，不同的处理方式、渠道、反应汇聚成了校本教研组织所特有的信息处理方式。

4. 方法的合理性和过程的开放性

校本教研组织强调理论的真实性和方法的现实性，注重方式方法的权变，否定方法的唯一性和终极化；注重研究的情景性，鼓励教师根据教学现实采取最优方案。

二、校本教研的运行机制

校本教研的运行机制是基于校本教研组织体制之上的学校教研运行过程中各种既相互制约又相互促进的关系。

（一）学校教研部门和其他部门的关系

从系统论的角度看，中小学的管理体制应当由三个部分组成：一是教育教学的管理组织（教务处、政教处）；二是校务的管理组织（党政、人事、总务）；三是教育研究的管理组织（科研室、教研组）。因此，所谓创建学校教研活动的组织体制，并不是要在学校履行其固有任务、职责的体制之外再增加新的体制，而是对原有体制中的教研运行机制的重新认识，即对教育研究机构与其他两类管理机构的相互关系的重新认识，是对教育教学管理机构和后勤总务管理机构应承担的教育研究任务的重新定位。

在中小学的管理机构中，从管人和管事的角度看，主要是教育教学的管理机构和后勤总务的管理机构；从运行机制的角度看，教研活动应属于第三种机构；而从涉及的人和事的角度看，则应当是被包含在前两种机构的管理范围以内的。对这一关系认识不清或处理不当，就会造成管理上的交叉和冲突。因此确立校本教研活动的运行机制，就必须明确怎样处理好三种管理机构的关系，从而确立作为校本教研机制的运行规则。

在组织全校性的教育教学研究活动时，应当由教科室牵头，召集另外两个机构的负责人参加，组成课题的核心组织。在对课题进行分解时，则由各个机构在自己的分管范围内，根据研究的需要去分解研究任务。这个核心组织架构就构成校本教研的支撑性组织机制。当然这也取决于教研活动和课题的研究内容、研究方法的需要。如果教研活动和课题主要涉及年级组，则由各年级组长组成核心组；如果教研活动和课题主要涉及各学科教学，则可由各教研组长组成核心组，然后再由年级组或各科教研组去分解课题研究内容。

另外，学校在创建了教科室机构之后，还应当进一步明确学校其他各中层机构的研究职责。校长的一般职责定位是：校长作为学校最高领导人和法人代表，对内全面领导学校教育、教学和行政工作，向全体教职工和学生负责；对外代表学校，向上级教育行政部门负责。那么，校长的研究职责就应当是：负责领导全校的教研活动，通过深入的教研活动实现教育质量和办学效益的提高。同时由于校长要向全体教职工负责，因此要对校内教师的研究、进修工作负责，要组织教师通过参与研究活动不断提高教学水平，等等。教导主任的研究职责是：为了更好地实施课程，要组织各科教师不断研究和改进课堂教学，实验新的教学模式和教学方法，以达到提高教学质量的目的。此外还承担着培养新教师和制订学校教学工作计划的任务，这两项任务都与学校教师的教研活动密切相关。如通过参与研究活动培养新教师，就要在安排教学计划时考虑增加教师教研活动的时间，在安排教师业务会议时要考虑教师研究心得体会的交流，在安排听课、评课时要考虑如何与教学改革实验的课题研究结合起来，在安排经费预算时要考虑研究所需的费用，等等。当然，教科室更应以同样的思路来考虑问题，如收集有关的教研资料提供给各个部门参考，按照教育教学工作计划的顺序来安排教研活动，等等。其他部门也要在其本职工作中融入研究职责，从而使学校教研活动的运行机制得以建立在全校教职工的本职工作基础之上。根据本校的实际情况理顺校长、教务主任、政教主任、总务处主任各自的研究职责，是建立良好的校本教研运行机制的关键。

（二）校本教研过程与其他工作过程的关系

学校的校本教研工作与教育教学工作、管理工作紧密结合，是中小学校本教研活动的基本特点。要实现这种结合，就应要求学校教师转变工作方式，将研究课题与教学工作内容相结合，将课题研究的过程与教学工作进程相同步，并按照学校管理过程中的基本环节——计划、实施、检查、总结的顺序进行教研活动。从而把制定教研方案与制订工作计划统一起来，把教研实施方案与开展日常工作统一起来，把阶段性成果与工作的检查、总结统一起来。

1. 将教学研究融于工作计划制订过程

根据学校工作中的问题制定出相应的研究方案，使之成为学校各部门管理工作以及教师教学计划中的重点部分，从而形成全校性的渗透教研因素的工作计划体系。为此，应根据学校过去的经验、成绩和存在的问题以及发展方向来确定学校在今后一个时期内将要重点解决的问题，确定主攻目标，并提炼成以解决问题为目的的研究课题，进而制定课题研究方案。方案中要提出解决问题的策略和措施、阶段性实施步骤和预期实现的目标。然后，各部门根据学校课题的总体研究方案，制定出相应的个人课题研究方案。这些研究方案，就是今后一个时期学校各部门将要解决的重点问题。实现课题研究方案与工作计划的统一，就加强了实际工作的针对性。

2. 将教学研究融于组织实施过程

要使课题研究方案的实施过程成为管理工作计划的重点执行过程，以形成全校的渗透教研因素的管理工作机制。在实施计划时，要做的工作大致包括：思想观念上的准备，即明确要树立的教育思想，并加强教师的学习（指导思想及理论基础）；明确要解决重点问题的具体措施以及所要达到的预期目标（研究假设）；对实施计划的有关人员进行培训，对提出的措施展开研究讨论（研究方法）；把具体工作落实到具体部门及其人员身上（研究任务）。

3. 将教学研究融于检查反馈过程

要使课题积累原始材料的过程成为管理工作的重点检查过程。在检查计划的实施过程中，要关注计划中措施的执行情况，并及时了解检查的结果，并根据结果的优劣，对计划中的措施予以调整，进而继续优化调整之后的结果。

4. 将教学研究融于总结提高过程

教研活动的阶段性总结过程和撰写研究报告的过程应成为管理工作总结过程的重要环节。总结是实际管理工作及教研课题工作的必要环节，应根据计划中的措施、预期的目标，对措施实施所达到的实际工作效果进行定性和定量分析，找出必然联系及重要因素，得出普遍认识，以对今后工作提出正确的建议。

上述“将教学研究活动有机地融合到学校教育教学工作之中、将教学研究的管理有机地融入了学校整体管理工作之中”的“四个方面的运行机制”，正是对学校原有体制中教学研究任务的重新认识，是对原有体制中不适应组织开展校本教研活动机制的改进，是对当前发展阶段亟须加强的校本教研工作机制上的强化。只有在校本教研运行机制建立之后，“科研兴校”“科研先导”的口号才有可能变成现实。

三、校本教研的管理方式

校本教研管理总体包括过程管理和档案管理两个方面，它是保障校本教研活动顺利开展与有效实施的必要手段。

（一）校本教研的过程管理

校本教研的过程管理包括确定目标、制订计划、组织实施、检查反馈和总结提高几个阶段。

1. 确定目标

校本教研目标是学校一切教研活动的出发点与归宿点，是调动全体教师参与校本教研活动、进行课题研究、搞好校本教研工作、提高责任感和自觉性的重要手段。根据一定时期的社会需要、学校发展方向与办学目标、师生基础与特点制定出的校本教研目标，是引领学校发展的重要策略。学校应根据时代发展和教育改革的需要，通过对校情的调查，在分析研究、自我诊断的基础上，发动群众集思广益，制定出切合实际的校本教研总目标。这种目标可以分为长期目标和短期目标。其中，长期目标为几年一个周期，反映学校整体努力方向；短期目标以学年或学期为周期，体现学校某个阶段的努力方向。目标具有导向性，以反映学校各教研组织和全体教师的努力方向和行动准则。

2. 制订计划

校本教研计划是校本教研目标的具体化，是学校组织校本教研工作、开展校本教研活动、进行课题研究的实施方案和操作规程。其意义主要在于：一是通过整体计划去组织、安排、实施校本教研工作，使人力、物力、财力的使用恰到好处，使时间、空间的安排科学合理，使各种因素的调控有序可循；二是把各方面的计划统一起来，掌握校本教研工作的过程，使课题研究活动如期完成。注重校本教研的计划性，可以规范校本教研工作的运作程序，调控教研活动进程，提高校本教研工作过程管理的预见性，减少组织实施的盲目性；可以协调各个教研组织之间的关系、各个课题组之间的关系以及各种教研人员之间的关系，对外可以不受或少受外来因素的干扰，对内有利于克服各种负面因素影响，增强教研的效率和效益。

校本教研计划一般包括长期目标和短期目标，指导思想和工作任务，研究进程和质量要求，保障机制和管理要求等内容。校本教研工作计划应纳入学校总的工作计划之中，使其成为学校总体计划的一个重要组成部分。这样可以使学校领导增强全局观念，从学校改革和发展的整体出发，把握校本教研发展方向，理清工作思路，对组织哪些教研活动、开展哪些课题研究、怎样开展教研工作等做到心中有数。

校本教研计划作为校本教研的一种战略性方案，大致可以分为校本教研发展规划、校本教研学期活动计划、校本教研课题研究计划三种类型。

（1）校本教研发展规划。校本教研发展规划的制定一般以三年或五年为限，可以独立制定，亦可以作为学校整体发展规划的一部分。制定学校校本教研发展规划应体现目标高、特色明、内容全的要求，其主要内容包括以下几个方面。

一是校本教研在学校发展中地位、作用与总体目标的确定。这一内容是检验学校对科研兴校的认识问题及其重视程度，即重视校本教研机制建设，提升校本教研水平，促进学校课程改革和教学质量的提高。

二是学校发展的核心价值观（办学思想）与主导型课题（领域）的确立。这一内容是学校科研兴校的切入口与指导思想所在，这可以针对传统教育存在的缺憾，应答时代的呼唤，融入学校已有的优势，在解决学校面临的问题和已有成功经验的结合中寻找答案。

三是教研行动策略以及教研融入校本培训的构架。这一内容是将办学理念转化为具体实践操作思路，包括组织教师投身校本教研，进行校本教研制度的建设，在研究中培训，在学习中培训，等等。

四是对人力、物力、财力和精力投入。这一内容是校本教研的保障机制，学校要根据条件可能，形成调动教师参与校本教研的激励机制（精神激励与物质激励），分层次地开发教师智慧和潜能等。

（2）校本教研学期活动计划。校本教研的学期计划应体现针对性强、内容实在的特点。针对性即强调与教研总体规划和课题方案相匹配，在前一阶段反思总结的基础上调整与改进；内容实在是指每一教研活动的目标、要求完成任务的时间节点、人员责任和检测评价等具体可行。学期教研活动计划大致包括以下四个方面的内容。

一是理论学习活动安排：包括个人学习与组织学习的目的、内容（或书目）、形式（请进来与走出去的）、交流活动和学习成果要求等。

二是重要教研项目安排：包括实验项目、试点项目和大型教研活动的策划与实施的安排等。

三是课题推进活动安排：包括重点课题与一般课题研究的推进，个体研究与群体研究的推进，全校正规研究活动与非正规研究活动的推进等。

四是成果交流展示活动安排：利用网上或会议形式进行教研成果的展示和交流。

（3）校本教研课题研究计划。学校课题研究计划不是指单个研究课题的实施计划，而是指学校各种研究课题的总体计划。学校在确定学期或年度教研重点选题时，除坚持课题源于教师的工作实际外，还要考虑到上级教育主管部门和社会所关注的热点，并适时地处理好两者之间的关系。

一是自下而上形成的校本课题计划。在学校开展校本教研初期，可以采取自下而上形成课题计划的方法。首先，对全体教师进行动员，讲清校本教研的意义、学校目前教改需要研究的一些主要问题，号召广大教师积极申报课题，参与研究。在动员过程中，也可以邀请一些专业人员做课题设计的辅导报告，或者请一些先行研究的教师进行典型经验介绍，以指导大家制订课题计划，申报研究课题。其次，在动员和辅导的基础上，发动教师制订课题计划，填写课题申报表。校内的课题申报表可以简明一些，一般包括申报人姓名、学科、课题名称、研究目标、研究方法、研究的基础、研究的时间、分阶段计划、预期成果等内容。最后，在教师自选题目、自定计划的基础上自下而上地申报课题，进而汇编成册，形成学校课题研究的计划。

二是上下结合形成的校本课题计划。对于有一定研究水平的教师和校本教研管理有一定基础的学校来说，可以采用上下结合的运作方式来形成学校的课题计划。首先，学校领导和校本教研骨干一起分析教改形势和学校面临的重大研究问题，编制“课题指南”，确定学校重点研究的课题。这种“课题指南”要明确提出研究的目标方向和成果形式，但不必具体规定研究内容和如何进行研究。其次，在学校“课题指南”的基础上，采用委托研究或向教师“招标”的形式，落实“课题指南”中的各项课题，与此同时，继续接受教师自下而上的课题申报。再次，学校领导（有条件的可建立校级专家组）对“投标”的课题计划和自下而上的申报课题进行论证和审定，确定校级重点项目、一般项目可由教师自行研究的项目，并给立项课题以一定的物质上的支持。最后，汇总审定的项目，形成课题计划。

3. 组织实施

校本教研有了明确的目标和具体的计划之后，就是组织力量，布置任务，具体实施。实施阶段的主要任务是正确贯彻有关政策和采取有力措施，及时了解、督促、协助各个校本教研组织和每个课题组解决研究过程中的问题，充分调动教师的主动性、积极性和创造性，为提高教研活动的组织水平和课题研究成果质量奠定基础。为此，必须做好以下几个方面工作。

（1）加强政治思想工作，遵循教研的正确方向，及时发现、解决思想认识问题。在明确教研地位、作用和意义的基础上，注意创设良好的教研环境，增强教师的教研意识和工作热情，科学合理地组织教研队伍，重视在校本教研实践活动中提升教师教研素养，培养教研骨干。

（2）协助教研组织机构和教研课题的负责人分配工作、布置任务，按要求、定时间完成研究任务，使每个教师都明确自己的任务和职责，增强责任感。

（3）及时了解教研活动的进展情况和工作质量，针对存在的问题给予点拨和指导。及时提供有关的研究信息和理论，必要时可组织有关专家亲临现场，进行现场诊断，解决研究过程中遇到的重大难题。

（4）提供必需的研究经费、实验设备和先进的研究手段，为完成研究任务夯实物质基础。

组织实施是校本教研运行过程中的关键阶段，也是校本教研过程管理的中心环节。只有抓住、抓好组织实施这个关键阶段和中心环节，才能把目标转化为教师的操作行为，才能把教研计划物化为学校的教研成果。没有组织实施，即使再“响亮”的教研目标、再“完善”的教研计划，也只能成为“空中楼阁”，永远不能变为美好的现实。

4. 检查反馈

经过前面三个管理环节，校本教研已经开始运行。这时管理的主要任务是检查、反馈计划执行和工作落实情况。检查反馈校本教研计划的执行和工作落实情况，是校本教研过程管理的重要内容，也是学校领导和有关管理人员经常性的工作。只有全面、深入地进行检查反馈，才能了解教研活动的实际进展情况，掌握反馈信息，发现和解决问题，总结经验教训，修正目标，调整计划，以保证校本教研工作健康、有序地运行。校本教研计划执行和工作落实情况的检查反馈可从以下几个方面进行。

（1）检查反馈校本教研计划是否按有关规定实施。一些教研活动和课题研究，特别是有一定难度的教研项目，在实施过程中对时间的安排可以适时变更、调整，以利于教研活动和课题研究的顺利进行。

（2）检查反馈校本教研的科学性和可行性。一项校本教研计划是否科学、合理、可行，必须经受校本教研实践活动的检验。如果教研计划在组织实施的过程中，遇到未曾预料的情况，存在一些缺陷和不足，那就应该根据客观情况的变化和实际工作的需要，对教研计划进行认真的修订和必要的调整，否则会束缚教研人员的手脚，阻碍教研活动的进程，进而影响学校教育改革和发展。

（3）检查反馈校本教研计划组织实施情况，既要肯定成绩又要提出问题。对存在的问题不能一概而论，能解决的应及时采取措施解决，不能及时解决的可以聘请专家进行“会诊”，寻找解决的方法。难度过大而又迫切需要解决的问题，往往是有价值的真问题，可以作为学校发展的生长点的另立新题，专门组织力量进行研究。

5. 总结提高

总结提高是校本教研运行的最后阶段，也是校本教研过程管理的终端环节。从学校改革和发展的需要来看，任何一项教研活动或课题研究都必须有一个圆满的结局，这样才能为后期的发展创设良好的环境和打下扎实基础。总结提高环节可以从以下两个方面进行。

（1）根据课题研究进程抓好研究成果总结。抓好研究成果总结的基本要求是：

第一，课题责任人撰写课题研究总结报告。总结报告的内容大致包括研究的目的意义、研究工作概况、研究组织实施、研究结果、分析讨论、研究小结和参考文献七个方面。

第二，组织有关专家进行成果鉴定和结果验收。

第三，推广优秀教研成果。优秀教研成果的推广要注意适应范围，有的可在校内组织推广，有的可向上级有关部门推荐。

（2）根据教研工作进展情况抓好教研经验总结。抓好教研经验总结的基本要求是：

第一，教研组织机构撰写教研工作经验总结。学校各教研组织机构在回顾本组织教研工作过程的基础上，对其优势和亮点、缺陷和不足、成绩和问题做出合乎实际的分析，以便客观地认识这一周期性的工作，总结经验，揭示教训，探索规律，进而为下一周期工作的目标定位、计划制订、操作设计、方法手段的选择运用打好基础。

第二，课题责任人撰写组织课题研究的经验总结。学校各课题责任人必须结合课题研究过程，回顾总结自己组织研究的工作实践，归纳经验与亮点，发掘问题与教训，为他人组织课题研究活动，为自己提升课题研究经验层次，提供理性思考。

第三，搭建交流平台，组织工作研讨。在各教研组织机构和课题组总结教研工作经验的基础上，组织工作的研讨和交流。通过研讨交流，实现先进经验的共享。

总结提高的管理工作一般在某一校本教研目标实现时进行，也可以一学期一次或一学年一次。总结提高的时间安排要具有灵活性，组织形式应呈现多样性，内容设计须体现丰富性，切忌呆板、单一和僵化。

在校本教研过程管理中，确定目标、制订计划、组织实施、检查反馈和总结提高五个环节是一个整体，紧密相连，缺一不可，都要抓紧、抓实、抓好，任何一个环节的搁置或削弱都会影响校本教研实施的质量及其过程管理的效益。

（二）校本教研的档案管理

校本教研档案是校本教研活动中形成的经过整理的真实记录，一般包括以下内容：学校的校本教研计划；教职工的各级课题立项书；教职工的研究方案；课题研究过程中的汇报或检查记录；课题研究工作总结和课题研究成果（研究报告、研究论文、专著、音像制品、计算机软件、资料汇编）以及统计材料等；研究成果的鉴定、评价、奖励材料；研究成果推广应用的效果材料；教职工外出参加各种学术活动、专业会议时所发的材料；教育科研情报信息资料；学校编写的教职工的研究论文集、案例分析集、校本教研期刊、报纸、校本教研音像制品、带有创新性的教案、记载学校校本教研过程和成果的画册等；教职工研究过程中的记录，如图片、录音、录像、光盘等；教职工校本教研的收获、体会以及对自己教育教学与管理工作的促进材料；媒体对本校校本教研成绩的报道原件或复印件；对参与校本教研的先进教职工的评价、奖励材料；学校制定的校本教研的各种制度条例；等等。

作为学校成果储备的一种形式，校本教研档案是发展校本教研并使之转化为学校教育教学效益的必要条件和依据。一般由学校教科室负责校本教研档案的管理工作，安排专人及时收集、筛选、整理成册，编制目录，归类入档并做数字化保存；同时制定出查阅档案的规章制度，以鼓励校本教研档案的有效利用。

第九章　校本教研的策划与实施

校本教研的实效性，在很大程度上取决于教研活动主题的现实针对性，教研方法和教研形式选择的过程性、可行性，教研人员的专业互动性，以及解决问题的敏感性、缜密性等。这些因素作用的发挥，则依赖校本教研活动的正确策划与有效实施。

一、校本教研活动的策划

校本教研活动的策划，旨在为有效开展校本教研活动提供良好的构想和翔实的计划。这一构想与计划的产生与完善，不仅源于前期的周密调查和需求分析，也与策划者的经验和能力有关。下面就校本教研活动策划的一般要求和方案设计做一阐释。

（一）校本教研活动策划的要求

教研活动策划的主要任务是制定可行性教研活动方案。一个好的教研活动方案的标准包括有可行的近期目标，目标联系教师实际，与教师的准备状态相适应且能为教师所接受；有可以衡量的具体成果，即制定的目标是可以评估或者测量的；有较强的操作性，操作程序简单扼要，组织细致入微；能吸引众多教师深度参与；方案关注参与者的需要；方案顾及参与者的参与点；方案有合适的期限和时间。有鉴于此，校本教研活动的策划要遵循以下一些要求。

1. 主题准确、适时、适度

教师参加教研的目的在于解决教学中遇到的问题与困惑。如果活动的组织者和参与者没有这样的愿望，教研活动就会流于形式。因此，提高教研主题的针对性就显得尤为重要。教研主题的针对性首先表现在研究问题的针对性，即能准确把握教学改革背景，切中教育教学实践中的现实问题。其次在对不同教师群体需求的准确把握，不同年龄、不同基础、不同学科背景、不同工作环境的教师，对教研活动中的需求是不同的，教研组长在组织教研活动时对此要心中有数。

2. 突出重点，强化操作性

教研活动的策划既要有充分的准备，更要关注真实的生成。充分准备是为了促进教师深入的交流，“预设”是为“生成”服务的，只有当教研活动能够起到激活“生成”作用，活动才是成功的。校本教研活动的创新，必须克服传统培训单向信息传输的弊端，要让活动过程中可参与性机制的优势充分发挥。这种机制优势的重要意义在于可能产生超越预设的新的生成，因为这种生成既有个体意义也有共同意义。校本教研活动的有效性常常体现在对这种生成的敏感、驻留与利用上。

校本教研的目标达成没有明确的起点与终点，它是真实参与后的无形提升。因此，要鼓励大家真实投入，有真实投入才会有真实回报。

3. 体现教师的可参与性

有效的活动固然要让参加者真正融入其中，但要让现场众多的参加者跟随组织策划者参与进来并不容易，这既需要具有以“参加者”为核心的意识，也需要许多操作性的设计。人的学习往往需要一定的任务驱动，有任务做介质，教师才能跟着动起来。因此，教研活动的策划，应善于设置让不同层次的教师思考或行动的参与点，尽可能为大家提供及时交流共享的机会。此外，教研活动中平等、合作与分享的气氛也是影响参与效果的重要因素。这对组织策划者和参与者的角色定位都有相应的要求，既要规划好活动的具体环节，也要把握好话语权的调控，避免无价值的交流。

4. 体现同伴交流的气氛

校本教研活动的收获主要在两个方面：一是认识上的进步，二是行为上的改进。如果说教研是教师成长与进步的“扶手”，那么“蹬阶”的关键就是研究活动后是否能够形成改进教学行为的建议。如果活动中人云亦云或激烈争辩，没有形成明确共识，那么明天的教学还是“依然如故”。当然，研究共识并不同于行政会议的“决议”，它不是大家共同接受的狭义结论，更多时候表现为大家对多种行为的具体分析。只有将研究共识转化为进一步教学的建议及其具体教学行为的改进，校本教研才有意义。这就是说，校本教研既要达成研究共识，也要关注行为跟进。

5. 体现专业研究的引领

教学研究把沟通教学的理论与实践作为着眼点。校本教研的目标不在于显示理论研究的深奥，而在于教师掌握教育教学的朴素道理。校本教研是促进教师学习与应用理论的“链接”和“导引”，如果能够通过理论的学习与运用，根据自己对教育教学规律的理解，抽象化或系统化为更高层次的理论雏形，那就是教育教学研究的较高境界。教学教研活动的水平与质量也反映在能否很好地促进理论与实践的结合，能否帮助教师形成基于实践的理论。这一切则取决于专业引领的作用。

6. 体现研究的延续和拓展

试图通过一次活动解决问题是不切实际的。要达到更新教育观念、改进教学行为的目的，需要坚持对主题进行多方位的持续研究。每次活动的过程是否能做到持续研究，可能是决定教研活动成效的关键。因此，成功的教研活动策划要善于将教研活动的影响扩展到平时的工作实践中去，将若干系列性与连续性的表面相异而实质相关的研究活动联系在一起。对某一主题的连续研究，应该体现“螺旋式上升”的特点，即“形成共识→行为跟进→进一步认识→进一步改进”，这既可以是大主题下的小专题的深入“剥笋”，也可以是分工研究的共享交流。

（二）校本教研活动方案的构思

校本教研方案就是学校教师为了研究教学问题而进行相关研究活动的计划，亦即对学校一个学期的教研活动或某项重要教研活动的开展而进行详细安排的预设。校本教研方案的规定性有以下几点：一是策划者理清活动思路，让自己的意图转化为可操作性方案；二是让参与者成为知情者，教研活动方案成为大家共同参与策划修改的平台；三是方案的制定过程就是共同参与认识深化的过程；四是向那些不了解教研过程的参与者介绍具体情况，使参与者把教研活动当成个人发展的机会；五是便于管理和检查教研活动的情况。

校本教研方案可分为综合（多项）研究方案和专题（单项）研究方案两个大类。对于学校而言，一般制定综合性研究方案；对于教师而言，一般制定专题性研究方案。综合性、专题性的校本教研活动方案的一般框架结构分别如表9－1和表9－2所示。

表9－1　综合性校本教研活动方案框架

主题	
必要性分析	
总目标及子目标	
总次数及每次活动时间	
活动要求	
活动地点	
主持人	
参研人员	
相关准备	
活动形式	
具体过程设计	
作业	
效果反馈	

表9－2　专题性校本教研活动方案框架

研讨专题	
活动时段	
流程规划	
铺垫热身	

续上表

主体活动	
后续跟进	
研讨结论和分歧	
效果分析	

1. 教研主题确定

一般而言，教研活动的主题每学期以1～2个为宜，主题过多容易导致教研深度的缺失。主题来源一般体现在以下四个方面。

（1）回归教学原点。教研主题可以从教学改革实践的“原点”问题着眼，诸如“高效能的课堂教学”是有效教学研究的终极目标，“深度解读教材”是教师教学的出发点，“适合于学生的教学目标准确定位”是教学针对性的基本逻辑起点，“教法学法一体化”是每个教师长期思考的现实问题，等等。教学“原点”问题大都是具有研究价值的教研活动主题。

（2）反思学生需求。教研主题一般可以从“学生的实际需求”着手，诸如从教学的基本环节——备课、上课、批改作业和辅导学生中寻找。“以学论教”是对教学效果评价的基本标准。教师要搜集平时教学中学生存在的学习问题，经过筛选，明确问题的价值。以此确定的教研活动主题，才有可能解决实际问题。

（3）关注重点难点。教师可以从教学重难点的突破中遴选教研主题。如果在教学重点、难点上多琢磨，研究大纲教材、抓住重点、突破难点，教研活动的主题就会在此过程中孕育而成。

（4）了解教师需求。了解教师的需要是教研活动能否聚集教师自觉参与和持续开展的关键。如图9－1所示的“公开、集中和筛选”的流程，是教师教研需求分析的一个有力工具。[①]

---

① 杨向谊，陆葆谦．互动·共享·创新：学校教研组建设的新探索［M］．上海：上海教育出版社，2009：50．

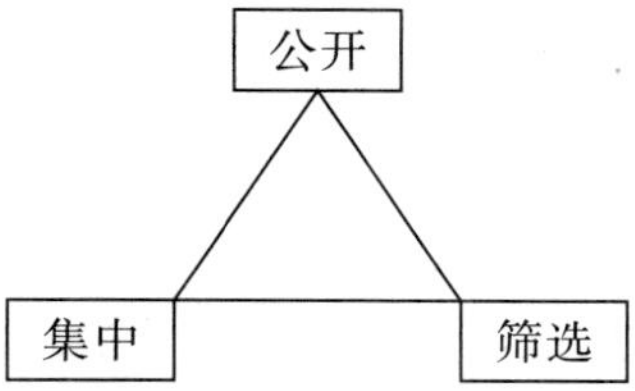

9－1　**教师教研需求分析流程图**

图9－1中的“公开”是指通过各种途径将教师的需要、想法、观点公开出来；“集中”是指将教师的需求集中，放在一个矩阵即不同的象限（见图9－2）之中进行梳理；“筛选”是指为每一个矩阵的每项内容打分，在平衡的基础上，确定教研主题。公开、集中和筛选的过程是一个交替进行的过程。

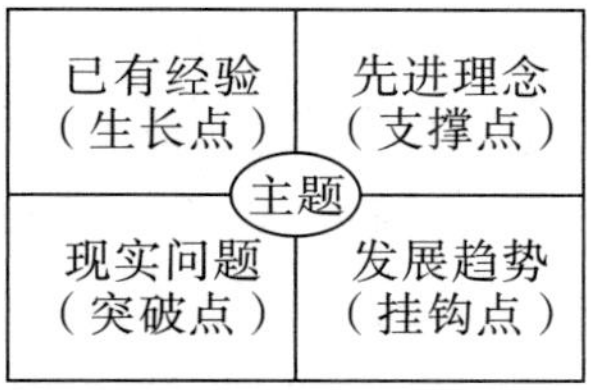

9－2　**教师教研需求结构图**

2．*教研主题分析*

教研活动主题分析，就是分析确定教研活动主题的背景，以明确为什么确定这个主题、对这个主题的基本认识是什么，即针对本教研组教师教学过程中存在的现实问题，想教师专业发展之所想，急教师专业发展之所急。

3．*教研活动目标*

如果是系列教研活动，则要写清总目标和子目标。鉴于以往的教研活动目标空泛，过于注重功利，撰写校本教研活动目标时不妨多用“揣摩”“了解”“体味”“感受”等字样，慎用“学会”“培养……能力”“达到”等字样。教师的专业发展不会一蹴而就，需要长期的反思、实践和积累，一次教研活动一般难以看出明显的效果。

4. 教研活动要求

对教研活动的参加者要有明确的要求，例如，让活动参加者事先知道要研究什么、怎么研究、目标是什么、流程是什么、需要自己准备什么、注意什么问题等等。

5. 教研活动准备

教研活动的准备旨在解决教研活动中研究内容的丰富性与研究时间的有限性之间的矛盾。教研活动一般以会议形式举行，组织者与参与者都要事先做好准备，以使互动交流富有实效。教研活动准备的内容大体有如下几个方面。

（1）聘请专家参与。教研活动要聘请那些能对相关主题有深入研究成果或有基础教育实践背景的专家，教研要引入工程化思想，实现教研项目化。坚持学术性与实践性并重，以高质量的供给和点拨评价推动教师的教研和学习需求。教研内容既要在教师认识能力之内，又要在其知识结构之外，以最大限度地发挥教研专家的专业引领作用。

（2）准备教研资料。根据教研活动的主题和要求，确定是否准备相关理论学习材料，如课例、不同学术的观点的 PPT 和影像资料等。

（3）确定主发言人。由于时间限制，教研活动中可能不是每个人都有发言机会，因此需要指定组内教师做主题发言，其中主要发言人根据实践情况设定 1 ~2 位即可。同时根据本组组员的学术实力，安排各自的发言顺序，专家发言一般放在后面。

（4）参研人员的研修。每个参与者必须在参加教研活动前进行深度备课，以便带着自己的思想和问题与同伴进行交流。

（5）场所、环境与条件。这往往是一般教研活动准备都不会忽视的，从改进教研活动的角度看，摄像、录音等现代技术手段的准备与应用是十分必要的。

6. 教研活动形式

教研活动形式服务于教研目的，在讨论教研活动形式的同时，必须明确活动的目的。

从大处看，头脑风暴是一种互动、高效的活动方式，提倡参与式教研，讲求互动，激发教研积极性。教研能否取得实效，关键在于教研人员的思维互动，通过深入的讨论和辩论澄清是非。此外，倡导案例先行的归纳法教研，精选典型案例，归纳操作程序，总结基本规律。有发现、生成的过程感悟，才能记忆深刻。

7. 活动过程设计

教研过程设计是指互动程序与相关规则方面的设计，其中参与点的设计至关重要，它反映着教研活动中预设与生成的关系，并为后续的研究活动埋下伏笔。教研活动参与点的设计所关注的主要问题一般有如下三个方面。

（1）尊重参与的选择性。不同的教师有不同的需求，这既要求参与形式的多样、活泼，更要求参与内容具有选择性、操作性和可行性。

（2）参与角色的分工和参与形式的多样化。过去的教研活动有两种不良倾向：一是参与形式缺少变化，教师参与积极性渐渐降低，这在学校教研组中比较普遍；二是实践空间限制，参与面过窄，出现少数人热情，多数人冷观的情况。改进教研活动需要丰富教师的参与形式，利用角色分工，给旁观者以具体明确的任务——有的负责主持策划，有的负责教学展示，有的要在讨论交流中发言，有的负责材料的记录汇总，等等。

（3）活动过程的循序渐进性。教师的参与设计不能仅仅考虑集中活动中的一些环节，还要有机整合活动前和活动后的相关活动，让系列活动在铺垫中推进。所以，教师的活动参与要设立循序渐进的“台阶”。

整个教研过程务实得体。教研活动参与点的设计要善于将复杂问题简单化，研究的角度宜小不宜大，活动的程序要简单实用。教研活动的根本性目标是推广应用，适用性强、操作简便的经验才有推广的价值和可能。

8. 活动效果反馈

教育研究是一个持续不断的过程，教研活动结束前需要布置跟进任务，为后续的教研活动布置预习作业。

活动结束后，组织者要向教师征求反馈意见和建议，了解教研实效，以改进以后的教研活动。在一个专题研究告一段落之后，需要集思广益，把“怎样做得更好”作为中心话题，让大家分享研究成果。这样变一个人的经验成为共同财富，使一个人的教训成为共同的警觉，化一个人的困惑成为共同课题。反馈可以通过现身说法，可以由推己及人再到推人及己；可以在正式教研活动中进行，也可以通过非正式的主题闲聊来实现；可以在口头交流中分享，也可以在课题的共同研究中达成共识。组织者要敞开心扉，用自己的教学经历做铺垫，引领教师反思。

反馈意见要尽量控制在教师的可接受性范围之内，同时尽可能到达教师的接受边界。将反馈时可能产生的负面影响控制在最低限度，既能使教师欣然接受，又能对教师有最大的帮助。有时，活动的反馈意见不必都反馈给教师，留待下次交流或许更有意义。如果每次反馈都能尽可能地到达教师的接受边界，那么教师的“边界”就会逐渐扩大，教师专业成长的效果就更为理想。

二、校本教研活动的实施

校本教研活动的实施，就是让策划好的方案实体化、设计好的活动构想情景化，达到预期效果，实现教研目标。这在很大程度上取决于教研活动实施过程中精心的组织与调控。

（一）校本教研活动的实施条件

相对于传统教研活动，校本教研活动具有这样一些突出特点：对实际工作中的问题有针对性、对今后教育教学活动有指导性、对教学问题的研究具有可持续性、对参与者具有发展性。为此，校本教研活动的有效实施一般要具备以下六个方面的条件。①

1. 共同的关注点

教研活动的主题是教研组成员普遍关注的热点、兴奋点，也就是大家对教研活动有共同的兴趣。

---

① 胡庆芳，汤立宏，赵勤，等. 校本教研实践创新［M］. 北京：教育科学出版社，2007.

2. 教育教学过程中真实的问题

教研活动中研讨和试图要解决的问题来自于教师现实的职业生活，是真实的问题。教研等同于在研究的状态下工作。

3. 有准备的头脑

每一次教研活动之前所有的参与者都是有备而来，对即将研讨的主题或问题都有自己的思考。教研活动是观点与观点之间的碰撞，思想与思想之间的交锋，智慧与智慧之间的交融。

4. 有实质的互动

在教研活动中，参与者之间在民主、平等和有充分表达机会的前提条件下，进行着有实质意义上的互动，即有思维的积极活动和有意义信息的生成，而不是表面的、已知信息的机械重复。

5. 扎根实践的行动研究

教研活动深深地根植于教育教学的土壤中，并且始终以行为改进为目标，而不是述而不作或坐而论道。扎根实践的行动研究是有效教研的灵魂，同时也是与低效或形式化教研的分歧所在。在新课程推进过程中，广大教师在“实际问题即研究课题”“教师即研究者”“教室即研究室”等理念的指导下，进行扎根实践的行动研究。这种不断研究、反思、实践和改进的教研活动，增强了校本教研的实效性，唤起了教师教研的热情，促进了学校教育教学质量和教师专业水平的提高。

6. 有明确的结果

教研活动结束一般都会有一个明确的结果。这个明确的结果可以是对某个问题的解决，也可以是知晓下一步深入解决的策略，而不是议而不决，或对下一步该怎么做不知所措。

（二）校本教研活动的实施步骤

一个完整的教研活动一般包括“铺垫热身—主体活动—后续跟进—有效性评估”四个基本步骤，四个步骤之间形成衔接并螺旋提升的关系。

1. 铺垫热身

任何一项团队活动，首先是设法让组织中的每一个成员了解活动的基本内容和要求，并且在各自充分准备的基础上，怀着积极期盼的心态进入活动状态。因此在“铺垫热身”环节，主要是说明即将开展的研讨专题的由来和意义，阐明具体问题和内容，指出值得关注的教学现象，同时提供必要的阅读和学习资料，引导组员有意识地观察、研读和思考，并做系统反思。下面是一所中学的高中数学教研组围绕“试卷讲评有效性”这个专题在校园教研网络平台发布的热身准备预告。①

【案例 9－1】

高中数学教研组“试卷讲评有效性”的准备

各位组员：期中考试即将结束，之后是试卷的分析与讲评环节，根据本学期教研活动计划，本组拟在接下来两星期内进行专题研讨活动，请大家在此过程中根据各自的实际做如下的准备。

1. 思考这些问题，根据这些问题每人做好 10 分钟的发言准备。

（1）试卷分析与讲评的有效性应如何体现？

（2）试卷分析讲评课应该怎样上？

（3）根据你的经验，现在的试卷分析讲评存在哪些问题？具体表现是什么？

2. 下周将开两节试卷评讲课，请各位观摩并做好对比评课准备。

资料参考：《陈永明评议数学课》一书中的第六部分“试卷评讲课”。

由此案例可以发现，铺垫热身环节的重要性在于引导和指向，让教师有备而来，以保证后续的主体研究活动顺利进行。但前期的预告要具体明确，具有启发与可操作性，使教师不会感到突兀。

2. 主体活动

下面是一所学校初中数学教研组围绕“作业有效性”这一专题所展

① 杨向谊，陆葆谦. 互动·共享·创新：学校教研组建设的新探索［M］. 上海：上海教育出版社，2009：75.

开的主体研究活动的实例。①

【案例9－2】

初中数学教研组“作业有效性”主题活动

	具体操作	主要活动
主题活动	主题展开	教研组长简要介绍各个备课组前期热身准备的情况，教研组长主要深入到七年级备课组同有关教师共同研究。作为展开和引导，先由该年级备课组长就“作业有效性”介绍组内开展过的研究活动，包括学习阅读的四篇相关情报资料，开展的观课评课和研讨后的初步认识，即什么是作业、有效性的观察点等，以起到情景导入、抛锚激活的作用
	内容深化	根据七年级的经验和认识，在此基础上，在教研组长的组织下，六年级组、八年级组和九年级组分别从作业的批改与反馈、作业的布置与收交、作业资源的利用开掘三个方面进行专题交流，旨在深化提高作业有效性的关键问题，展开深度研讨，从具体的细节深化认识
	聚焦突破	在教研组长的启发引导下，最后大家将作业的有效性集中到原有练习资源在开掘利用的有效性、布置与反馈的有效性两大方面，并且分别梳理出可操作性的改进方法，在作为后续跟进的教学措施予以验证完善的同时，突破了原有对作业的感性认识，教师也不同程度地形成了理论与实践相结合的结构化认识

主体活动是教研活动的核心部分，是前期铺垫热身活动基础上的实质性展开和深化，它一般包含“主题展开—内容深化—聚焦突破”等步骤。

---

① 杨向谊，陆葆谦．互动·共享·创新：学校教研组建设的新探索［M］．上海：上海教育出版社，2009：76.

3. 后续跟进

教学研究的根本目的在于提升教师的学科素养和教学素养，尤其是在新课程实施的进程中，这种价值取向显得更为重要。当某项教研主题活动接近尾声时，需要考虑后续跟进活动的延展性效益最大化问题。从已有经验来看，可以从两个角度实施：一是促进教师思想的渐变，组织教师通过教研信息网络平台就研讨专题发表自己的观点，教研组长及时进行归纳梳理，发现新的生长点，并动态发布，形成共识；二是促进教师教学行为的不断改进，进一步组织系列引导性观课评课活动，考察教师的问题解决状况，在实践中和具体课堂教学情境中检验，从中予以修正，鼓励创新，发现问题，为下一个阶段教研活动的策划提供实践依据。总之，后续跟进活动必须及时地通过各种途径向教师发布和沟通，引导教师不断关注和反思。

4. 有效性评估

教研活动之后，离不开对活动的有效性评估。在具体实践中，我们发现教研组普遍忽视这一环节。究其原因，一方面是教师缺乏自觉和反思评估意识；另一方面是教师不熟悉评估的技术和方法。没有反思，教研活动的影响力会下降，也不利于提升教研活动的质量和教研组本身的建设。

教研活动有效性评估一般包括活动效率、活动效益和活动效果几个维度。所谓效率，是指教研活动有效的研讨时间占总的花费时间的比值，当总的时间相对固定时，有效的研讨时间越多，则活动效率越高，反之效率就低。因此，效率实际上是教研活动的时间利用问题，它要求紧凑而不拖沓。活动效益是指教研活动的收益，也就是教研活动的价值实现，即活动的预期目的同教师的实际需求是否吻合以及吻合的程度。教研活动的效果是指活动的结果与预期目标的吻合程度。显然，只有通过仔细认真地对活动过程进行反思，才有可能对“吻合程度”做出判断。两个“吻合程度”是有差异的，前者与教研活动的目标调整有关，通过评估对原教研活动方案的修改完善；后者是将活动结束后实际取得的影响或效果与既定目标进行对比，以此判断其有效性，不涉及对目标的调整。

教研活动有效性评估的基本方式是系统地自我反思，而不是简单现象罗列。主要从活动关键环节展开，广泛听取教师感受，观察教师实际的课堂教学等来获取评估的原生态材料，进而通过个人思考、集体反思和最终分析梳理，形成判断，同时酝酿下一轮教研活动的主题。

三、校本教研活动的创新

校本教研是解决教学中没有现成答案的教学研究活动，这是一个知与不知的边界地带，思想碰撞极其活跃。校本教研的专业引领过程，不仅有教师积极参与，也有专家的协助与引领。鉴于参与者来自不同的背景，带有不同的任务，在观点上就必然存在差异。专家是注重理论的，希望教学设计是基于理论的；而教师是注重实务的，主要关注学生的成绩，对不同的理论观点多采取机会主义和实用主义的态度。于是，校本教研过程中充满着矛盾、对话、试验、协商与知识创造。因此，尝试校本教研活动的创新，探索适应新课程改革和教师专业发展两大背景下校本教研活动的功能，具有特别重要的意义。

（一）校本教研活动的创新理念

校本教研活动创新的理念，是校本教研活动建构与实施的思想观念与精神追求，对于校本教研活动创新具有根本性的指导意义。

1. 校本教研活动是教师解决教学实际问题的行动学习

国内外的研究表明：教师的探索性实践是教师专业发展的一条重要途径。校本教研活动作为教师专业生涯中的一个重要方面，要让它在教师专业成长中和课程改革中发挥作用，就应在学校的教学研讨中引入研究文化，让校本教研活动成为教师解决教学实际问题的行动学习。

实践证明：人们是按照行动的方式找到新的思想和方法，不是仅用思考的方式获得思想和方法。要使教师“相信的理论”与“实际使用的理论”趋于一致，只有通过教师的实践以及对自身实践的研究。换言之，教师的教学智慧只有在实践中通过亲自尝试和摸索才能形成，而教研活动就应该为教师反思自己的教学实践、建构自己专业实践基础和提升实践智慧提供真实有效的形式。

2. *校本教研活动是教师群体合作互助的学习过程*

一所学校的课程改革能否有效开展，不仅取决于每一位教师的参与和智慧，更需要全体教师的实践与智慧。好的思想常常在交流与协作中汇聚，教师之间以实践教学情境中遭遇的问题作为研究的切入点，通过集体对话、移情等手段探究问题的矛盾，寻求对问题本质的理解和问题解决的策略。教研活动的一个重要目标就是开发身边的教育资源，即将教师之间的差异作为一种支持教研深化的资源加以开发利用。学校教研只有成为一种伴随着交流与分享的群体合作研究过程，才能对全面提升教师应对新课程的能力产生广泛的影响。

教师必须把自己看作，也被别人看作是变革的动力。教师个人是一个关键点，因为通过个人的努力，变革的“杠杆作用”才会更大。为使这种变革能量更大，教师要有个性的见解，要有与人合作的技巧与合作关系。教研活动就是希望通过教师之间的互动、合作，促进教师探索和学习，让课程改革的理念从学校内部生发开来，使学校中所有的人都成为改革的动力。

3. *教学行为连环跟进是校本教研活动的必备环节*

教师的成长和发展是一个在教育行动中成长的动态过程，他们特有的回应学习与工作环境的行动方式促进了自身的专业发展。我国众多优秀教师、教改先行者的成长历程无一例外地表明“在教学行动中学会教学、获得成长是教师发展的规律性进程”。

许多事实表明，基于具体事例的学习与讨论，能引发更多人的主动参与，能够让教师面对面教学，共同分享。但在现实情境中，从理念向行为转变的过程是复杂的，教师专业水平的提升是艰难的，困难与挫折在所难免，不能靠一两次尝试就能形成认识，解决问题。因此，在校本教研活动展开的过程中，教师必须通过不断地实践反思和深入的观察、分析，去研究把握自己的教学行为。在文本学习、讨论的同时，还要关注教学行为的连环跟进。这样才能使教师真正把握新课程、理解新课程、走进新课程，才能使教师的专业水平得到提升，校本教研活动也才能向纵深发展。

4. 正式教研活动与非正式教研活动具有同等重要的力量

学校教育实践证明，对教师启发最大的教研活动，不是常规意义上的教研活动，或者说不是学校计划中列出的那些正式的教研活动，而往往是一些大家平时不怎么关注的，教师们围绕教学、学生等问题在办公室、在走道、在饭厅里等一些场合的交谈、对话等，这些活动就是非正式的教研活动。在这个非正式教研活动的"平台"上，教师之间随时随地交流，相互交换信息，使教师之间的合作互助成为可能和常态。非正式教研活动是校本教研实践中不可缺少的力量。

（二）校本教研活动的创新法则

校本教研活动的创新，既要有科学理论的指导，又要观照研究的对象和目标，还要采取有效的方式方法。

1. 以"活动理论"为指导①

没有理论指导的实践是盲目的。活动理论对人们在学习过程中的主动参与给出了新的诠释，突出了人的意图和对话对整个学习活动的影响，同时阐明了学习者、活动和情境脉络的共存关系，从而成为分析校本教研活动最有效的理论框架。

恩格斯托姆把活动理论分为三个阶段：第一阶段活动理论重点突出了维果斯基创造的"中介"概念；第二阶段活动理论的革新之处在于在集体的层面上分析活动，引进了规则、共同体和分工等三个社会要素，强调存在于活动中的矛盾对于变化与发展具有的推动作用；第三阶段活动理论提出了"学习共同体"的概念来理解对话和多重观点，以相互作用的多种活动系统作为分析单位。第三阶段活动理论能够有效地解释在知与不知的边界地带的新知识的创造，因而开始了它的多样化的应用。活动理论认为，有意识的学习与活动完全是相互作用、相互依赖的。其原则要求是：以集体性的、制品中介的、客体导向的、与其他活动系统

---

① 董涛．从活动理论看校本教研［J］．福建师范大学学报（哲学社会科学版），2008（6）：143－147.

加以关联的复杂活动系统为分析单位；注重活动系统中的多种声音；注重活动系统的历史性，即从活动的历史中探寻活动的问题与潜能；以矛盾作为活动系统改变和发展的主要驱动力；活动系统在发展中可以进行扩展变革，即某些成员在矛盾侵入时会质疑或偏离已经建立的常规，推动整个系统质的改变。由此，活动理论给校本教研活动的创新提供了诸多有益的启示。

（1）校本教研是一种扩展学习。教师在校本教研中的挑战在于需要不断地解决新问题，因为在解决旧问题的过程中，不断地有新问题产生。这个过程中的学习，就是恩格斯托姆所说的扩展学习。由于知识的分布性和动态性，教师在自己的专业领域内自足地获得专长将不再可能，必须在自己的职业生涯中不断地学习“并不存在”的教学方式。扩展学习本质上就是对异质的共同体的参与。教师与教研专家跨越各自的边界，通过对话和切磋，知识在参与者的行动、思维和对话中生成，理解也在这一过程中产生。这样，通过分享对话，参与者达成理解、创造新知识，获得专业发展。

（2）教师是校本教研的主角和自身专业发展的主体。教学是教师实施的，教学效果是靠学生的学习过程和结果来检验的，不是以教学理论为准绳来检验的。校本教研解决的问题没有现成答案，专家也不能够把解决办法直接告诉教师，解决教学问题的主角是教师自己。校本教研中的专业分工决定了教师是主角，教研专家只是组织者、引导者、咨询者和促进者。教师在校本教研中的地位与学生在课堂教学中的地位是一样的。教研专家并不能将自己的理论原封不动地灌输给教师，教师已有的知识、经验会不自觉地对理论进行选择、解释、过滤与重组。教师在校本教研活动中要意识到自己的主体地位，消除对专家和理论的盲从，把专家看作咨询者，把理论看作工具，发挥自己的能动性，对理论进行选择、改造，使之适用于教学。这就是活动理论“在创造中学习并不存在的新教学策略，积累经验，形成扩展学习的能力”的含义。

（3）校本教研需要结合课例的专业引领。校本教研是一种扩展学习，扩展学习本质上就是对异质的共同体的参与。没有专业引领，同质的共同体很难有不同的声音引发对教学实践的质疑，只能局限于同水平的反复。专业引领是校本教研的必要条件，对于难度较高的课题而言，不仅需要教学法专家的引领，而且需要学科专家的引领。专业引领需要结合具体的课例，只有在课例中才能检验理论的效果，也只有在课例中才能暴露没有现成解决办法的问题。

2. *以学校为本位*

以学校为本位，在这里是指从本校的具体情况出发，规划校本教研活动，让教研活动的内容和形式都符合本校的实际，且具备时效性和可操作性。为此，必须对学校的具体实际进行分析和把握。这种分析把握的基本途径有以下几个方面。

（1）对学校的地理位置、人文环境进行分析。对学校地理位置和人文环境分析，可以帮助我们认清学校的教育教学活动将受到来自哪些方面的影响，这些影响的程度如何。因此我们可以研究“哪些是可以利用的，哪些是需要加以诱导、转化或抑制的，哪些是目前急需解决的，哪些是下一步要解决的，哪些是可以暂缓解决的”的问题。

（2）对学校教师中总体存在的问题进行分析。对学校教师中总体存在的问题进行分析，可以从一个比较高的视角认清本校教师群体的优势和劣势，有利于确定本校的教研方向，从而避免研究中“头痛医头、脚痛医脚”、不得要领的现象。

（3）对学科教师存在的问题进行分析。在分析教师中总体存在的问题之后，为什么还要分析学科教师存在的问题呢？我们知道，每个学科都有自己的课程标准，每个学科所使用的教学方法和教学手段也不尽相同。如果我们的教师不加辨别照搬别人的模式，就会出问题。因此，必须分析本学科课程标准、本学科教材的特点，以及如何实施教育教学活动等情况，以便发现他们在学科教学过程中存在的问题，进而有针对性地提出有别于其他学科的教研目标和要求。

（4）对教师个人存在的问题进行分析。承认人的个体差异是历史的进步。教师也是人，他们之间肯定也存在差异，那么他们面对的问题不会完全一样。对教师个人存在的问题进行分析主要有两个作用：一是可以更有针对性、更有效地开展教研活动，二是可以发现学校给每个教师安排的工作是否合理、是否最大限度地发挥每个教师的特长和教师的整体优势等等。

只有对以上四个方面的情况深入分析研究之后，才可能制定出针对性、操作性较强的校本教研方案来，才可能使我们的校本教研活动真正获得实效，从而使我们的校本教研活动赋予实质意义。

3. 以问题为导向

教研活动不是从天上掉下来的，而是根据教研内容和目标的需要、按照一定的规律因果生成的。教研活动如果没有经过认真地规划，没有明确的目标，只是为活动而活动，即使活动形态很堂皇，也没有任何实际意义。这就是说，教研活动应当从问题入手，并且把要解决的问题当作相应的课题来研究，然后通过合适的形态载体来实现其研究功能和价值。

以问题为导向，先得提出问题。问题的提出，并不是某个人的心血来潮或异想天开。首先，要求所有教师积极参与，每位教师都必须对自己的教学行为进行深刻的反思，这样才能找出有价值的问题来。其次，可以通过上课、听课、评课找出有价值的问题。找出问题后，即要研究如何解决问题，解决问题的方案可能不止一个，不妨让大家分组试验，然后进行比较，确定最佳解决方案。

4. 以整合为目标

经过发现问题、研究问题、解决问题几个步骤之后，还没有实现教研的最终目标，因为这些解决方案大都是单一的、零散的，还需要进一步进行研究，以把这些方案与学校教育教学资源整合成一个有机的整体。在这个有机的整体里面，各种方法和手段互相渗透和互补。这样便有了一个比较完整的、清晰的认识，研究就能得心应手，从而为最终圆满解决问题、实现研究目标打下了坚实基础。

第十章　校本教研的流程与模式

校本教研活动的流程与模式是沟通教育理论与教育实践的桥梁，它融先进教育理论和成熟教育经验于一体，成为校本教研实践的关键环节和重要抓手。

一、校本教研的一般流程

校本教研虽然没有自然科学研究那么严谨，但还是具备一个科学研究的基本流程："问题—设计—行动—总结。"[①] 这四个环节构成校本教研完整的操作系统和研究单元。

（一）问题

研究总是从问题开始的。教学研究以教学问题为起点，教学问题可分为理论问题和实践问题两类，理论问题是针对"是什么"和"应该是什么"而提出的问题；实践问题则是针对"怎么做"而提出的问题。根据新课程的教学观以及新课程所倡导的学习方式，在实践层面上教师具体应该怎么做才能实现新课程的培养目标，这便是指向实际的教学问题。随着课程改革的不断深入，这类问题层出不穷，它突出表现在新课程理念与教师教学现状的矛盾和冲突上。但是，教学中出现的问题能否成为研究的问题，关键在于教师是否具有问题意识和探索精神。如果安于现状，把一切现存的都看成是合理的，就不会产生真正的问题（自己的问

① 余文森，吴刚平，刘良华. 探索以校为本的教学研究［M］. 上海：华东师范大学出版社，2005.

题）；同样，若是缺乏探索热情和教育责任感，即使在面对问题的时候，也不会有改革的意向和追求。

教学研究中的“提出”问题实际上是一个“参与”“介入”的态度和过程，提问者已经成为此问题的“参与者”，而不是“旁观者”；提问者已经成为此问题的“当事人”，而不是随意地提出一个问题，甩手等待“专家”来解决。教师能否以“参与者”而非“旁观者”的态度提问，能否以“当事人”而非“局外人”的角色提问，将直接影响着教师“参与”教学研究的程度，也直接影响着教学研究对教学实践的“改进”程度。因此，有人将“改变教师的提问方式”作为教学研究的一条首要策略。

校本教研所指向的教学问题是教师“自己的问题”而非“他人的问题”，是在学校里发生的“真实的问题”而非“假想的问题”。此外，还要进一步把教师个体发现和提出的问题转化为教师群体共同关注和思考的问题，把学校里发生的真实的问题概括、提炼、升华为有价值的课题，唯其如此，才会有真正意义上的校本教研。校本教研强调自下而上地形成课题，但也绝不排斥对学校改革和发展具有导向价值的自上而下的课题。

（二）设计

设计指的是解决问题的一种方案、设想、构想、策划。任何假设都具有假定性、科学性和预见性。所谓假定性是说它具有推测的性质，即这种假设是现实中暂不存在或未被确认的，或虽见于彼处却未见于此处的，它可能被实践证实，也可能被证伪，因此，假设决定了研究的探索性。但是假设并非臆断，它以科学理论为导向、以经验事实为根据，又经过研究者的论证和交流，因此，假设又具有科学性。正是科学性避免了研究的盲目性假设，即一种走在行动之前的思想、一种先于事实的猜想，是研究者从思想观念上对未来的洞察和把握，所以它能使研究活动富有预见性。

事实证明：一个好的假设，是解决教学问题、发现教学规律、形成教学理论的前提，是进行教学研究的核心。当然，一个好的有价值的研究假设的提出是有一个过程的，需要研究者在研究过程中不断修改、完善研究假设。

教师要把日常的备课活动提升到教学设计的高度，使备课与研究成为一件事而非两件事，这正是“教学即研究”的本意。当前要坚决纠正教师备课中存在的两种不良倾向：一是照搬现成的教案，以“他思”取代“我思”；二是过分依赖已有的教学经验，凭原来的经验设计教学方案，有的甚至照抄以往的备课笔记。这种行为不但谈不上研究，还将直接导致教学的形式化、低效化。

（三）行动

行动是设计方案付诸实施的过程。对教师而言，行动意味着改革、改进和进步，具有验证性、探索性和教育性。

验证性即检验设计方案的可行性。所有的设计在行动之前都只是一种假设，它的科学性、有效性是需要实践来检验的。从这个角度来说，教师作为研究者要尽量按原计划行动，否则检验就无从谈起，研究的科学性也无从保证。

探索性即发现和寻找各种新的可能性。行动绝不是按图索骥的机械活动，而是一种积极寻找和探索解决问题、达到目的的最佳途径和最佳策略的过程。这意味着教师在行动时，不能拘泥于事先的设计，要根据实际情况，随时对设计做出有根据的调整和变更。上课不是执行教案而是教案再创造的过程；不是教教材，而是用教材教；不是把心思放在教材、教参和教案上，而是放在观察学生、倾听学生、发现学生上；不是把学生的学当作一种对教的配合，而是把学生看作学习的真正主体和教学过程运行不可缺少的重要组成部分。

教育性即服从、服务于学生的成长和发展。任何行动都应该无一例外地遵循人道主义原则，体现教育活动的价值导向和人文关怀，无条件地促进所有学生的成长和发展，这是教师教研行动的最高原则。

（四）总结

总结在校本研究中既是一个螺旋圈的终结，又是过渡到另一个螺旋圈的中介。在总结这个环节中，教师作为研究者主要做好以下几方面的工作。

1. 整理和描述

对已经观察和感受到的与问题、设计和行动有关的各种现象进行回顾、归纳和整理，其中要特别注重对有意义的情节及其细节的描述和勾画，使其成为教师自己的教育故事或教学案例。这是叙事研究在校本教研中的体现，它会给教师的研究带来新的变化，教师作为研究者不再依赖于他人的话语而转向直接讲述自己的教育生活经历和体验。“做自己的事”“说自己的话”，这是校本教研改变教师职业生活方式的关键。

2. 评价和解释

在回顾、归纳和整理的基础上，对问题、设计与行动的过程和结果做出判断，对有关现象与原因做出分析和解释，探讨各种教学事件背后的理念，揭示规律，提高认识，提炼经验。

3. 改进与设计

针对原有方案及其实施中存在的各种偏差或“失误”，根据新的感悟、新的发现和新的思考，修改原有方案或重新设计方案，并付诸实践，以实施进一步的检验、论证和改革探索。校本研究的目的是为了改进和改正，它不可能停滞在一个凝固的“成果”上，而是一个不间断的自我修订、自我完善的过程。所以，任何总结都意味着一个新的开始。

上述三个环节构成了校本教研相对完整的一个螺旋圈，这个螺旋圈可以以一个学段、一个学年为单位，也可以以一个单元、一节课为单位。校本研究过程就是“问题—设计—行动—总结”循环往复、螺旋上升的过程。值得强调的是，在实际运行的过程中，三个环节的顺序并不是固定不变的，提出问题可以在研究之始，也可以在行动中，检验也并不是等待最后才进行，它们中间有的可以两个环节合并起来，有的环节也可以匆匆带过，关键在于解决问题、提高质量。

透视校本教研的基本流程，我们可以清晰地感知到一个贯穿校本教研过程的、具有教育研究基本规定性的研究思路：“有效地揭示问题—恰当地处理素材—形成新的认识。”

有效地揭示问题，就是围绕学校和教师的自身实践，围绕事关学校和教师发展的真实问题，围绕具有现实性、针对性和生成性的实践问题，进行研究的设计和操作，并使其问题成为研究设计和研究操作的核心。这样，校本教研从起始阶段就具备了研究的品位。

恰当地处理素材，就是指在有效地揭示问题之后，围绕研究的问题，运用适应研究目的和研究任务，与教师的知识背景、思维方式、工作特点相匹配的研究方式和手段搜集素材、分析素材、处理素材，以便从素材中形成新的结论。由此而形成的教学课例、叙事文本、行动计划文本等研究素材和研究成果，虽然是一种较为粗糙和浅陋的经验性素材，但确实具有鲜活性、动态性和原创性的特征和意义。

形成新的认识，是校本教研的根本性思路。它要求围绕学校教育教学实践中的问题，在不断提升和扩展研究主体自身认识的同时，尽可能贡献出蕴含着鲜明的实践智慧与人文精神的思想成果和实践成果，尽可能拓宽和提升我们对教育教学的认识视野和解释能力，尽可能为理论概括和理论总结提供丰富而鲜活的经验素材。这正是校本教研的研究价值之所在。

二、 校本教研的活动模式

校本教研的活动模式是基于一定形态的关于校本教研活动的操作程序和方式，作为校本教研流程的载体，它充分体现了校本教研活动的目标取向。

（一）课例研究模式

1．课例研究模式的特征

课例研究又称教例研究，是对实际的课堂教学例子的研究。其特点是：教学性——教学不仅是一个教师引导学生掌握知识、发展智力的认识过程，同时也是一个师生情感共融、价值共享、共同探索新知、共享生命体验的完整的生活过程；研究性——课堂不仅是教师自我反思的对象，同时也是教师和专家共同讨论的领域；实践性——解决教学实际问题。课例研究过程有以下五个环节。

确定主题：每个研究单元选定一个主题，参与研究的教师要围绕相同的主题进行研究。

形成课例：既可以形成同一学科的课例，也可以形成不同学科的课例。如果在一个研究群体中能够形成围绕同一研究主题的多学科课例，将具有教学论、课程论的意义和价值。

阐述课例：在研究群体中，参与者分别阐述所形成的课例，其中主要围绕设计思想、操作程序、细节处理、实践效果、存在问题等方面进行。

群体诊断：在研究群体中进行，一般应有专业研究者参与，提出存在的共性问题，进行集体讨论和协商，以明确解决问题的办法或建议。

形成新例：参与研究者在原有课例的基础上形成新的课例，并在新的教学情境中进行实践。

在校本教研实际活动中，上述五个环节可以有不同的组合，并且存在着课例研究的更多变式。

2．课例研究模式的类型

集体备课、说课、评课、课堂观察、课堂诊断、微格演课、一人同课多轮、多人同课循环、同课异构等教研活动均属于课例研究模式的范畴。

（1）集体备课。集体备课是指教研组（备课组）内的教师按照教学计划有组织、有准备、有目的地对某一教学内容进行讨论，达成共识，并形成一个统一的集体教案的教研活动类型。

集体备课有“个案辅导式”和“整体提高式”两种基本方式。个案辅导式的流程即“个人初备—集体研讨—修正教案—课堂跟踪—课后交流”。首先由授课教师根据自己的实际设计教案；接着以说课的形式在备课组共同探讨，相互补充，使教案得以完善；然后备课组成员进行跟踪听课；课后进行交流，指出其优缺点，促进教师教学水平的提高。整体提高式的流程即“集体研讨—分工备课—集体完善—形成个案—交流反思”。首先由备课组对某段教学内容进行研讨，划分课时，确定课时教学的目标及思路；其次由备课组成员分工备课，每人承担部分课时的教案；

再次进行逐课时的集体研究，完善计划，然后将成型的教学方案发放给任课教师，任课教师再根据自身和学生的情况进行筛选或补充；最后，大家对照定型教案实施教学的情况进行反思性交流。

集体备课涉及教育学知识、教材目标、学生情况、教学方法、教学过程、板书设计、作业布置等内容，它们形成一个相辅相成的教案体例。

（2）说课。说课是教师在备课的基础上，面对同行或专家和有关领导，口头阐述自己课堂教学方案，并与听众共同研讨改进和优化教学方案的教研活动类型。对于备课而言，说课是一种教学改进和优化活动；对于上课而言，说课是一种更为缜密的科学准备活动。通常情况下，说课教师要在规定时间内（一般为 10 ~ 15 分钟），把自己将要上或已上过的一节课的教学设计及理论依据用简明、准确、形象的语言表述出来，有时说课者还要对听者的质疑进行解释和答辩，以接受听者的评价或建议。

说课的内容包括说教材、说教法学法、说教学程序和说板书设计四个方面。说课的基本思路是“教什么—怎么教—为什么这样做”。其中“教什么”应说清课题、章节和内容，进行教材分析；“怎么教”应说清教法、学法和教学手段，通过描述教学程序（包括课堂教学结构、步骤、各环节师生的重要活动安排和调控），展示课堂教学全貌；“为什么这样做”是说明“教什么”和“怎么教”的理论依据，包括大纲依据，教材依据，学情依据以及学科教学论、语言学、教育学和心理学依据，等等。

说课的评价依据主要包含以下五个方面的内容，它可以作为说课的基本抓手。

教材的理解：是否全面理解和把握了课程标准；是否全面正确地理解把握了教材的地位和作用；是否恰如其分地把握了教学的重点、难点。

教学目标的落实：各个教学环节和各项教学活动是否服务于三维目标；学生参与教学活动后可能获得的体验是否反映了三维目标。

教学方法的应用：是否充分体现了学科特点；是否符合学生的年龄特点和认知规律；是否有助于调动学生的学习积极性。

教学程序的设计：教学过程的设计是否围绕教学目标展开，所安排的各项学习活动能否有效地为既定目标服务；教学内容的安排是否结合教材资源，贴近和联系学生生活实际，做到科学正确无差错；教学结构、教学节奏的安排是否合理，学习重点、难点是否突出；教学方法的选择是否有效地调动学生学习的积极性，使各类学生都能获得一定的发展和提高；教学媒体的选择是否有效、实用，能否真正发挥辅助教学的作用；教学过程流畅、条理清晰、环环相扣、逐步深入与否。

教学机智的体现：说课活动中对教师教学机智的评价，不能模仿课堂教学来进行，而应侧重体现在对教师教学活动的设计、教学理念的陈述和应对突发事件的策略等方面，即可以通过设置诸如“请你谈谈这样设计的理论依据”“如果学生在学习中遇到了……的情况，请你说说你的解决方法”等问题来判断教师的教学机智。

（3）评课。评课是教师课堂教学的反馈系统，是继说课、观课之后教师之间的进一步交流和研讨。作为校本教研活动的常规形式，评课要致力于提出问题、分析问题和解决问题，以使评课成为教师专业成长和教学水平提升的专业活动。

评课的基本形式有个别面谈式（听课者与执教者单独面对面地深入交流），小组评议式（执教者说课—听课教师评议—领导、专家总评），师生评议式（执教者评议学生的学习态度、学习方式、合作情况和知识技能掌握情况，学生则评议教师上课的精神面貌、自己学习的效果和困惑等情况），专家会诊式（专家对执教者的课进行会诊，指出要害，帮助执教者扬长避短、尽快成长），自我剖析式（执教者在听取别人的评价后，及时进行反思和内化）几种。

评课的关键在于一套科学合理的评课指标，这套评课指标一般应当涵盖如下七个方面的取向，也就是说，一堂课好坏与否就看它是否符合下列七项指标。

第一，学习目标是否明确。教什么比怎么教更重要，如果你的目标错了，你出力越大，则离目标越远。

第二，教学内容是教师讲还是先让学生自学。授新课时，教师不要急于先讲，可先让学生自学，边读边想，边读边批注圈点，然后完成学案上的题目。学生写的过程是思维清晰的过程，让学生写出答案，保证每个学生都思考、都学习，且能看到学生是否学习，学得怎样。

第三，学生不会的问题是否通过合作讨论解决。学生在自学中不会的问题不要急于解答，可先让学生通过合作学习来解决。教师要关注小组讨论的效果，看要求是否明确，组织是否得力，讨论是否有序，思想是否集中。此外，还要看讨论的结果，看学生发言是否有深度、是否完整、是否表达清晰；看朗读是否有感情；看书写是否通顺、完整、具体、生动。

第四，教师的点拨是否精当并退到最后一步。首先看教师点拨的时机。从理论上讲，全班有一个学生能解答，教师也不要急于讲，教师要退到最后一步，充分发挥学生自学能力和互助合作精神，要把解决问题的主动权交给学生。其次看教师点拨的方法，看方法是否巧妙，能否起到四两拨千斤之效。由此能够看出教师的素养是否深厚，语言是否生动，教学是否有功底。

第五，教师是否注重引导学生归纳规律和方法。教师在教学中要注重引导学生归纳课本知识的规律和学习知识的方法，要用课本教，而不是教课本。

第六，一节课的教学环节是否合理恰当。一节课的教学环节体现了教师的教学思想和教学方法，教学环节的设计和实施要做到环环相扣，目的明确，不能太随意、太零碎，教师的随意性太大，学生往往会无所适从，没有完整的独立自学时间。

第七，一节课的基本知识和技能是否让大多数学生掌握。不管运用何种教学方法，最终目的是高质量完成教学任务，达成教学目标。如果教学目标适度合理，在下课前大部分学生就应当达标。

（4）课堂观察。课堂观察就是将研究的问题具体化为观察点，将课堂中的连续性事件拆解为一个个时间单元，将课堂中的复杂性情境拆解为一个个空间单元，透过观察点对一个个单元进行定格、扫描，并搜集、描述与记录相关的详细信息，再将观察结果整合到一起进行反思、分析的一种教研活动类型。根据资料收集的方式和资料属性可将课堂观察分为定量观察和定性观察两种。前者是运用一套定量的、结构化的记录方式进行观察；后者是依据粗线条的观察纲要，并通过描述和评价的文字记录现场观察的感受和领悟。

课堂观察总的操作流程是“确立观察主题—设计观察方案—进行现场观察—课例观后研讨”。课堂观察的校本教研活动把工作的重点放在课堂观察上，旨在促使教师由观察他人课堂来反思自己的教育理念和教学行为，感悟和提升自己的教育教学能力。

课堂观察的基础工作是确定好课堂观察视角、设计好课堂观察记录表，掌握了它就掌握了课堂观察的框架和方式。其基本思路是：首先，把与研究主题相关的要素罗列出来，按照重要程度排序；其次，把这些要素进行层层分解，形成可直接观察的点；最后，设计出观课记录表。其具体的形式和内容参见表 10－1 和表 10－2[①]。

表 10－1　课堂观察视角表（之一）

主体	目标	互动	状态
教师	设置的合理性 达成的策略性	教师的追问行为如何引发互动，引发了何种互动，以及互动的程度如何，这种互动是否基于学生实际、目标达成和知识特点等	以何种策略促进课堂良好状态的形成与维持
学生	达成度与 达成效率		情绪是否饱满，参与是否积极，思维是否活跃等

表 10－2　课堂观察视角表（之二）

目标	内容
教学目标的设计	（1）该课例有哪些教学活动 （2）这些活动的目标是什么 （3）根据对该课例学生的观察，这些目标是否达到 （4）结合你自己的教学实践，你认为这些目标的制定是否恰当

① 柯孔标. 校本教研实践模式研究［M］. 杭州：浙江大学出版社，2008：126.

续上表

目标	内容
教学活动的设计	（1）这些教学活动的内容是什么 （2）这些教学活动是否激发了学生的学习兴趣 定性描述：学生学习的积极性和科学性 定量观察数据：学生的举手人数和次数 （3）该课例的教学活动有没有落实有关的语言知识和技能 定性描述：学生语言的流畅度、深度和广度 定量观察数据：学生回答问题的正确率
教学程序与教学方法的观察	（1）各个教学活动的过渡和转换情况 （2）教学媒体的使用情况 （3）教师对教学细节的应急处理情况
教师教学语言的观察	（1）教师的课堂任务指令 （2）教师的课堂提问 （3）教师的课堂即时评价 （4）教师的肢体语言应用
学生学习情况的观察	（1）该课例学生的学习方式有哪些 （2）该课例中学生主动学习的时间有多少 （3）该课例中学生的问题行为有哪些

（5）课堂诊断。课堂诊断是指由专业指导小组听新教师或教学质量偏低教师的课，然后由听课者根据所发现的问题，分析“病因”，开出“处方”，帮助被听课者提高教学能力的一种教研活动类型。具体来说，就是作为诊断者的教师、专家通过对某一课堂教学过程或教学片段的看（师生活动的表现、情感、态度）、听（师生在教学活动中的交流发言及其思维状况）、问（教师的执教意图与学生的内心感受），发现执教者存在的问题与不足，并提出针对性意见与改进措施。其基本流程可概括为随堂听课→现场评价→执教者反思和改进。

（6）微格演课。微格演课是在微格教学和说课基础上发展起来的一种实践性、操作性极强的教研活动类型。这里的“微”是微型、片断和小步的意思，“格”是指对教学行为的规律进行分类研究。微格演课是基于完整教学内容的分解与组合的某种重要教学行为的及时反馈，基本操作流程为：对教学内容进行分解→分别就所承担的内容和任务进行教学设计→模拟真实课堂进行演课→就演课的结果进行讨论评估→再次演课→最后组合定型。

（7）一人同课多轮。一人同课多轮，是指同一个教师连续多次上同一课，内容重复，但教学行为不断改进的教研活动类型。其操作流程一般为：由教师特别是年轻教师独立备课、上课，备课组或教研组听了该教师的课之后，针对课堂教学存在的问题进行分析、讨论，献计献策，通过集思广益，上课教师形成新的方案，并第二次上课。上课教师和同伴对第一轮课和第二轮课进行对比，明确进步的方面，分析还存在的问题，进一步修订方案，并第三次上课。如此循环，上课教师反思整个过程并写成教学课例。这种教研形态对于提高青年教师的教学技能和水平，帮助他们解决教学中的问题，有着显著的效果。

（8）多人同课循环。多人同课循环是指备课组或教研组的教师同上一节课。这种教研形态的关键在于教师的互动和问题的跟进。第一个教师上完课，第二个教师针对第一个教师课堂存在的问题上第二次课，第三个教师针对第二个教师课堂存在的问题上第三次课，每次上课方案都由同伴共同参与研制。多人同课循环活动能让教师切实感受到课例研究、同伴互助的魅力和意义，有助于激发教师对课堂教学境界的不断追求。

（9）同课异构。同课异构中的“课”指教学内容，“构”指教学设计。它有两种基本模式：一是同一教学内容由不同教师进行处理，组织课堂教学；二是同一教师对同一教学内容在不同教学班级做不同构思、处理，组织课堂教学。通常所说的同课异构是指第一种，也就是教研组或备课组商定出相同的教研主题内容，由两个以上的教师分别备课、上课，教师集体听课、评课。不同的教师选用同一教学内容，根据学生实际、现有的教学条件和教师自身的特点，进行不同的教学设计。不同教师的教学风格、教师对课程资源的组合能力以及教师对教材的处理艺术，在同课异构中均能得到充分展现。充分比较、学习不同教师执教同一教学内容的教学案例，是教师提高专业化水平、提升校本教研实效性的一条有效而便捷的途径。

（二）案例研究模式

1．案例研究模式的特征

案例研究是以教育案例为载体，通过对其典型事例的描述和分析，提出解决问题的办法和思路的一种教研活动形态。所谓教育案例，是对教育实践中发生的一个包含有疑难情境或某些决策行为的真实描述，它通过一系列引人入胜的生动故事，向大家提供具体的背景、人物、场合、事件和后果，引发人们的反思。一个好的案例往往代表一类典型事件，蕴含着深刻的教育理念与教学技能。教育案例是课例的特殊形式，它源于课堂教学生活又高于课堂教学生活。相对而言，课例研究重在对课本身的改进和提高，而案例研究重在对案例的搜集和开发。案例研究过程包含以下六个环节。

（1）研究前的准备：将案例的文本印发给参与研讨的教师，使参与教师明确案例教研的目标。同时，留给参与教师一些时间，让参与教师搜集各种信息（其中比较常用的有文献资料、访谈、观察和实物等）和探索问题。

（2）引入案例：组织者在研讨前做一次简要的辅导报告，讲明必备的教育理论、学科知识背景和注意事项，巧妙地将案例引入事先设计好的校本教研情境之中。

（3）讨论案例：案例研究是一种互动式研究，是一个共同参与、共同构建的过程，研讨教师参与程度的高低决定案例教研的成效，因此，要充分调动参与教师的主动性、积极性，分析思考案例中教师的行为和对策的合理性，鼓励参与教师主动通过自己的思考、感悟、理解，不断提出新的设想和思路。

（4）设计方案：在有效教学理念的支持下，提出解决问题的假设和方案，寻找解决问题的基本思路和方法。通过比较、论证，筛选出若干较为理想的方案，从中确定出最佳方案。

（5）实施方案：案例教研的参与者将其解决问题的方案付诸实践，得出结论。

（6）反思总结：认真反思方案所提出的问题及其结果，把通过案例研究形成的共识和见解进行概括、总结、提炼，以加深对教育教学规律的认识，指导教学实践，提升学术水平和研究能力。

2. 案例研究模式的类型

案例研究模式的基本类型有“磨课”和“教历研究”。

（1）磨课，就是某个教师在一定时期内，在大家协助下，把某一课的教学当作研究课题，采取多种形式，运用科学研究的方法，反复、深入地学习、探索与实践，从而使该课成为高水准的精品课。磨课的过程通常分为准备、实施、总结三个阶段，三个阶段为一轮，可进行多轮磨课。具体操作流程如下：

准备阶段——①选课：磨课教师选出两个课题，单册一课，双册一课，选课的依据为知识比较重要，能代表某类型，内容相对独立，难度较为适中，参考资料较多，适合教师发挥，有利于学生发展。②计划：每个磨课教师都要制订出磨课计划，其中包括预期目标、学习材料、研究时间、研究方法等。

实施阶段——①学课：用购买、借阅、复印等方法收集与磨课课题密切相关的资料，将资料分类整理，编好目录，写好学课资料的批注及学课的心得体会。②备课：对所磨之课的教学不仅要知其然，而且要知其所以然；不仅要明确怎样做，而且要明确为什么这样做，所以磨课的备课要写出说课稿，说课稿涉及的内容很多，撰写时不必面面俱到，要突出重点、突破难点、抓住关键。③讲课：讲课时要做好录音，以便为后面的研究提供材料，为教师准确反思教学过程、总结经验和教训、撰写教学实录和案例分析提供真实、可靠的素材。④说课：一说重要的教学设计及其根据，二说教学过程中的主要“亮点”及其分析，三说教学过程中的主要失误及其原因分析、调控措施等。⑤议课：磨课教师向大家简析该课的优点与缺点，对某些重要问题做简要说明，提出某些问题请大家议论，磨课教师要虚心听取参与教师的评议，对参与教师提出的问题和意见做必要的解释，并录好音，做好记录。⑥结课：结课主要是找出自己在本轮磨课中教学及教研的优点与缺点，分析原因，找出对策，同时将该轮磨课的材料收集起来，反复修改，并将其中感悟最深、最有价值的认识写成研究文章，形成个人教研成果。

总结阶段——写出磨课的全面总结，精选自己的磨课资料，反复修改，编印成个人磨课专辑，作为校本教研的一项成果。

一般情况下，磨课只能解决教学中的某一具体问题。因此，在对磨课的管理安排上，应确定一个大主题或研究的大方向，使磨课研究主题化。这样一方面解决了教育理论向教学实践的转移问题，促使教师教学行为的跟进；另一方面把教师磨课的微观研究纳入到宏观研究的框架下，有利于解决教学中的一些普遍性问题，有利于理论的完善和发展。

（2）教历研究[①]。教历，是教师教学的经历，是在教案基础上发展起来的更全面、更真实记录教师教学轨迹的一种研究教学、总结经验、提升理论的动态生成材料。教历由“课前计划、过程描述、课后反思”三个部分构成。“课前计划”是教师进行课堂教学之前的所有准备工作，其实质就是教案；“过程描述”是教案所没有的，它是对合作备课与课堂教学的全程记录，以便授课教师对自己的课堂教学实践进行分析和反思，或提供给其他参与教师进行分析和反思；“课后反思”是指教师在教学之后，通过多层面的反思，意识到教学的成功与不足，从中悟出道理，使这些切身体验与更为广泛的教学理论联系起来。课后反思不是教历的终结，而是教师重新审视自己的教学活动，主动地吸取新的信息，制定出新的实施方案，以便进行新的课堂教学实践。一份完整的教历记载的就是有关教师从教的心路历程。

教历研究就是教师通过对个人资料的收集实现对自己思想轨迹记录的一种教研活动模式。教师要通过这一记录来认识自己，即认识自己的

① 傅建明，王娟．教历研究的内涵、流程和实现条件［J］．课程·教材·教法，2006（2）：81－84．

教学实践，提高自己的教学能力，改进自己的教学实践。教历研究的宗旨不在于某种固定的理论成果，而在于教师在现有基础上提高教学效率，在课堂教学实践中实现专业发展。

教历研究可以分为三个层次：一是教师个人通过单独记录反思教学新方法，或将自己的新观点转化为行动；二是学校组织若干教师组成研究小组，开展研究；三是由专业研究人员、教师、学校管理者、教育行政部门管理者等组成较为成熟的研究队伍，支持教师从事的研究。这里择要介绍教历研究的一般模型和基本过程，如图 10－1 所示。

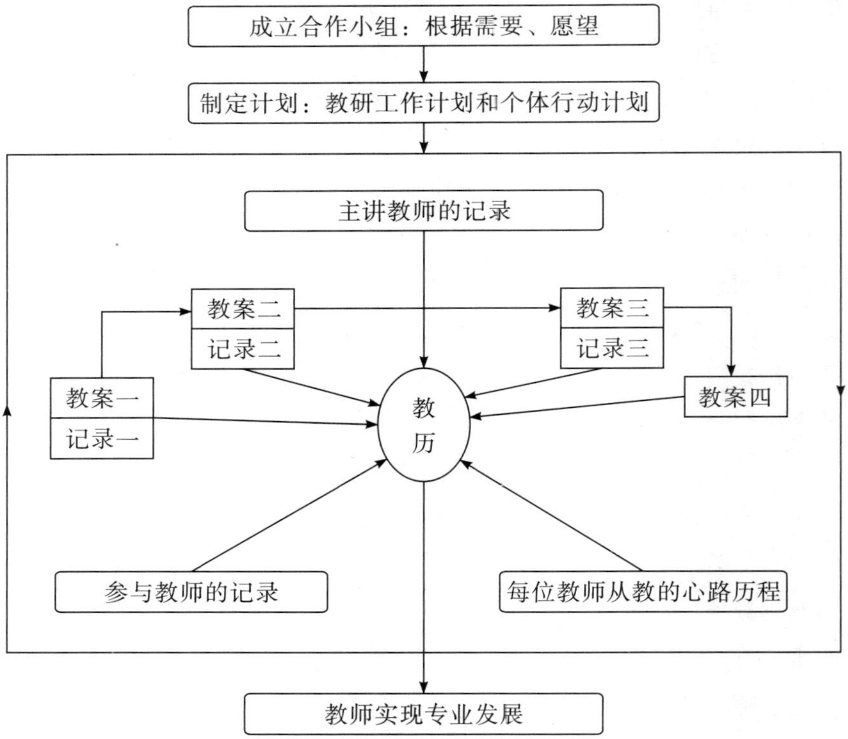

图 10－1　教历研究的一般模型

成立合作小组：根据个人愿望、需要和不同的分类标准成立合作小组，或根据学科的不同设立语文、数学、英语、理化等教研组，或根据年龄的不同设立青年教师组、中年教师组等。

制订行动计划：计划的制订涉及教研组和教师个体两个方面的内容。教研组工作计划在于确定操作规范，教研组负责人在专家的指导下以及与组员的协商中，制定出完整的操作方案；个体行动计划在于确定自我发展方向，每个教师都有自己的特点与追求、长处与弱点，因而需要根据实际制订一个合适的自我发展计划。

教师的全程记录：包括主讲教师的记录和参与教师的记录，所有的记录均要求有具体时间、地点和参与人（个人的反思可以例外）。

主讲教师的记录包括四个教案和三份记录，具体内容如下。

教案一是主讲教师的课前计划。其中包括基本分析（学习者分析、教师资源分析、教材分析、现有课程资源分析），教学目标分析（知识与技能、过程与方法、情感态度价值观、现有条件下实现的可能性分析），教案及其编写过程（包括个人的和集体的工作，要求有时间、地点、过程和各位教师的见解等）等内容。

记录一是参与式集体分析记录。教研组对主讲教师的课前计划进行参与式分析，提出各自的意见，并说明原因。主讲教师对这些意见进行整理备案，并融进自己的新教案。

教案二是修改后的教案。根据记录一中所提的意见修改教案，使记录一中的集体评判和自我反思在教案二中得以体现。

记录二是主讲教师的心路历程记录，为什么吸收这些意见，记录自己的心理过程。

教案三是实施的教案。实施的教案即课堂教学活动的过程描述，主要包括课堂教学的过程，各个教学环节实际所用时间，教师根据教学进展情况临时改变计划，对教学内容、教学方法、教学步骤等所做的调整及其原因，课堂管理与辅助教学行为等内容。

记录三是合作小组对教学活动的分析记录。其中包括教学过程的自我反思，教师之间的合作反思，与专家交流的反思，整个活动过程对自己的启发、困惑和感想等方面的内容。

教案四是重新修订的教案。在以上几个环节的基础上，对教案三进行修订，使教案趋于完善，并将其存档。

参与教师记录的内容主要是自己参与过程中的感想与建议，因为教师除了自我反思外，也可通过反思其他教师的成功经验或失败教训来反观自己的工作。这是教历研究的目的所在。

（三）专题研究模式

1. 专题研究模式的特征

专题研究是指对教学工作中存在的对全局工作有重大影响的共性问题进行专项研究的教研类型。它旨在解决教学过程中遇到的难点和关键性问题，使教学理论和教学实践在紧密结合的基础上有所突破，促进教师在教学领域中有所发现，开创教育教学新局面。专题研究过程有以下四个环节。

（1）确定专题：选择一个在学校教育教学中产生的且为教师共同关注的问题作为教研的专题。为了生成研究的专题，学校要培养和激活教师的问题意识，可以建立教学问题信息表，将问题分为“我的问题”和“学生的问题”。生成的共同问题必须具有以下几个方面的规定性：问题有一定的理论或实践价值；问题是大家感兴趣和值得研讨的；问题本身能够清晰、简洁地陈述；问题能分解为具体的、可供研究的小问题；问题所涉及的具体内容在既定的时间、条件和能力范围内能够解决。

（2）公布专题：通过通知栏或校园网上公布教研专题的内容。

（3）实践探索：组织教师个人或集体根据公布的研究专题进行调查研究，搜集、分析和加工信息，探索解决问题的方案。

（4）论坛交流：主要采用讨论式、辩论式、案例分析式、名师专题报告、调研汇报、经验总结、专题发言等形式，让专题研究有关的教育思想和教学实践的感悟、体验在论坛上汇集、交锋、交流、切磋、共鸣，使教师通过论坛这一平台系统地学习、反思，研究教学工作面临的困惑，获得专业素质的提升。

2. 专题研究模式的类型

专题研究模式的基本类型有“学术沙龙”“专题研讨”“辩课”“关键教育事件研究”等。

（1）学术沙龙。学术沙龙是一种由同一学术团体的成员参加的、可以自由发言的专题研讨会。学术沙龙适用于对教师不易理解或存在争议的问题的澄清，或者对教学策略最优化的讨论。学术沙龙不强求统一的结论，旨在开阔思路，引导思考，加深教师对某一问题的认识，寻求更多的教学策略。

“头脑风暴”和“中立主席”是学术沙龙式教研活动的重要策略。“头脑风暴”又称“智力激励法”，最早是由现代创造学奠基人奥斯本提出。借助这种方法开展学术沙龙，可由组织者以一种明确的方式向所有参与教师阐明中心问题，然后让每位教师在一定时间内自由提出尽可能多的想法和方案，对大家提出的想法或方案贯彻“无错原则”，不允许任何的批评和指责，并做好详细记录，然后进行整理与分析。“中立主席”法则是英国课程专家斯坦豪斯创立的。它要求活动组织者在活动前尽可能多地收集与讨论问题相关的资料提供给与会教师，在此基础上引导大家展开充分的讨论，并确保讨论过程的连续性。但在讨论过程中，组织者对讨论的问题必须始终保持中立的态度，不得利用自己的权威对讨论进行控制与限定。运用“头脑风暴”和“中立主席”两种策略，开展学术沙龙教研活动，有利于发挥每个参与者的积极性、主动性和创造性，从而对讨论的问题形成更全面、更深入的认识。

（2）专题研讨。专题研讨就是以教研组为单位，针对教师工作中具有共性的具体问题，开展持续性的主题研究。开展专题研讨的一般步骤是：经过教师商讨，教研组拟定所要研讨的专题—教研组成员发言，表达自己对专题的想法和思考—教研组就各位教师的发言进行研讨，并达成初步共识—教研组成员将初步共识和教学设想写成问题解决的初步方案—以课例为载体，安排教师上研讨课—授课教师进行自我反思—教研组集体评课，对所发现的问题进行反思，探究解决问题的策略，并将研讨中发现的新问题作为下次专题研讨的子问题。当前，对具有共性的具体问题进行聚焦研讨，已成为专题研讨教研的一大亮点。

（3）辩课。辩课是指参与教研活动的教师在备课、上课、说课、评课的基础上，就某一研究主题或教学的重点、难点、疑点等，提出论题，展开讨论和辩论，以加深对教学问题的理解。辩课不是评课，而是一种全新的教研活动。

从内容上看，辩课既可以围绕教学的文本解读、目标定位、重点难点、内容选择、过程安排、方法手段、作业练习等专题展开，也可以按照整体感知、理解感悟、语言训练、拓展延伸等教学环节展开；既可以围绕整节课所反映出来的某种理念、倾向或教学主张展开，也可以围绕课堂教学的某一内容展开；还可以在“同课异构”的基础上横向辩课，甚至可以进行跨学科辩课。

从形式上看，辩课既可以在课前进行，以帮助授课教师改进教学设计；也可以在课后进行，以探讨教学的成败得失。既可以在授课教师与听课者之间展开，由听课者提出问题，授课教师予以答辩；也可以在听课者之间展开，大家围绕一个主题进行互动交流。

辩课的主要目标是辩教学思想。教学思想支配教师的教学行为，只有正确先进的教学思想，才能取得良好的教学效果。辩教学思想的基本思路是：首先，辩课堂是否体现了“以学生为主体”的思想，具体视点在于：教师是否处理好“教”与“学”的关系，真正扮演好组织者、领导者的角色，为学生学习素养的形成与发展服务；教师是否为学生主动、积极地学习创造和谐的气氛，是否为学生探求知识提供良好的条件；学生是否有足够的思考时间，是否有自主、合作、探究的机会，是否在教师必要的点拨、引导下主动地获取知识。其次，辩教师是否具有“开放教学”的意识，具体视点在于：课程是否开放而富有创新活力；课堂教学是否打破僵化教学模式的束缚，根据学生学习的需要，为学生提供开放的教学内容、教学空间、教学时间等；教师是否合理利用课内外资源，开启学生的思维，引导学生探索，激发学生的创新活力。再次，辩教师是否有共同探索的思想，具体视点在于：教学是否在师生平等对话过程中进行，教师是否能放下权威的架子，与学生建立平等和谐的关系；教学中，教师是否创设了民主、平等、和谐、自由的教学环境，将教学过程变成师生共同探索的过程；师生是否平等对话，教师是否尊重学生的独特见解，是否鼓励学生在学习过程中主动发现问题、提出问题、研究问题、解决问题，在探索中获得新知识。最后，辩教师是否关注学生的成功感，具体视点在于：教学是为学生服务的，如果教师只考虑自己的板书是否完整、教学环节是否完成，而不去考虑学生是否有收获，这样的教学只有“教”而没有“学”，就是不完整甚至是不成功的教学。

（4）关键教育事件研究[①]。关键教育事件研究是以“关键教育事件”为抓手的新型教研活动类型。在教育教学过程中，经常会发生一些令人困惑的、欣慰的、遗憾的事件，这些存在于教师日常教育教学实践过程中的普通事件，经由专业判断、理性思考，被赋予深刻教育教学意义，就成为“关键教育事件”。基于关键教育事件的教研模式具有如下特点。

以事件中的问题为研究前提——关键教育事件研究的前提就是有问题，面对新课程的理念，面对新教材，教师很容易产生新的困惑或疑难。而这些困惑、疑难问题正是研究的动力所在。

以事件的内容为研究载体——“关键教育事件”是具有代表性的，当我们以“关键教育事件”的内容为研究的载体，切入口就比较小，研讨就比较集中，同伴之间也容易互动，效果较好。

以对事件的不同认识为互动的基础——在“关键教育事件”研讨中，基于不同认识的互动，能使教师在碰撞中感悟、在交流中吸纳、在互补中成长。

以对事件研讨的引领为提升研究质量的方式——“关键教育事件”研讨应有专业引领，专业引领者提出的可供深化思考的问题往往可以引起新的更有质量的讨论高潮。在研讨结束时，专业引领者可根据课改理念提出解决问题的建议，并从理论上予以提升。这样不仅能归纳总结教师在研讨中的不同认识，更能从问题的解决中提升思想和理念，促使每一次的“关键教育事件”研讨能有较高的质量。

以对事件研讨的反思为提高教师实践智慧的手段——在“关键教育事件”研讨中，教师可以实现三个角度的反思：一是我怎么认识与思考这个片断；二是同伴们怎样议论和解决这个问题；三是专业引领人员是

---

① 沈民冈，汪泠淞．基于“关键教育事件”教师教育的行动研究综述［J］．上海教育科研，2010（4）：8－11．

如何总结与归纳，提出认识这个事件的思想与理念的。由于关键教育事件研究的内容新颖多样、交流沟通真实、探讨研究味重，就容易在真实生动的教学情境中激活教师的深度反思，走向行动研究，提高专业水平。

关键教育事件研究分为关键教育事件的选择和关键教育事件的研究两个阶段，其基本操作过程如下。

第一，“关键教育事件”的选择。“关键教育事件”的选择包括敏感细腻地捕捉事件、简明扼要地提炼事件、理智深度地阐释事件（群体交流研修事件）、撰写关键教育事件个案几个环节，其具体流程如图 10－2 所示。

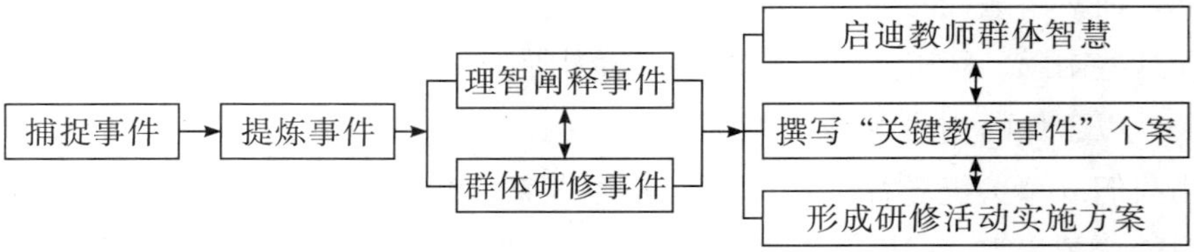

图 10－2　选择“关键教育事件”流程图

捕捉教育事件——教育事件是客观存在并不断发生的，要使之成为“关键教育事件”，首先需要捕捉教育事件。“教育事件”的捕捉，是创造“关键教育事件”的前提与基础。捕捉教育事件应该遵循真实性、困惑性、教育性三条原则。而教育事件捕捉的视角也是多种多样的，诸如：关注习以为常的“细节”、司空见惯的“小事”、群体黑洞中的“隐事”和看似天经地义的“微事”；关注现象与本质的“相异”、预设与生成的“相反”、形式与内容的“相悖”、方法与策略的“相违”，以及关注目标与任务的“相左”；关注意外疑难（突发疑难）、认识疑难（问题疑难）、操作疑难（应对疑难）、判断疑难（价值疑难）和选择疑难（态度疑难）；关注目标是否实现、效果是否良好、机智是否展开、情感是否到位；等等。

进行阐释赋意——“关键教育事件”的阐释赋意，是指教师经过独立思考或群体研修，使得自身对事件的理解由浅层走向深层、由事例走向事理、由知识走向智慧。阐释，主要是对事件本身特定意义的挖掘和再认识。一般情况下，可以从“事件本身的原因理由”“疑难解决的策略方法”“他人对事件的阐释”三个角度来对事件进行阐释，将人们习以为常、视而不见、听而不闻、行而不知的道理阐释清楚。赋意，即从不同角度、不同层面给教育事件以新的意义，将事件放在普遍意义的高度予以理性提升。关键教育事件中的“关键”是人为赋予的，是教师认识思维加工的产物，只有赋予事件新的意义才能产生价值。通常情况下，事件可以从其“价值判断”和“心理因素”这两个方面进行赋意。

引发价值启迪——“关键教育事件”的价值启迪，是教师在对教育事件的思考捉摸中得到切身体验和感悟、是教师在讨论反思中顿悟到的教育真谛，从而真正促进教师把先进的思想理念内化为自身的教育理念，并最终转化为具体行为的落实。这或许就是“关键教育事件”最真实的价值启迪。

第二，关键教育事件的研究。关键教育事件研究的基本过程如图10－3所示。

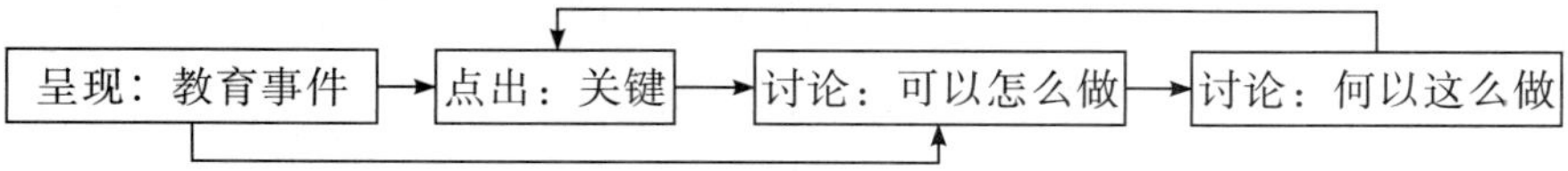

图 10－3　关键教育事件研究流程图

呈现“教育事件”——一般由教研活动的组织者准备并呈现教育事件。

点出“关键”——一般由教研活动的组织者或参与者中的经验型教师点出关键。既可以在呈现教育事件之后点出关键，也可以在充分讨论了“可以怎么做”“何以这么做”之后点出关键。能否点出关键，主要取决于活动组织者的专业判断力。

讨论“可以怎么做”——一般由有一定实践性判断力的参与者阐释，教研活动的组织者也可呈现一些事先收集整理到的其他同行、专家的做法。

讨论“何以这么做”——能否讨论出何以这么做，需要较为深厚的理论功底和理论联系实践的能力。大家对“何以这么做”展开了热烈讨论，不乏真知灼见，活动组织者要进行梳理归纳。

（四）课题研究模式

1. 课题研究模式的特征

课题研究是将教研与科研有机融合的教研活动类型。它以教学实践过程中遇到的较为复杂的问题或内容为研究对象，制订分步骤研究计划，在一段较长时间内，围绕同一专题多次反复研究，探寻教学对策，逐步解决问题。与传统的课题组建制的“大课题”相比，它具有聚焦个体、着眼微观、周期较短、倾向平民的特点；与常规的教研活动相比，它具有更深入、更规范、更科学、更具针对性等特点。课题研究的过程一般包含以下四个环节。

（1）界定研究内容。准确界定研究内容是课题研究的前提和关键。一个有待研究的问题不管大小，一般都是可以也应当进一步具体化的。研究内容的界定不仅将课题分解为一个个可以直接着手的具体的问题，也规定了一定的范围，任何一项研究不可能也没有必要将课题所能涉及的所有问题进行全面研究。中小学教师开展课题研究首先必须明了研究的内容，否则，研究工作将无从着手。

（2）设计研究方案。研究问题明确后，就要进一步分析问题的成因，规划问题解决的方法和步骤。其一，要了解已有研究成果，学习相关理论。为此，教师要围绕课题研究的问题，搜集相关的文献，并对文献进行认真阅读和分类梳理，从而全面了解同类或相关课题研究现状，明确已有的研究结论和经验，发现原有研究的不足，并站在问题的前沿，寻找研究问题的理论支撑，以保证研究工作在理论指导下有针对性地开展。其二，提出自己的研究假设。这是研究方案中最富有个性和创造性的部分。假设是一种走在行动之前的思想和一种先于事实的猜想，是研究者从思想观念上对未来的洞察和把握。

（3）开展行动研究。依据研究方案实施行动研究是课题研究最重要的工作。行动是研究方案付诸实践的过程，但是这种行动不是一般意义的行为和动作，而是一种变革、改进、创新，是一个寻找问题和创造教育实践新形态的过程。它具有以下特征：①验证性。检验研究方案的可行性，证实或证伪研究假设，这是课题研究的基本特征。②探索性。发现和寻找各种新的可能性，行动绝不是按图索骥、按部就班的机械活动，而是一种积极解决问题并达到目的的最佳途径和最佳策略的过程，这是课题研究的本质特征。③教育性。教育行动应服从、服务于学生的成长和发展，任何行动都应该无一例外地遵循人道主义原则、体现教育活动的价值导向和人文关怀、关注所有学生的成长和发展，这是行动的最高原则。

（4）总结研究成果。总结在课题研究中既是一个研究循环的终结，又是过渡到另一个研究循环的中介。在总结这个环节中，教师要做的主要工作是：第一，对与研究有关的各种现象进行回顾、归纳和整理，其中特别是对有意义的“细节”及其“情节”的描述和勾画，使其成为有价值的教育故事或教学案例；第二，在回顾、归纳和整理的基础上，对研究的过程和结果做出判断，对有关现象和原因做出分析和解释，探讨教学事件背后的理念，揭示规律，提高认识，提炼经验；第三，针对原有方案及其研究过程中出现的各种偏差或失误，以及感悟、发现，完善设计方案，并付诸实施，以进一步检验、论证和探索。

在上述工作之后，教师应该撰写一份课题研究报告。课题研究报告主要包括课题提出的背景，课题研究的目的和意义，已有研究成果，课题研究的内容、目标，课题研究的实施过程，课题研究的主要结论等内容。

2. 课题研究模式的类型

课题研究模式的基本类型有“微型课题”和“个人课题”。

（1）微型课题。微型课题研究也称作“微型科研”，是指把日常教育教学过程中遇到的问题，及时梳理、筛选和提炼，使之成为一个课题，并展开扎实的研究，是教师基于解决自身的教育教学困惑而进行的一种微观的应用研究。微型课题研究是一种有别于“学院派”的非正式的教育研究活动，它不囿于科研机构所提供的选题指南，它关注自身教育教学中有意义的事件、关注日常教育教学中有价值的困惑。它不一定要经过立项审批即发生研究，也不需要固守着3年或5年的研究周期，什么时候眼明心亮了，就可以结题。很显然，这样一种短平快的研究形态应当是教师专业发展和应对新课程的一条捷径。

微型课题源于教师教育教学面临的困境，来自同伴（年级组、学科组、班级组、办公室）共同感兴趣的话题；是教师自身在读书、学习后对某种新理念、新方法在自己教育教学中的嫁接与应用；也可以是教师围绕学校主课题研究而结合自身实际确立的具体可行的子课题研究。

微型课题研究的基本流程是：确立问题（提出解决什么问题）—预设目标（期望获得什么结果）—设计步骤（设计研究的步骤方法）—主题阅读（围绕问题查找资料）—研究实施（在教学中应用验证）—总结提高（提供经验和成果）。微型课题研究报告的一般格式为：问题的提出—研究目的—国内外研究现状，本研究的特色（可略）—理论与实践的依据（可略）—研究内容—研究过程及方法—研究结果及分析—研究的主要结论—问题讨论与建议。

（2）个人课题①。个人课题是以教师个人为研究主体、以教育教学的具体问题为研究对象的课题，是与包括国家级课题、省级课题、市级课题与区县级课题和学校课题在内的“集体课题”相对应的概念。个人课题的特点是：独特性（每个教师的个人课题都可能与众不同，具有自己的个性特点）、自主性（不受他人牵制和行政干预，在研究的过程中具有相当的自由度）、灵活性（课题的主动权在教师自己手里，进度的快慢和方法的选择由自己决定）、实践性（课题源于教师自己的教育教学实践，课题研究针对教育教学实践）、实用性（课题切合教师的实际需要，服务于教师的教学实践）。个人课题的研究流程有以下几个环节。

①课题的选择。“个人课题”的选择，一是要针对自己教育教学的实际问题。也就是说，研究的问题来源于自己的教育教学实践。二是切口小巧。一个小问题、一个现象、一个学生、一种方法、一次活动等均可以成为“个人课题”。三是内容切合自身的实际。课题虽好，但不是自己

---

① 刘永和. “个人课题”：教师专业成长的通途——记南京市教育科研“草根化”创新实验［J］. 教育科学研究，2008（1）：61－63.

的专长，不是自己的爱好，再好的课题也难以研究，因此应该选择自己有一定的积累、有话可说的课题。四是方向对准教育教学实践。理论问题我们可以通过学校申报“集体课题”加以研究，“个人课题”还是需要选择实际问题，进行实践研究。

②开展文献研究。这是“个人课题”研究的基础性工作。文献研究需要解决理论支撑问题，还要了解同类或相关课题研究现状，在此基础上，确定研究目标，创新研究内容，理清研究思路，选择研究方法，以便为“个人课题”研究奠定基础。文献研究的途径一般有图书资料、报纸杂志和网络文章等。文献研究的关键在于“研究”，查阅资料只是研究的基础，对资料进行去粗取精、分析比较，才有超越和创新。把自己在文献研究中获得的资料进行整理归类，作为课题研究的重要参考是非常必要的。

③做好教育调查。这是绝大多数课题研究者使用的研究方法。了解现状是设计课题的基础，对于现状了解得越具体、越深入、越全面、越准确，课题研究也就越有针对性和实效性。调查研究可以是问卷调查，了解面上的情况；可以是座谈调查，有针对性地召集调查对象，进行追问式调查，以把调查内容引向深入；还可以是个别访谈，这是点上的调查，解决深度问题。

④付诸实践检验。把自己的理论假设和研究内容付诸实践，在实践中检验其正确性。

⑤进行经验总结。这是课题研究的最后一道程序，也是最为关键的一道程序。其一，要对材料进行整理和归类，课题研究会涉及许多材料，总结之前要进行归类整理，为总结做好准备；其二，对材料进行分析和比较，通过比较，找出异同，特别是有效性和无效性的原因分析，这是找出规律的重要依据；其三，总结课题研究的经验，这时需要辩证分析、全面分析和条理性分析。一些课题研究者就是因为没有认真做好经验总结，即使过程很好，但结论不佳。

（五）网络教研模式

1. 网络教研模式的特征

网络教研是指以计算机和网络为支撑，以探究学习、交流研讨为主要方式的教研活动类型。网络教研所采用的载体有博客、论坛、专业网站、微信公众号、QQ、留言板、电子邮件等。为推动网络教研，学校要专门为教师建立网络教研平台，鼓励教师在博客上创建网络教研室，以引领教师在线研讨和共享资源。与现场教研相比，网络教研体现了平等、个性、开放的特点，具有方便快捷、信息量大、互动性强、跨越时空等优点，但缺少现场气氛的感染。

网络教研同样体现了教育研究的基本规范和程序。在网络平台的支撑下，网络校本教研形成了“发现问题并学习研讨→形成方案并组织实施→在实施过程中进行自我反思和交流研讨→新一轮基于问题解决的校本实践”前后相继的行为链。其具体的实施过程如下。

（1）发现问题。第一，立足课堂。无论利用何种方式进行教研，都要立足课堂，教师可以在自己的教学过程中发现问题，也可以在为教学做准备时发现问题，如上网查找教学所需的材料，结合自己的教学发现需要研究的问题。第二，积极思考。在教学中发现的问题不一定是要进行研究的问题，只有把教师的个体问题转化为教师群体共同关注和思考的问题，把学校里发生的真实问题概括、提炼、升华为有价值的课题，才有真正意义上的校本教研。教师可以利用网络交流平台，发布要研究的问题，与网友进行讨论，确定所要研究的课题。

（2）学习准备。第一，教师研讨。在制定方案之前有必要对问题进行充分的研讨，教师可以利用网站上的互动平台与同行、网友进行讨论，为制定方案做准备。通过网络在学习者共同体内部进行交流和研讨，可以帮助教师深入理解现实中的困惑和问题，在实践中构建起自己独特的个性化理论，从而更好地指导自己的教学实践。第二，在线培训。在此阶段如果能得到专家的指导，则有助于教师准确地理解和把握问题的本质，教师可以根据自己的需要，选择培训的内容，在网上向专家请教。这样可以使校本培训融入教师的日常教学实践，并真正发挥作用。

（3）设计方案。第一，分析问题。采用思维导图法列出问题的因素和解决思路，然后分析讨论其实际价值和重难点。教师可以将其中有疑惑的问题发布到网上，与网友进行深入的交流，网络上的学习者的体会给教师更多的启发和思考。第二，优化方案。根据自己的思考和与网友讨论，对设计的方案进行优化，使之更具有操作性和可行性。教师可以将方案发布到网上征询同行和专家的意见，在对方案优化时，教师要从解决实际问题入手，对方案中的具体内容逐条进行可行性分析。

（4）组织实施。第一，校本实践。教师按既定方案进行校本实践，分阶段处理各个关键问题。在实施的过程中，如有疑难可利用网络与专家进行在线咨询。第二，调整实践。方案是校本实践的主要依据，但可以根据实际需要随时对方案做有根据的调整、变更。这样一方面有助于教师进行自我反思，另一方面发布在博客上可以使学习者共同体中的其他成员了解调整变化的原因，从而使自己在教学研究中避免出现同样的问题。

（5）交流反思。第一，教学反思。在一轮教学实践当中或之后，教师有必要对自己的教学活动进行思考和审视，对行为背后的思想、决策及其背景知识进行分析。网络软件为教师表达研究形式提供了广阔的平台，网友的评论有利于教师做更为深入的思考。第二，经验分享。教师的研究课例、所利用的资源以及解决问题的方法和经验，是同行有益的参考和学习内容。教师可在网络上发表教学反思文章，在文章中对问题、设计、实践的过程和结果做出判断，对有关现象和原因做出分析和解释，探讨各种教学事件背后的理念，揭示规律。这样便于网友进行反馈和评论，促进交流分享经验。

（6）展示改进。第一，案例展示。在传统的教研方式之外，利用网络平台进行案例展示也是很好的方式。案例展示的过程包括教学设计思路介绍、自我反思、对研究问题的研讨等，教师针对案例中的关键问题进行网上讨论，总结出有价值的教学经验或解决问题的办法，可以帮助教师找到不足之处并加以改进。第二，专业提炼。教师实践之后，需要借助专家的引导来完善相关研究，以便进行新一轮的研究实践。可以利用网站上的专家博客群或专家在线讨论等方式及时得到专业引领，但是专业引领不能代替教师的独立思考，专家始终是咨询者、指导者，教师才是研究的主体。

上述六个环节只是网络校本教研的一般操作程序，实际上，网络校本教研不是一个线性结构，而是一个不断地趋向问题解决的复式循环结构。在实际运行的过程中，最重要的是解决实际问题，提高教研质量。

2. 网络教研模式的类型

“教育博客”“网上论坛”“在线教研”“微格点击”“网络课题”等均属于网络教研模式的范畴。

（1）教育博客。Blog是web log的缩写，中文称“网络日志”。而博客（Blogger）则是指写Blog的人，即使用特定的软件，在网络上出版、发表和张贴个人文章的人。教育博客是教师利用互联网“零壁垒”的Blog技术，以文字、多媒体等方式，将自己日常的生活感悟、教学心得、教案设计、课堂实录、课件等上传到网上发表，超越传统时空局限（课堂范畴、讲课时间等），记录教师与学生个人成长轨迹的一种教研活动模式。教育博客，作为教师个人的电子文档系统，可以写教育日志、写灵感录、写读书笔记；可以进行电子备课和资料收集；作为教学活动中交流与协作的工具，可以实现教师和学生课后的网上交流；作为虚拟教研平台，可以在网上探讨教学和研究、合作编写教材等。

（2）网上论坛。网上论坛即模拟的网络论坛（BBS）。它主要是基于网络载体成立备课组，进行电子备课，建立备课包、课件包、资源包，实行分工合作、定期交流、资源共享。网上论坛实质上就是一个虚拟的教研中心，教师可以将自己的想法和要讨论的问题及时发布到论坛上（发帖），有想法要说明的教师可以对这个问题发表自己的意见（跟帖）。一般情况下，与发帖人同组别、同学科的教师必须跟帖，其他教师可选择性跟帖。学校可设置统一的论坛模板，以方便网上论坛的交流与管理。

（3）在线教研。在线教研是指利用教育城域网、校园网和音频、视频、数据网络通信工具——AVCDN网络视频会议系统等现代信息技术手段，以聊天室主持和做客嘉宾在线互动形式进行的教研活动。在线教研的常见方式是采用主持人负责制，定期通知教研主题和上传相关资源，参与教师通过聊天工具实现网上交互研讨。

（4）微格点击。微格点击是对教师的课堂教学录像后，利用声像手段对课的某一方面、某一环节进行模拟，事后反复点击，回放相关镜头，使之形成清晰的自我图式，以便琢磨、研究教学规律，解决教学问题的一种教研活动模式。这种教研活动模式不仅可以帮助教师及时了解并纠正自己教学行为的不足之处，而且能帮助大家在真实的教学情境中捕捉到共性问题进行分析，找到解决问题的最佳途径，从而提高教学能力和水平。

（5）网络课题。网络课题是指组织研究团队利用网络进行课题研究。由于网络平台具有作为学习理论、研究方案和阶段成果的发布平台和研究档案夹的功用，借助网络就可以使课题研究呈现开放性，使资源积累有更强的组织性。这样，不仅课题组成员之间的交流得到加强，而且能得到更多专家、同行的指点。只要研究者及时定期地整理研究过程资料，资料的积累就会更加丰富，研究过程的生成也会更有建设性。

（六）区域合作教研模式

1. 区域合作教研模式的特征

区域合作教研是指在自己学校开展教学研究的基础上，由区域内若干学校组成有目的、有计划的“松散教研联合体”，充分挖掘不同学校的资源，整合若干学校的力量，主攻某个教学问题，谋求共同发展的一种教研活动类型。区域合作教研的基本环节如下。

（1）成立领导小组。在协商的基础上，校际间签订合作教研的协议，打造教研新平台。学校间的合作可以是“强强联合”，也可以是“强弱联合”“城乡联合”。同时，成立校际合作教研领导小组，整合教育资源，制定教研制度，以切实保证校际合作教研活动的有效实施。

（2）确定研究的课题。以课题研究为载体，选择合作学校共同面临的教学问题和教师在实际教学中遇到的共同困惑，采取“自下而上”的方式，确定一个课题，并分解为若干子课题。若干所学校主攻一个课题，智慧共生，成果共享。

（3）组建课题组。各合作学校分别组建一个课题组，寻找专业支持，承担课题的研究工作。制订研究计划，各合作学校课题组制定出课题研究方案。

（4）实施课题研究。各合作学校根据研究计划，组织教师学习相关教育教学理论，开展课题研究活动，让教师的困惑能及时得到回应，经验能与同伴分享。

（5）形成研究成果。在课题组的领导下，交流研究收获，形成研究成果，促进合作学校教师队伍建设，提高学校教学、教研的能力和水平。

2. 区域合作教研模式的类型

区域合作教研模式的基本类型有区域内的城乡联动教研和联片教研。

（1）城乡联动教研。城乡联动教研是指区域内条件较好、实力较强的城市学校与薄弱的农村学校之间形成的结对帮扶式教研。它依托城市学校的优势组建城乡联合学校，在校际资源互相支援的基础上，合作共享、平等交流，积极开展诸如教学互访、专题合作、同伴结对、课例研究等多层次的教研活动，以充分利用城市优质教育资源解决农村学校难以进行校本教研的困难，提高农村学校教师的研究水平，促进农村学校教师的专业成长。

（2）联片教研。联片教研是以区域为单位的学校组成联片教研共同体，使学校结成强弱互助、优势互补的组合，同时保持恰当的“管理宽度”，学校教师们能进入真实的合作教研，共同商讨问题，共同备课研究，共同解决问题。片区强校有责任在联片教研中帮助“伙伴学校”，“龙头学校”的辐射支援是联片教研的重要支撑。联片教研的意义不在于一次性的学校联合教研活动中的指导与交流，而在于利用联片的合作与竞争机制，促进基层学校教研活动的常态开展，扩大教研的覆盖面和实效性。

三、校本教研模式的应用

校本教研活动模式的发展方向是从“依靠模式”到“超越模式”。目前，校本教研过程中存在着活动表面化和格式化的误区；或机械照搬教研活动的结构形式，过分强调套用某种模式，忽略其精髓和灵魂，导致校本教研有形式无内涵；或过分强调教研活动的环节、流程，忽视校本实践应用的价值，致使教研活动格式化。有鉴于此，在校本教研活动模式应用过程中，应切实遵循教研活动模式的原则性要求。

其一，校本教研活动模式的创新，不是将传统模式彻底抛弃，而是一种扬弃。因此，总结和发扬传统模式本身也是创新的一部分。

其二，校本教研活动模式的应用要有一个合适的“度”，过犹不及，无论是“拿来主义”还是“自创”，最终目的是追求教研效益的最优化。

其三，校本教研活动模式的应用要从学校实际出发，充分开发教育资源，注意城乡学校、不同学段学校、不同发展水平学校的差别。

其四，校本教研活动模式的应用是一个探索性实践的过程，着眼于通过不断改进现有的教研活动、不断提高教研活动的有效性，来促进教师的成长，完善教育教学工作。因此对于别人的经验不能机械搬用，要将探索看作教师成长的过程。

其五，校本教研活动模式的应用实践是一个开放的系统，教师之间、教研组之间、学校之间以及各种形式的研究群体之间需要全面地、公开地吸取别人的经验，发展自身特点。只有成为开放的系统，教研活动模式的结构与功能才能富有内涵和活力。

第十一章　校本教研的方法与技术

方法与技术属于方法论范畴一对相辅相成的基本概念，校本教研的方法是校本教研的程序、方式和策略，校本教研的技术是指校本教研方法应用过程中所采用的手段、工具和技巧。它们是校本教研实践行动的必要依托和重要抓手。

一、校本教研的方法系统

校本教研的方法系统包含“量的研究”和“质的研究”两个基本子系统。量的研究主要是模仿自然科学对教育现象进行“观察—经验”的、“定量化”的研究，研究的目的在于确定因果关系并做出解释。质的研究是从人文学科推衍出来的一种注重从质的规定性方面认识事物的研究，它以研究者本人作为研究工具，在自然情境下，采用多种资料收集方法，对研究现象进行深入的整体性探究，从原始资料中形成结论，并通过与研究对象互动，对其行为和意义建构来获得解释性理解。它们之间的主要区别可用表 11－1 来说明。

表 11－1　量的研究和质的研究比较表

量的研究	质的研究
宏观，大规模研究	微观，对个别事物的研究
面上的平均情况	特殊现象的深入探索
静态的数量统计	动态的发展描述
客观地验证事先提出的假设	着重从掌握的事实归纳出自己的观点

从表11－1可知，量的研究和质的研究在哲学思想的取向、研究对象的选择、研究方法的应用和研究结果的表现方式上均有所不同。但它们不是相互排斥而是可以互补的——量的研究为进一步的质的研究提供条件，质的研究为量的研究提供框架。例如关于“影响学生学业成绩的因素”的研究：首先，通过质的研究确立哪些因素在影响学生的学业成绩，并对这些因素做逻辑分类；其次，通过量的研究确定各个因素影响作用的系数；最后，通过量的研究或者质的研究来研究某一因素对学生学业成绩的影响情况。然而，质的研究在校本教研中更具优势，这是因为：从工作范围看，教师更适合对微观问题、对个别事物的研究；从工作需要看，教师对面上（如一个教学班）的一般情况比较容易掌握，而更迫切需要的是深入研究特殊现象（如某些知识难点如何掌握等问题）；从工作条件看，教师与被研究者有较长时间的接触，有的班主任甚至还能连续六年带一个班，因此特别有条件进行动态的发展研究；从工作习惯看，教师不像有些理论工作者从抽象观念出发思考问题，而是更习惯和善于从掌握的事实中归纳出自己的观点。

在校本教研中，常用的量的研究方法主要是教育调查研究法；常用的质的研究方法有教育行动研究法、教育经验研究（总结）法、教育叙事研究法和教育案例研究法等。

（一）教育调查研究法

教育调查研究法是在一定的教育理论指导下，通过访谈、问卷等手段，有目的、有计划、系统地对研究对象的有关材料进行搜集、整理和分析，从而获得有关教育现象及其规律的科学认识的一种研究方法。

1. 教育调查研究法的意义

教育调查研究法具有“适宜对教育现状进行考察和研究，具有很强的现实性；在自然的教育环境中搜集资料，具有很强的实用性；能够在比较大的样本中获得数据，具有较强的可信度”等特点，因此，在校本教研中具有较强的应用性。

2. 教育调查的路径

教育调查的基本路径包括查阅资料、访谈、开调查会、发问卷和调查表四种。

（1）查阅资料。查阅资料是调查研究中普遍采用的一种间接性路径。它简便易行，可在较短的时间内获得较多的信息。研究者可以根据调查目的和调查内容分别对各种书面材料进行查阅、摘录或复印。教育资料大体包括如下几方面的内容：反映一个地区或一所学校教育工作情况的资料，如有关方针、政策、决定、指示、通告、通知、工作、计划、报告、报表、总结、会议记录、统计材料、规章制度条文等；反映教师课程教学工作情况的资料，如教师的工作计划、教学总结、教学日志、经验文章和听课笔记等；反映学生课程学习情况的资料，如学生的个人档案、学生登记表、考勤表、成绩册、作业、试卷、学习笔记、体检表等；其他有关课程与教学情况的资料。查阅资料既要重视收集第一手材料，又要重视收集第二手材料；既要注意收集基本情况的资料和数据，又要注意收集典型、生动、有说服力的事例。

（2）访谈。访谈是研究者通过与调查对象面对面谈话来了解情况、搜集资料的一种直接的调查路径。这种路径所获得的资料准确、有深度。访谈法有重点集中访谈和非指导性深度访谈两种形式。重点集中访谈是将访谈的重点集中在某一问题或某一事件上，以进行深入详细的访谈。非指导性深度访谈是不给予任何指导、建议或问题，让被访问者尽量表达情意。在实施访谈时，这两种方式常常是结合起来运用的。

（3）开调查会。开调查会是在少数人范围内通过会议和讲座的形式来了解情况、搜集资料的一种直接的调查路径。运用这种路径不仅可以获得较全面的信息，还可以互相启发、集思广益。

（4）发问卷和调查表。发问卷和调查表是用书面形式收集资料的一种间接性调查路径。它具有调查覆盖面大，样本代表性高，简便易行，节省时间，容易整理和统计等优点。

3. 教育调查研究的过程

教育调查研究通常按以下几个环节和步骤依次进行。

（1）确定调查目标：根据调研课题明确调查的目的是什么，要解决什么问题。

（2）选取调查对象：根据调查目的确定调查的对象范围和样本。

（3）制订调查计划：调查计划的基本内容包括调查研究的题目和目的，调查的对象和范围，调查的手段和方法，调查的时间、地点和日程，调查项目及其表现载体，等等。

（4）实施调查：按照调查计划用编制好的调查工具和合适的调查方法展开调查活动。

（5）整理资料：汇总调查材料，进行统计处理和分析，以形成结论。

（6）撰写调研报告：调研报告的基本内容包括研究背景、价值、工具、方法、对象、过程、结果的说明，调查过程及结果的分析与讨论，研究结论和对策的揭示，等等。

基于教育调查研究的内在规定性，在教育调查研究过程中要遵循如下要求。

（1）调查对象要有典型性、代表性。

（2）收集材料应真实、客观、公平、丰富。

（3）揭示教育现象之间的相互联系、制约关系以及可能存在的因果关系。

（4）参加调查人员必须采用统一的调研标准、内容、步骤，使用统一的记录表格和记录方式；尽量不干预教育对象，不影响正常的教育教学活动。

（5）对所引用的材料进行鉴伪，以保证每一份材料的真实性。

（二）教育行动研究法

行动研究产生于20世纪40年代的美国社会科学研究中，50年代后被运用于教育领域，并越来越受到教育工作者的欢迎，从而形成了教育行动研究。

1．教育行动研究的意义

教育行动研究是以学校教师为研究主体，以教育实践中的问题为抓手，以改进教育实践为目的的一种“对行动进行研究，以研究促进行动”的教育研究方法。它强调教师既是教育实践者又是教育研究者，教师一面行动一面研究，并在教育实践中不断理性地反思，从而发现问题、解决问题，验证真理，取得进步。

2. 教育行动研究的特点

教育行动研究的创新之处在于它对教育实践与教育研究、教育研究者与教育实践者之间的关系做出全新的合理诠释，揭示了教育行动研究的特点。

（1）研究功能：教师既是生产者又是消费者和受益者。教育行动研究的直接目的是促进教师的专业发展，使教师由“教学型”向“研究型”转变。在教育行动研究中，教师的角色被定位为“教学改革的研究者”“理论与实践有机结合的研究者”“反思的教育行动研究者”。教师不再是教学理论的忠实执行者，而成为教学理论的生产者，即通过对教学实践中存在问题的研究得出的理论性成果，又直接应用于教学实践。因此，教师作为行动研究者，本身就是研究成果的消费者和受益者。这是行动研究的动力所在。

（2）研究对象：自然性、微观性、特殊性。校本教研的内容决定了行动研究的对象。前面我们已经阐述了校本教研的内容是学校教育教学实践中存在的或是潜在的问题，这就决定了行动研究的对象必然具有自然性、微观性和特殊性。首先，教育行动研究是在自然的教学情境中进行的，研究的问题源于教师的教学实践，是教师直接经历和感受的；问题的解决也有赖于对所处实际教学情境的认识和了解，如果脱离自然的教学实际情境，那就只能是纸上谈兵。有人因此将行动研究称为“自然主义的研究”。其次，教育行动研究关注的问题往往是教学实践中的具体而微小的问题，微观的教学问题虽小，但意义小中见大。即使宏观问题，也只有落脚在微观问题上才能体现出其价值。再次，不同学校的实际情况是不同的，存在的具体问题自然有差异，加上教学中的问题本身千变万化、不可预测，因而，教育行动研究在不同学校所采取的方式方法也是要因地因时制宜。

（3）研究过程：教学与研究一体化。教育行动研究强调研究过程与教学过程融为一体，即在“教”中“研”，在“研”中“教”。在传统的教学研究中，教学与研究往往互不相干，研究者大多站在“知识发现者”

的地位做研究，忽视教师作为实际工作者的感受和能力，导致教学理论和教学实践的严重脱节。教育行动研究倡导教师集“行动者”“研究者”两种角色于一身，充分肯定教师的教学和研究能力，注重研究与实践的紧密结合，从而避免了会出现理论与实践“两层皮”的现象。

（4）研究成果：以教师自己的方式表达。教育行动研究不追求教育理论的构建，其成果形式不局限于学术论文和研究报告。它提倡教师用一种叙事的方式表达自己的研究心得，通过把“自己摆进去”，描述自己在教育教学中的遭遇和困境，反思问题解决的过程，探询问题对个体成长的意义。由此，教育叙事构成教师教育理念转化为教育行为的突破口。

3．*教育行动研究的过程*

教育行动研究的一般程序是：确定研究问题→制定研究方案→实施行动研究→反思行动研究→撰写研究报告。在教育行动研究的实施过程中，常常出现“有开头和结尾，没有研究过程”的倾向，这是教师没有系统使用研究方法，没有系统收集资料，没有持续进行教育探索造成的。

（1）系统使用研究方法。行动研究必须因地制宜地使用诸如观察、访谈、日记、问卷、备忘录分析、照片记录、音像记录、档案、文献、项目对照清单、三角分析、个案研究、轶事分析等多种研究方法；否则，就会让研究停留在经验层面而呈现零碎的、片面的思考。

（2）系统收集研究资料。系统地整理与分析资料是得出可靠结论的基础，也是行动研究区别于一般经验总结的依据。因此，教师在行动研究过程中，不可随意零散地收集资料，不能为满足课题申请表、结题表的填写而忽视教学过程中研究资料的收集。随着现代信息技术的发展，行动研究资料的收集与整理非常方便，可以借助于E-mail、BBS、QQ、微信、Blog等平台，将教学日志、教学反思、教学设计、师生交流等资料保存下来。

（3）进行循环递进的教育探索。在校本研究过程中，行动研究是普遍采用的研究方法，但常常缺少使用行动研究的具体描述或具体研究设计，即使有行动研究设计，也没有“循环递进”的研究思路。没有循环研究，就难以改进教学，也就没有递进变革的可能。可以说，循环递进是行动研究设计与实施的关键点。

（三）教育经验总结法

“经验”是指人们在实践活动中所获得的感性知识；“总结”是指人们在某一实践活动告一段落之后，对经验材料进行整理、分析、抽象、概括的思维加工活动。人们对直接经验材料进行思维加工，上升到理性认识，就是所谓“经验总结”。

1．教育经验总结法的意义

实际上，经验总结的过程也是一种研究实践问题的过程——研究对象是实践中的事件和问题，包括人们经历事件所产生的零散的、片断的感受或体会；研究过程是在思维上加工经验材料；研究成果是使零散的、片断的经验材料化为系统的、理性的、规律性的认识。这种基于教育实践经验总结的研究方法就是教育经验总结法。

2．教育经验总结的类型

教育经验总结有全面总结和专题总结两个大类。

（1）全面总结。全面总结是教育工作各方面情况的总结。如对学科教学情况进行全面总结，一般包括教书育人，备课、上课、批改作业、辅导、考查考试等方面内容。全面总结并不意味着包罗万象，而要抓住主要矛盾。全面总结的优点是能反映事物的全貌，有利于全面考查课程与教学的情况，但它面面俱到的内容受篇幅所限，一些比较突出的问题难以做深入详尽的描述和分析。

（2）专题总结。专题总结是对某一具体而独特的课程与教学问题做专门的总结。如总结小学综合课程实施的经验；总结高中研究性学习课程实施的经验；总结开展活动课程的经验；总结实行启发式教学的经验；总结如何备好一堂课的经验；等等。专题总结的内容范围较窄，问题容易集中，可写得具体深入，有利于公开发表，但它只反映事物的一个侧面，而不能反映事物全貌。

全面总结和专题总结可以互相转化。譬如，一个课程与教学工作的全面总结，相对于一所学校的整体工作而言，可谓一个专题总结。所以，做全面总结时，要考虑一个整体的各个侧面；做专题总结时，要考虑一个问题的各个方面。

一个地区或一所学校，每学期、每学年都要进行经验总结。每一专项教育教学活动结束后，一般也要进行经验总结。总结的目的在于从教育实践总结经验，吸取教训，改进工作，提高效率。因此，教育经验总结法成为校本教研的常规方法。

3. 教育经验总结的过程

教育经验总结过程大体包括确定总结对象和问题，反思和制订总结计划，搜集资料和事实，对资料和事实分析、综合，总结研究成果，应用推广成果等环节。

（1）确定总结的对象和问题。总结的对象可以是本地区、本学校，也可以是本人，是做集体总结还是个人总结，要根据总结的目的、任务和上级的要求去确定，其中选择总结的问题是总结成败的关键。选择问题一般要从这四个方面来考虑：问题的实践性——选择自己（本校、本地）工作实践中做得最多、成绩最显著、体会最深刻的问题；问题的独特性——选择自身最有特色、具有个性或地方色彩的问题；问题的创造性——选择对自己或对别人都是新颖的问题；问题的价值性——选择有现实意义和应用推广价值的问题。

（2）制订总结计划。经验总结是一种“事后反思”，这里的反思就是回顾先前的实践历程，再现所做过的事情。它要求围绕着总结的问题去进行，并做一定的回忆记录，将回顾重要事件梗概时所产生的体会或灵感及时记录下来，以便进行整理加工。之后是根据研究的问题和目标制订总结计划。总结计划包括总结的问题，研究目标，如何搜集资料和事实（重点），如何整理与分析资料，如何撰写经验总结报告，如何推广应用等内容。

（3）搜集资料和事实。资料和事实是经验总结的基础，必须做好搜集资料和事实的工作。搜集资料和事实的一般方法是：查阅有关资料，其中包括学校工作计划、工作报告、会议记录、工作日志、工作日记、札记、随想录、听课记录、学生作业、试卷、上级有关文件、指示等；召开座谈会，多方面了解情况，掌握总结的事实依据，以集思广益；听取汇报或个别访谈，深入了解某些事情和某些评价、意见；发问卷和调查表，广泛掌握总结所需情况和数据；现场考察，了解工作成效和变化情况。

（4）对资料和事实进行分析和综合。做好资料和事实的搜集工作之后，就要对它进行思维上的加工，以形成经验。在分析资料时，要善于运用归纳法和演绎法，即以事实为依据，做出由个别到一般或由一般到个别的判断。在综合问题时，要善于运用抽象和概括的方法，将共性的东西或本质的特征抽取出来，进行理论概括，以形成结论性的观点和体会。

（5）形成总结报告。将形成的观点体会以文字的形式记录下来，就是总结成果；将结果以文章的形式系统地反映出来，就是经验总结报告。

（6）应用推广和指导实践。成果的应用包括自用和推广两个方面，自用就是总结者从中吸取成功的经验和失败的教训，进而指导新一轮的实践活动，这是经验总结的基本价值所在。推广就是将经验总结报告发表或提供给有关部门采用。经验总结一旦得以推广应用，便可产生一定的社会效益。

综上所述，教育经验总结的过程是一个系统地研究自身实践问题、指导实践工作的过程。这是一个周期性循环往复的活动过程，每一活动周期，始于自身实践之后，终于指导新的实践。每循环一次，工作得以改进，从而形成良性循环。

（四）教育叙事研究法

教育叙事研究法是以故事为手段，通过对过去事件的发生、现在的影响以及未来的期待的描述，来建构教育生活的意义的一种研究方法。教育叙事研究的特点是故事内容的真实性，故事伦理的教育性，故事意义的彰显性和故事价值的实践性。

1. 教育叙事研究法的意义

在叙事研究框架下撰写自己的教育故事，是对经历的教育事件的审视和反思；是把对触动自己的教育情境和某种理论的链接；是对产生于教育活动的朦胧而又新鲜的感受、体验和隐含于日常教育实践的经验的积极揭示。教育叙事研究的意义不在于检验或建构某种教育理论，而在于积累和丰富教育教学经验，从而更有质量和效益地从事本职工作。

2. 教育叙事研究的类型

表面上看，教育叙事研究不过是“教学”的研究，但任何真实的教学研究往往会牵涉到学生和教师的“生活”，由此，教育叙事研究大致可以分为教学叙事和生活叙事。又由于教学叙事与生活叙事是叙事者“个人生活史”的系列片断，为此，真实的教学叙事和生活叙事往往具有某种“自传”的性质。这样，教育叙事又可以从中分类出“自传叙事”。

（1）教学叙事。教学叙事是指教师将自己的“课堂教学”叙述出来，使之成为一份相对完整的教学案例。教学叙事常常配合“集体备课”和“公开课”而进行，它的基本过程可以概括为：集体备课—集体听课—集体讨论—个人叙事。

（2）生活叙事。生活叙事是指教师把班级管理中发生的某些学生生活事件叙述出来，使之成为一份有教育意义的“班级管理个案”，这种生活叙事又称“德育叙事”或“管理叙事”。生活叙事使个人生活事件的片断成为可以理解的整体。

（3）自传叙事。自传叙事是指教师讲述自己的教育故事。由于这种讲述教育故事的方式有些像叙述自己的“自传”，于是它又被称为“教育自传”。教师通过自传叙事学会自我反思、自我评价，进而获得某种“自我意识”。

3. 教育叙事研究的过程

教育叙事研究因研究目的和研究主体的不同而有多种操作方式。教师从事叙事研究是以改进教育工作、提升教学效益为主旨的，因此教师的叙事研究必须秉承行动研究的基本精神。其行动过程可分为如下四步。

（1）深度观察。研究始于问题。由于教师长期沉湎于以“重复”为特征的日常教育生活，致使教师对“教育问题”视而不见，见惯不怪，习以为常。因此教师发现“教育问题”往往需要教育理论工作者提供批判性教育理论，帮助教师以批判性理论的眼光重新审视自己的日常教育生活，并以此唤醒教师对日常教育实践的反思意识。这种过程就称之为深度观察。深度观察的目的在于明确研究的问题，选择研究的样本。

（2）制作故事。叙事研究的主线是制作故事，即对故事的回忆、叙说（口头的与书面的）和重构，也就是叙事性写作。教育叙事的结构一般分为“标题、引言、教育教学过程、反思或讨论”几个部分。引言主要是交代问题产生的背景；教育教学过程主要是对问题及其情境的描述；反思或讨论主要是对结果或效果的描述。叙事性写作与科学性写作一样重要——资料数据的重要程度及其研究者处理资料数据的努力程度不会降低。其主要环节如下：

第一，自下而上地提炼主题。叙事性写作的主题提炼强调自下而上，即教师在叙说和整理经历的教育事件过程中，形成具有教师个人特色的“本土概念”，并由此出发构建“扎根理论”。例如，与“人是目的”“学生主体”等抽象理论相比，“暴露思维过程”“把问题交给学生”等就更具有生活气息。同时，以理论作为教育事件深层意义的参照，引导教师不断地用新的认识框架审视教育事件并赋予其新的意义。例如从“差生”“后进生”“学困生”等概念的变迁中就可以感悟到当代学生观的转变。

第二，基于改进的“深描”。叙事研究受现象学的影响，认为现象本身就是本质，事物就像一个洋葱（与二元论的核桃模式不同），其本质与现象实即为一体，如果对其进行分解，剥到最后什么也不存在。因此，叙事性写作强调对教师解决教育问题的过程进行整体性的、情境化的、动态的“深描”。要求教师敏锐地捕捉教育改进过程中有意义的教育细节，并对其进行“原汁原味”的翔实的呈现，即改变教师“例行公事”“目中无人”的日常工作方式，代之以对教育改进过程中学生的细微变化进行细致的体察和敏锐的感知。

第三，坦诚的自我反思。叙事性写作要求教师必须“将自己摆进去”，以第一人称的方式坦诚地交代自己在研究过程中的种种遭遇，包括自己对特定教育事件的价值取向、情感态度和思维方式等。通过在文本中放大自己的声音、暴露自己的所思所想，引导教师以反思的态度思考自身教育行为背后的种种主观意向，从而将日常工作与教育研究真正结合起来。

（3）集体研讨。集体研讨是基于制作故事的对话交流。叙事研究认为，每个人都是在具体时空中的一种社会历史存在，因此每个人都有向他人倾诉故事的欲望，同时每个人的故事会受到自身经验背景、价值观念等方面的局限。在民主性的交流和研讨中，教师一方面从集体中确证自身经验的价值，激发其参与研究的积极性；另一方面也在研讨中突破现有观念的束缚，获得更深的自我理解。有鉴于此，叙事研究特别重视参与者之间平等、互助的沟通，教师和校外研究者共同进入叙事历程，构建叙事共同体，在共同叙事和平等研讨中，促进教师不断反思和重构自身的“内隐理论”。

（4）理论提升。叙事研究不仅关注故事的叙说和重构，同时也注重从大量的故事中提升有价值的理论观点。与科学主义范式主张通过去时间、去空间、去情境的方式构建放之四海而皆准的宏大理论、普适理论不同，叙事研究认为：教师的经验叙事是一种特殊的实践性语言，这种语言不能用概念、命题等科学话语进行抽象分析，其基本表现形式是比喻、个人哲学、规则、实践原则和隐喻等。从教师的经验叙事中提升出来的理论，实际上是“扎根理论”“小理论”，或者说是“个人理论”，这种理论以经验事例为依据，与特定的使用情况相联系。叙事研究中的理论提升的任务，在于归纳总结有助于揭示“故事”中教育问题的复杂性和教师教学个性的情境化理论。

（五）教育案例研究法

教育案例研究法是运用质性方法在教育案例描述基础上进行反思、评点和分析，以促进经验的提升、观念的更新和工作的改进的一种研究方法。

1. 教育案例研究法的意义

校本教研中的案例研究，主要是结合自己的工作实际，对学校教育实践情境中的事件、现象和问题进行的叙述和探讨，具有主体性、情境性、倾向性、内驱性的特点。

与以往常用的一些研究方法有所不同，教育案例研究不再处于纯粹客观的状态。从研究的目的和方法上看，教育案例研究重在说明而不是证明，研究者的观点、立场、态度通过视角的选择和情感的表达得以强化和放大，表现了研究的主观倾向。这种主观表达的价值在于，对于一个情境和事件，可以给予不同的解释和说明，并揭示这种解释说明的心理依据。教育情境是十分复杂的，怎样理解教育行为的合理性和有效性，教育案例研究并不试图给出一个标准答案，而是提出了可供参与的各种可能性及其内在逻辑。

教育案例研究不仅追求一个结果，更需要一个过程。中小学教师在教育教学实践中关注自己感兴趣的问题，进而开展案例研究，并获得某种形式的成果（如案例研究报告的完成或实际问题的解决）。在这个过程中，教师的研究成果不仅在于显性的案例文本的呈现，更在于隐性的缄默知识的体验和获得。文本是案例研究的一种载体和手段，而经历并尝试用文本来反映的特定情境并体会其中的意味，则是案例研究的内容和目的。

2. 教育案例研究的类型

为了便于研究、撰写和交流，有必要给案例研究进行分类。从校本教研的现状和需要看，可以尝试按特定的研究对象，如一节课、一件事、一个人、一次活动来分类。这种分类在逻辑层面上有所交叉，但在相当程度上适应教师的工作特点和研究思路，具有较强的针对性和实践性。[①]

（1）一节课的案例。课堂教学是学校教育的主要途径，也是教师工作和研究的主要内容。一节课作为一个相对完整的教学单位，比较集中地体现了教师在日常工作中所面临的各种教育教学问题，是十分合适教师开展案例研究的内容和对象的。

课的内容丰富多彩，根据情境的特征和研究的需要，教师可以从不同的角度切入，以选择和研究恰当的研究范围和研究主题。这些观察和思考的角度有：一节课的整体教学设计与实施，如设计思想、基本过程、教学要点、课堂效果等；一节课中的某个环节或侧面，如教学过程的特定阶段、教材内容的处理调整、教师的教学行为、学生的学习方式等；课堂上的意外事件，如学生的争吵或冷场阻碍了教学进程、教师困窘于

① 郑慧琦，胡兴宏．教师成为研究者［M］．上海：上海教育出版社，2005．

学生提出的难题等。

作为案例研究的对象和范围，一节课除了课堂教学阶段之外，还应包括课前的准备阶段和课后的评析阶段。这既可以把三个阶段作为一个完整的教学过程和研究对象，也可以有重点地研究其中的某一部分。如某节公开课之前集体备课过程的争议，或课后评课引发的不同议论和评价，都是很有价值的研究内容，尤其是评课阶段所反映的观点和观念的冲突，对于促进教师深入思考问题、提高专业水平具有重要意义。

（2）一次活动的案例。课外活动是学校教育的重要组成部分，其中包括学校班级活动、学生社团活动、社会实践活动、研究性学习活动等。与课堂教学相比，其活动形态更具开放性、生成性和不确定性。在课外活动的组织、开展和指导过程中，有许多值得研究的问题，如活动的主题和设计问题、活动的组织形式问题、活动的资源开发和环境支持问题、学生的自主管理问题、教师的参与指导问题等。

由于活动的过程和形态比较复杂，教师可以通过案例研究来总结提炼教改经验，根据工作需要和实践体验，对一次活动的基本过程或某个侧面进行描述和分析。如各地开展研究性学习的教改试验，在缺乏经验和资料的情况下，通过案例研究提供范例和经验，这已成为指导教改的一种主要形式。在教改实验的起始阶段，案例研究偏重于研究性学习活动开展的整体设计和基本过程，如实施准备阶段—进入问题情境阶段—实践体验阶段—表达与交流阶段等。当教改实验逐步进入推广和攻坚阶段时，案例研究便开始有重点地关注研究性学习活动的个别环节、个别侧面，如各个阶段的主要任务、注意要点、指导策略、评价方法、管理措施，以及教师评价、师资培训、社会资源开发等。

（3）一件事的案例。教师工作实际上是由一系列的事件所构成的，学校教育中发生的每件事都可以说是一个情境。除文化学习外，教师还要关心学生成长的全过程。在繁复的学校生活中，有一些事情会给人以特别的意义，即使时过境迁，这些事仍会留在记忆的深处，触动人的情感和心灵。关注这些事件，就会发现许多值得思索和研究的内容。例如一次学生逃学后的谈话、一次对学习困难学生的辅导、一次教室中物品丢失事件的处理、一次成功或失败的家访、一个教师面对自己失误或错误的场景、一本载满师生对话交流的作业本、一张具有特殊意义的节日贺卡，等等。

选择一件事作为研究的对象和内容，故事的生动感人常常是触发教师研究的起因。这里需要注意的是，“生动”是叙事方式的一个基本特征，也是研究的一个起点，但不是最终目标。从教育案例研究的角度看，案例研究水平的高低主要体现于故事所蕴含的“教育”意义。例如有的学生受某位明星的激励，刻苦训练，终于在大赛中获得成功。这样的事件固然也有一定的社会意义，但与学校教育并没有直接的联系。同样，曾有一位为学习成绩所困扰的中学生，向报刊投寄一篇《差生宣言》，发表后在校园里引起了轰动，同时她也深受鼓舞，从此以文科为主攻方向，终于考上了大学。如果把这个事件作为教育案例的研究内容，关注点显然不能局限在学生身上，还要看学校和教师在这个过程中起了什么作用。

（4）一个人的案例。教育研究也是对人的研究。在学校生活中，作为研究者的教师经常会对某些特定的对象予以特别的关注，并产生想要进一步了解和研究的兴趣。这些对象可能是一个难以接近的学习困难学生，也可能是一个有特殊天赋的资优学生，或者是一个本校或邻校的优秀教师。通过对这些对象的研究，教师可以从中发现、体会和借鉴许多有益的、宝贵的教育教学经验。由于受主题和篇幅的限制，案例研究所反映的事件并不是越详细越好。因此，研究者还要依据研究重点和研究对象的特点，选择较有代表性的典型事例来反映研究主题和研究结果。

近些年来，各地中小学教师在开展心理健康教育方面积累了不少个案研究的成熟经验。如有的专家提出了中小学生心理辅导个案研究的基本环节：问题界定，包括问题界定的清晰性、典型性和准确性；资料收集，包括个案资料的具体、细致、完整以及相关性；诊断分析，包括对材料的判断、诊断技术的运用、诊断的合理性；辅导方案，包括方案的适切性、科学性和可操作性；辅导效果，主要指个案的变化。当然，在案例的具体表述上，可以有不同的侧重点和形式。

3. 教育案例研究的过程

教师案例研究的过程与其教育教学的工作过程大体上是同构的，因此其研究过程不是一种从理念到文本的线性过程（如理论准备—进入现场—收集资料—编码分析—形成案例），而是一个教育实践与理论思考交错促进的非线性过程，它一般包括以下几个环节。

（1）自觉的实践反思。教师的实践反思基于解决实际问题，改进教育策略的需要。教师每天都身处各种各样的教育情境，并由此积累了许多应对情境的策略和经验。这些教育教学经验是他们在长期的教师生涯中自然、无意识地积累的，是不断"尝试错误"的结果。为避免缓慢、随意、低效的经验积累，须要进行有意识的自觉的实践反思。这种自觉的实践反思是对具体情境的理性思考，是对所处的教育情境中的各种因素及其关系（包括教育的对象、条件、措施、效果等方面）的审视与权衡。经常的自觉的实践反思使零散的教育经验得到梳理，教师因此而经历了一个教育策略系统化的过程。教师对实践情境的回顾与思考，是触发案例研究动机的重要条件，也是案例研究内容和材料的主要资源。

（2）开放的行动研究。教师的实践反思过程也是开放的行动研究过程，即从解决实际问题的需要出发，不断地反思、调整自己的教育措施和行为，从而达到增进教育效果和提高专业水平的目的。在这个过程中，案例作为行动研究的一个组成部分，成为研究教师行为的有效途径。教育案例比较集中地反映了教师在某个特定阶段、特定情境中所面临的问题，形象地反映了教育主体的认识水平与教育环境、教育行为之间的关系。研究案例与研究教育行为，共同构成了教师的行动研究。

由于案例研究的内容来源于教育实践中的问题，而问题的产生往往带有一定的偶发性，因此案例研究还具有回溯性的特点。与比较严谨完整的行动研究相比，案例研究（尤其是在起始阶段）在假设、目标、计划等方面有一定的随机性。有时候案例研究可以有预定的计划和方案，而更多的时候则需要敏锐地发现研究的契机和价值。至于问题的解决，也有不同的研究深度。这种随机性蕴含着一定的教育课题和研究价值，随机性与计划性相结合，便形成以案例为载体的教育行动研究。

(3) 教育案例的写作。教育案例写作就是将教育案例研究的结果写成研究报告，它不仅是案例研究成果实现的重要手段，而且是案例研究过程的具体反映。教育案例写作的基本程序和要求如下。

①选择关键事件。课堂教学和日常教育活动是案例主题和案例材料的源泉。对于教师而言，可以选择的案例材料十分丰富，一个事件、一本课本、一个计划等都可能成为案例的潜在材料，但并非随便确定一个事件就可变成一个好的案例。案例事件的选择应有一定的标准，其中最重要的一条就是它能否对自己的专业成长和深入理解教育事件具有促进潜力。在具体做出选择时，教师需要思考如下一些问题：它对我产生过情感上的冲击吗？它是否呈现了我难以解决的困境？它需要我做出困难的选择吗？我是否对自己解决问题的活动感到不满意？它是否具有道德上或伦理上的启示？但这些思考都是建立在对案例事件浓厚的兴趣之上的，自己对它有写出来的强烈冲动。

②确定事件中的人物。确定事件中的关键人物和从属人物——他们各扮演何种角色？相互之间的关系及其与研究者的关系是什么？如果涉及诸多人物，必须做出清楚的指代。要注意将作者本人设定为案例人物，并在叙述时从各方面来审视自己的作用，其中尤其不能忽视审视自己在事件中产生的假定——什么样的假定？这些假定从何而来？它们如何影响研究行动？

③描述有关情景。在描述事件时，必须交代事件的背景，以便将事件置于一定情境中，使读者能在一定的情境中解读事件。对背景的交代并非一定要在开头进行，可以穿插在案例之中。但无论何时交代，都应将事件发生的时间、地点交代清楚，以明确事件发生的班级、学校甚至社区情况和案例人物的背景。为此，研究者需要对“事件是如何发生的，事件涉及哪些因素，是什么导致了事件的发生，我最初的反应是什么，我的反应对事件的进展发生了何种影响，如何发生影响”等问题做适当的提示。

④审视自己的反应。如果研究者自己被当作案例的主角，那么必须审视自己的情绪和行为对事件的发生和进展的影响——事件中发生了什

么？它如何进展？我可以做哪些选择？做这些选择会导致什么结果？事实上做了何种选择？是什么情感、价值观或理论假定推动这种选择的做出？事件或自己的反应中有什么仍在困扰着我？

⑤检视行动的结果。对研究行动的结果进行检视一般包括"事件的结果如何，我的行动对学生和班级产生了何种影响，对事件中的其他人物以及我自己产生了何种影响"等问题的思考，它是案例研究的意义所在。

（4）教师经验的分享。教师的案例研究是以教师的个人经验为基础的，案例写作则是教师经验表达的一种方式。在教师研究和写作的过程中，个人故事的叙述实际上是以潜在的听众（其他教师）为对象的，以听众的需要作为案例撰写的重要参照点。一个案例是否有价值、是否提供了独特的教育经验，是由案例研究者所处的环境、所要交流的对象决定的。因此，案例报告的完成不是研究的结束，而是交流的开始。通过交流，案例及其所蕴含的个人经验才能充分体现出它的价值。

教师个人经验的交流和分享，是案例研究功能和作用的重要体现，也是提升案例研究水平的必要途径。由于经验背景的差异，不同的人对同一个情境的体会和认识是不同的，因而就会做出不同的解释，这也是"质的研究"的特点和价值所在。就一个具体的案例而言，文本的叙述方式本身就反映了案例研究者对特定情境和事件的看法，而这种看法难免具有一定的局限性。案例研究的过程表明，交流和讨论是提高研究质量的一个重要环节——通过多角度、多侧面地认识案例文本的叙事形式及其意义阐释，教师往往有一种"再发现"的感觉和收获。特别是高水平的教师和研究人员的参与，对教师案例研究水平的提高是非常有效和有益的。

二、校本教研的技术系统

校本教研在教育研究方法应用过程中，程度不等地要运用到情报技术、问卷技术、访谈技术、观察技术和统计技术。这些技术手段的实际操作，对于准确揭示教育规律、增强研究成效具有重要意义。

（一）情报技术

就教育领域而言，情报是指当前发生的种种对于教材、教法、教育理论、教育法规、教育改革动向的及时报道。它注重本专业研究工作的最新进展，其中包括新概念、新理念、新方法、新设备、新技术、新成果等。

1. 情报技术的意义

对于校本教研来说，掌握教育情报技术，可以帮助选定研究课题、确定研究方法、拓宽研究视野、提高研究水平、避免重复劳动、提高研究效益。

2. 情报的类型

了解情报的种类是情报搜集的前提。从情报资料的载体形式来看，情报可分为印刷型情报和非印刷型情报两个大类。

（1）印刷型情报是以纸为媒介，通过铅印、油印、胶印等方式记录保存信息的情报，具体有书籍、报纸、期刊、档案资料等种类。

（2）非印刷型情报是以其他介质来记录保存的情报资料，其种类有机读情报、微缩情报和声像情报几种。机读情报是通过计算机磁盘、光盘等来记录、保存信息的情报。由于阅读需要通过计算机，故名机读情报。机读情报存储密度高，易于复制，检索快速方便。微缩情报是通过微缩技术把印刷型情报按一定比例缩小复制到胶卷或平片上而形成的情报。微缩情报储存密度高、保存时间长，但阅读要借助微缩阅读机才能实现，不够方便。声像情报是通过声像来记录、保存信息的情报，如幻灯、电影、唱片、录音、录像、光盘等，这种情报形象、直观且易于传播。

此外，依据情报内容的加工程度又可将情报分为如下四个等级的情报。

（1）零次情报。是一些事件、行为、活动的当事人撰写的第一手资料。它包括个人的日记、日志、手稿、函电、信件、笔记、自传等；学校、团体、学会等撰写的文献，如会议记录、纪要、备忘录、卷宗等；或当初并未记录，后来因研究的需要才进行加工、整理而发表的文章等。

（2）一次情报。是未经加工的原始情报，即直接反映事件经过、研究成果，产生新技术、新知识的情报，它具有原始性和创造性，是离事实最近的情报。如专著、科学论文、研究报告等。

（3）二次情报。是对一次情报加工、提炼、压缩后得到的情报，即关于情报的情报。二次情报本身不直接产生新知识、新技术，它的目的是使原始情报系统化、条理化，从而为查找一次情报提供线索。二次情报主要有书目、题录、索引、提要、文摘等类型，对情报检索具有重要作用。

（4）三次情报。指对前两类情报分析概括后撰写的参考性情报，是情报研究的成果。其主要类型有动态综述、进展报告、专题评述、辞典、年鉴、手册等。这类情报是派生的情报，本身也不直接产生新知识、新技术，但概括较全面、浓缩度高、覆盖面宽、信息量大，既有综合性，又有参考性。对情报资料的检索主要通过二、三次情报来进行，根据二、三次情报所提供的线索来获得一次情报或零次情报，其中以专著、研究报告的参考价值为最大。

3. 情报的收集

（1）情报收集的要求。情报收集的总体要求是“准、全、高、快”。准是指有较高的查准率；全是指有较高的查全率；高是指检索到的情报专业化程度高，并能占有资料的制高点；快是指检索情报快捷、迅速。

（2）情报收集的途径。情报收集的基本途径有计算机检索和手工检索两大类。计算机检索又包括计算机数据光盘检索和计算机国内国际联机检索两种形式。

计算机数据光盘检索是指专业人员通过研制检索软件，将情报资料录在磁盘或光盘上，供用户上机检索。如上海市图书馆将 1992 年以来的期刊资料刻入光盘，需要者可上机直接从光盘中检索和提取资料，非常方便。

计算机国内国际联机检索是指利用检索终端和国内国际通信网络，通过联机检索系统进行远距离人机对话，直接从检索系统的数据库中查找所需的资料。计算机联机网络和检索终端已遍及全球，具有检索速度快、内容广、信息新的优点。

手工检索就是根据情报的既定标识或利用一定的检索工具进行检索。情报的既定标识主要有以下五种。

①著者名。在已知作者姓名的情况下，按作者姓名排检方法，从检索工具中去查找情报。中文姓名的排检有按姓氏笔画排检和按姓氏汉语拼音排检两种方法，外文姓名的排检必须以姓的第一个字母做检索点。

②文献名。在已知文献名称的情况下，按情报的既定标识排检方法，利用书名目录、篇名索引或论文索引等检索工具去查找文献。

③代码。根据文献的代码进行排检，一般先从代码索引中查出文献的代码，再利用报告号索引或论文索引等检索工具查找原始文献。

④分类体系。通过图书分类体系来检索文献。这种方法适用于检索某一类问题或某一学科领域的文献。如果查世界各国初等教育概况的文献，按《中国图书馆分类法》（第五版）分类体系可知道凡 G629 打头的书，均涉及此范围。要注意的是，利用分类体系检索情报，必须了解各种不同的分类体系和分类表。

⑤主题词。根据情报内容所涉及的主题，通过主题词表来检索情报，检索工具主要是《汉语主题词表》。目前，很多城市图书馆，已不用在木制抽屉的小卡片中检索，而是在图书馆的电脑上检索，只要输入你所需要的情报资料关键词，或你所掌握的情报名称、作者名等，就能获得众多的有关资料，非常方便、快捷。

（3）情报收集的方法。情报收集的基本思路是：明确检索方向和要求—确定检索工具和信息源—确定检索途径和方法—根据检索结果获得原始情报。

情报资料的检索可根据需要选用时序检索法或追踪检索法。

①时序检索法。以研究需要的资料发生的时间为检索线索，或由远及近、或由近及远地进行检索的方法。对于新课题的研究，一般以由近及远的检索方法为宜，因为相隔时间越近的情报资料就越新，当然，如果时间、精力允许，应尽量多地掌握情报资料。

②追踪检索法。按已掌握的文献资料正文中所提及的、或文章脚注、

或文后所列参考文献目录等为线索，逐一追溯，而不断获得新线索，再扩大追踪范围，从而获得所需情报资料的方法。

4. 情报的分析

情报分析是根据资料的性质和研究目的做出定性或定量的分析，从而为下一阶段的研究提供事实根据或理论根据。常用的情报分析方法有逻辑分析法与统计分析法两种。

（1）逻辑分析法。对收集到的丰富的情报资料，特别是观察、调查及实验过程中获得的教育事实及现象材料，经过去粗取精、去伪存真、由此及彼、由表及里的思考加工过程，以揭示本质，形成概念范畴及理论系统。它经常运用的思维方式有如下三种。

①分析与综合。分析，就是把复杂的事物或现象分成各个简单的组成部分，单独予以仔细考察，认识各个组成部分的性质与特征。在教育情报资料的研究中，常常使用对比分析（横向或纵向对比）、定向分析（确定其时空范围）、因果分析（分析其内因、条件与结果的关系）与系统分析（把研究对象各因素及其关系作为有机整体）等方法。综合，即对从分析中获得的结果加以全面的概括，作为统一整体来认识。在教育情报资料的研究中，常用的综合方法有简单综合（对发现某些材料的相同之处与不同之处做综合归纳，或者从部分到整体，使知识集中化、系统化；或者从整体到部分再到整体，利用已有的知识创造新的知识体系）、提炼综合（把个别、局部、分散的情况结合在一起，从中提炼产生某一现象的共性原因或特殊原因，从而提出新的认识、概念与结论）和系统综合（从系统的观点出发，对专题进行大范围的综合研究）几种。

②抽象与概括。抽象，就是从具体的感性材料中，抽出其中某些最本质的东西，使复杂的材料简单化，使混沌的材料清晰化，从而抓住事物的本质。概括，就是将同类事物的本质属性抽出来，归纳概括成一个普遍性、共同性的本质与属性。抽象概括往往与分析综合结合进行的。

③归纳与演绎。归纳是由个别到一般、由具体到概括的推理方法。它主要有两种形式：一种是完全归纳，即根据全部事物做出结论；另一种是不完全归纳，即根据部分事物做出结论。演绎则是由一般推出个别

的方法。在分析研究中，归纳与演绎常结合起来使用。

（2）统计分析法。通过数理的统计与分析，展现事物发展变化的过程及其相互关系，把握研究对象的现状与发展趋势，掌握其发展规律。具体的统计分析的手段有绝对数与相对数分析法、平均数分析法、动态数列分析法（通过发展水平、增长量、发展速度、增长速度等动态指标来显示事物的发展变化）、表格法与图示法、平等数列对比法（揭示现象之间的联系及因果联系）、相关法（通过相关事物的分析研究，揭示事物的发展规律）等。

（二）问卷技术

问卷是书面形式的一系列设计好的问题的组合，它反映出研究人员希望获得的信息。

1. 问卷技术的意义

问卷能否达到目的，关键在于问卷的编制。成功的问卷编制，一方面要体现研究者的意图，将需要了解的问题准确地传递给被调查者，另一方面要考虑被调查者的态度、状况，使他们乐于并真实地回答问题。研究者利用问卷技术可以收集各种意见或材料，也可以测量研究对象的某一方面的情况。

2. 问卷的类型

根据题目答问要求的不同，可以把问卷分为封闭式和开放式两种。

（1）封闭式问卷。封闭式问卷就是把问题的答案预设好，要求答卷者在提供的答案范围内选择。封闭式问卷的优点是便于整理和统计，局限是不能更深入地了解问题，而且题目设计的难度较高。其主要样式有是否式、选择式、评判式、等级式、划记式五种。

是否式：把问题的可能答案列出两个极端情况，从“是”或“否”、“同意”或“不同意”中选择一个。

例如：关于学生自主性情况的问卷

●我自己决定的事，别人很难让我改变主意（　　）

A. 是　　　B. 否

●我的行为不受班里舆论的影响（　　）

A. 是　　B. 否

●学习上，我总有自己的目标和计划（　　）

A. 是　　B. 否

选择式：从多种答案中挑选最适宜的一个或几个答案。

例如：关于高中必修课教材修订的问卷

高中必修课教材修订要解决的主要问题是（最多选三项答案）

A. 加强理论性

B. 减轻负担，少而精

C. 提高兴趣，注意可读性、可接受性

D. 便于自学

E. 加强教材的综合性

F. 联系实际

G. 注意培养各种能力

H. 增加弹性和灵活性

文科教材

1	2	3

理科教材

1	2	3

评判式：每个问题后列有多个答案，要求被调查者依据其重要性评定等次。是用数字表示几种答案应排列的顺序，所以也叫排列式或编序式。

例如：你认为目前中小学的艺术教育存在的主要问题是什么（　　）

A. 领导不重视

B. 没有系统科学的教材

C. 教学方法不恰当

D. 教师水平不高

E. 没有专门的教室

F. 说不清楚

等级式：问题答案是一种顺序测量量度等级的量表，一个答案对应一个数字，答案已在点上打“√”或在代表该点的字母上划圈给出。

例如：关于学校发展规划的问卷

你对学校所制定的最新发展规划看法如何：

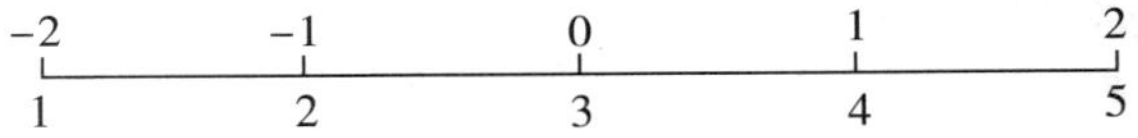

或

很不满意	不满意	不确定	满意	很满意
（　）	（　）	（　）	（　）	（　）

划记式：在问卷表的细目中，被调查者在所选答案上分别打上“√”或“×”的记号。

例如：关于小学生行为规范的问卷

表 11－2　请将你的日常表现在适当地方打“√”

调查问题	做不到	偶尔做	做得一般	做得很好
A. 在任何公共场所都不随地吐痰				
B. 在任何公共场所都不乱扔废弃物				
C. 随手关灯，人走灯灭				

续上表

调查问题	做不到	偶尔做	做得一般	做得很好
D. 在课堂、会场、考场上都遵守纪律				
E. 过马路时走斑马线，不闯红灯				
F. 礼貌待人，不说脏话、粗话				
G. 不破坏树木花草				

（2）开放式问卷。开放式问卷是在问卷中只提问题，不提供答案，由被调查者自由回答，它可以是填空式的，也可以是问卷式的。开放式问卷有利于较深层次的问题研究，但整理和统计的难度较大，费时费力。

例如：一项对中学生兴趣倾向情况的调查

请你用最简洁的语言，回答你在日常生活学习的兴趣倾向。

A. 最希望的问题是什么？ ____________________

B. 最关心的问题是什么？ ____________________

C. 最担心的问题是什么？ ____________________

D. 最不满意的问题是什么？ ____________________

E. 最苦恼的问题是什么？ ____________________

F. 最感兴趣的问题是什么？ ____________________

G. 最高兴的事情是什么？ ____________________

H. 最痛恨的事情是什么？ ____________________

I. 最想干的职业是什么？ ____________________

J. 最崇拜的人是谁？ ____________________

在校本研究中，可以根据需要综合运用封闭式与开放式的问卷。如在封闭式问卷中加一些开放式问题，就可以弥补所提供的答案不能穷尽的缺陷。

3. 问卷的编制

（1）问卷的编制步骤。在日常研究中发现，一些教师在编制问卷一开始时就落笔编写问题，想一个写一个，导致整个问卷缺乏必要的逻辑结构，从而无法整理、统计研究结果。因此，严格遵循问卷编制的步骤非常重要。问卷编制的基本步骤如下。

第一步，对调查问题总体构思：根据调查的目的要求，了解被调查内容的基本情况，划定调查范围，确定对象，收集所需资料，考虑问卷设计的整体框架，列出分类的提纲。

第二步，初步拟定问卷的题目：先编制整个问卷各个部分以及前后顺序的框架图，在确定各部分主要内容的基础上，具体写出每一部分的问题及答案，最后检查、调整、补充，形成问卷。

第三步，问卷的论证和试用：将设计好的问卷初稿分别送给有关专家、研究人员以及典型的被调查者，请他们阅读和分析问卷初稿，并根据他们的经验和认识对问卷进行评价，提出存在的问题和修改意见。也可先将问卷初稿打印若干份（30～100 份），在正式调查的总体中抽取一个小样本进行试探性调查，看看问题是否清楚，问卷内容和形式是否统一，填答是否完整，是否能满足调查的要求，问卷的编码、录入、汇总过程是否有问题等。

第四步，问卷的修订和定稿：根据试用情况，对问卷做进一步的修订。有条件的，可求出问卷的信度和效度。

（2）问卷的编制要求。问卷是由一系列问题构成的，问题编写的一个最重要的原则是“简洁”，为了获得必要的信息，题目越简洁越好。此外，还要遵循如下几个方面的要求。

①主题鲜明。所列问题要与研究的目的、假设直接相关，与调查主题无关的问题和可有可无的问题不要列入问卷。

②通俗易懂。问题要清楚，使用的术语让每个被调查者都能明白，避免使用模糊的、专业性很强的术语及行语。

③一个题目中只准包含一个问题。所列的问题要简短、单纯，不要在一个问题中并列问两个或两个以上的问题，这样所获的信息会模糊

不清。

④避免使用带有诱导性的问题。要避免那些会给调查者带来社会压力、心理压力的问题，或者涉及被调查者个人隐私的问题。

⑤所提问题是被调查者能够提供信息的问题。应充分了解问卷调查对象的背景资料，如文化层次、生活经验、专业技术水平等，使他们能够理解和回答问卷上的每一个问题。

⑥问卷的容量要适当控制。回答问卷时间不要超过 30 分钟，题目数量不要超过 70 个，这是问卷中的一般常识。

⑦问卷中的题目应符合被调查者的思维习惯。一般情况下是先易后难、先简后繁、先具体后抽象，相同主题、相同形式的问题可以放在一起，也可以与其他主题、形式的问题穿插排列，但研究者一定要清楚问题的归类。

⑧问卷结果应便于统计处理。问卷编制时要考虑易于编码、录入、汇总和数据处理等要求。

（三）访谈技术

教育访谈是指研究者与被访谈的对象进行直接的、面对面的口头交流，从而了解教育事实的真相或者被访问者的心理、行为倾向的一种研究技术。

1. 访谈技术的意义

访谈收集的信息资料，是通过研究者与被调查对象面对面直接交谈方式实现的，具有较好的灵活性和适应性。访谈广泛适用于教育调查、求职、咨询等，既有事实的调查，也有意见的征询，更多用于个性化、个别化的研究。访谈的优点是方便可行，引导深入交谈可获得可靠的资料；团体访谈不仅节省时间，而且可以使与会者放松心情，周密的思考后回答问题，相互启发影响，有利于促进问题的深入。访谈的缺点是样本小，需要较多的人力、物力和时间，在应用上受到一定限制。此外，无法控制被试者受主试者的影响（如角色特点、表情态度、交往方式等）。所以访谈技术一般在调查对象较少的情况下实施，而且常与问卷、测验等结合使用。

2. 访谈的类型

访谈主要有结构访谈、非结构访谈和半结构访谈三种类型。

（1）结构访谈。按照统一的设计要求，依据有一定结构的问卷而进行的比较正式的访谈。结构访谈对选择访谈对象的标准和方法、访谈中提问的方式和顺序、被访者回答的方式、访谈记录的方式，甚至对访谈的时间、地点、周围的环境等外部条件都有统一的要求。这种方法所获得的结果便于统计分析，但缺乏弹性。

（2）非结构访谈。按照一个粗线条式的访谈提纲而进行的非正式的访谈。这种方法对访谈对象的条件、所要询问的问题等只有一个粗略的要求，访谈者可以根据访谈时的实际情况而灵活地调整提问的方式、顺序等。非结构访谈有利于发挥访谈者和被访者的主动性与创造性，有利于加深和拓宽对问题的研究，但难以进行定量分析，对访谈者的技术要求也较高。

（3）半结构访谈。半结构访谈分 A、B 两种类型。A 型的访谈问题是有结构的，但被访者的回答方式是自由的，如在研究儿童亲子关系的特征时，就常采用这种方式；B 型的访谈问题无结构，所提问题、提问方式和顺序等都比较灵活，但要求被访者按有结构的方式进行回答。

访谈通常是两个人（有时包括更多人）之间有目的的谈话，由其中一个人（研究者）引导，收集对方（研究对象）的语言资料，以了解研究对象如何解释他们的世界。访谈的主要意图：一是作为收集资料的主要策略，二是配合参与其他研究技巧而作为搜集资料的辅助方式。

3. 访谈的要求

访谈技术在于访谈的程序和方法的正确运用，其基本要求有以下四点。

（1）构思好访谈计划。访谈要遵循一定的程序，避免只凭主观印象，或访谈者和调查对象之间漫无边际的交谈。因此要设计好谈话计划，其中包括“谈话进行的方式，提问的措辞及其说明，必要时的备用方案，规定对调查对象所做回答的记录和分类方法”等方面的准备。访谈出现的问题，往往是访谈时总想跳过既定谈话计划而急于进入具体实施阶段。

如果事先准备不充分，就不能收到预期效果。一个不愿思考问题、不善于提出问题的人，其研究工作是很难取得成功的。

（2）收集被访者的材料。访谈前尽可能收集被访者的材料，对其经历、个性、地位、职业、专长、兴趣等有所了解；要分析被访者能否提供有价值的材料；要考虑如何取得被访者的信任和合作。另外，在访谈时要掌握好发问技巧，善于洞察被访者的心理变化，善于随机应变，巧妙使用直接法（开门见山）和间接法等。

（3）提问要简单明白。访谈所提问题要简单明白，易于回答；提问的方式、用词的选择、问题的范围要适合被访者的知识水平和习惯；谈话内容要及时记录。不妨用类似表格整理谈话记录。

（4）做好心理调查。研究者要做好访谈过程中的心理调查。为了给被访者留下良好的印象，要善于消除误会和隔阂，形成互相信任、融洽的合作关系。研究者还要注意自己的行为举止，其中关键是以诚相待、热情、谦虚、有礼貌。访谈的失败往往在于沟通不到位。如果是开调查会，还要注意以下几个问题。

①选择好对象。参加调查会的人数不要太多，一般以 6 ~ 12 人为宜；参加成员要有代表性、典型性；参加者在学历、经验、家庭背景等各方面情况尽可能相近。为此，事先要了解一下与会者的个人信息，避免触及个人隐私而造成尴尬的局面。

②拟订好问题。问题的设计要具体。如有可能，可事先发给每个人发言讨论的提纲，让他们事先做好准备，并约定好开会时间和地点。

③创造畅所欲言的气氛。座谈会要按计划进行，目的明确，议题要集中。也可根据调查课题的需要，临时提出提纲上没有的问题，让与会者作答。重要的是要创造一个畅所欲言的气氛。讨论中若发生争执，如果争执有利于课题的深入，则支持争执下去；如果争执与结论无关，则要及时引导到议题上来。主持人应以谦虚平等的态度、诙谐亲切的语言，争取与会者的合作，但一般不参加争论，以免影响与会者的思路。

（5）做好访谈记录。访谈者（研究者）在访谈期间做好访谈笔记是访谈的基本要求。在笔记上列出每次访谈的主题，使访谈者知道哪些话题已被谈过；写下反省评注，标明需要探究的事情；对谈话间出现的笑声、静默、停顿或说话的速度、语调等不妨在该段话旁用括号注明，以了解什么是研究对象所强调的、感到快乐或觉得伤感的，因为这些都是探究内在观点的线索。

（四）观察技术

1. 观察技术的意义

观察是指人们对周围存在事物的现象和过程的认识，这种认识是基于研究者对事物的现象和过程的理解。但科学观察不是指一般意义上的“仔细察看”，而是通过人的感觉器官或借助科学仪器有目的、有计划地对自然、对社会的现象和过程进行观察。这种观察就属于教育研究中的观察技术。观察贯穿于教育研究的各个阶段，有助于课题的选择和形成，有助于教育科学理论的提出与验证。

2. 观察的类型

观察根据不同的划分角度可以有不同的分类。根据是否借助仪器可分成直接观察与间接观察，根据观察地点可分为实地观察和实验室观察，根据观察结果可分为量的观察与质的观察，等等。这里介绍几种应用较多的观察技术。

（1）抽样观察。抽样观察包括时间抽样观察、场合抽样观察和阶段抽样观察等，它注重抽样的科学性，以保证观察结果符合总体情况。

①时间抽样观察：专门观察和记录在特定的时间内观察对象和过程的一种方法。例如进行课业负担现状的观察时，在校内就选择下课时间、午休时间和其他课余时间进行观察，统计和记录这些抽样时间内在教室里做作业的人数，从而做出分析判断。

②场合抽样观察：有意识地选择某个自然场合观察研究对象行为表现的一种方法。例如进行学校卫生面貌的观察时，可以把厕所作为反映学校卫生面貌的抽样场所，进行观察，由此分析学校卫生状况。

③阶段抽样观察：观察者选择某一阶段对观察对象的状态进行观察。例如观察学校全面贯彻教育方针的现状时，可以选择期末考试阶段，因为这是检验全面安排和实施教学的典型阶段。

（2）追踪观察。追踪观察是一种长期、系统、全面地观察研究对象发展过程的方法，目的在于获得对象发展变化过程的材料，以便研究发展变化的规律性。这种方法常常用在对特殊学生的个案研究上，是一种实验观察类型。例如，进行女学生的学业负担、月经和焦虑情绪的相关性研究，就要确定在较长时间内（如一年）对一定数量女学生的月经情况、学业负担情况（规定几个统一标准）和焦虑情绪（确定几个指标的不同程度级）进行较为系统全面的观察和记录。这样才能获得其发展变化过程的一手材料。

（3）隐蔽观察。在观察中，观察者对被观察者的人为影响几乎是一通病，它不同程度地影响观察材料的真实性。为了在对人进行观察时，观察对象处于自然真实状态，往往采用单向透光玻璃、电视、纱幕或潜视系统进行观察，这就是隐蔽观察。采用隐蔽观察的条件较高，但多为观察者所重视。

（4）综合观察。客观事物都是相互影响、相互联系、相互制约的，要成功地对某对一事物进行观察，必须将几种有关的观察方法有机结合起来，才能获得最有价值的观察材料，从而找出事物发展的规律。这种综合观察的意义在于：一是对某一具体观察对象进行观察时，要把眼光扩展到同观察对象有关的各个方面、各个因素上；二是在观察对象时，不是使用一种观察方法，而是根据具体情况把几种观察方法有机结合地使用。

3. 观察的过程

观察过程可大体上分为观察前的准备、进行实际观察、观察材料的记录和整理三个环节。

（1）观察前的准备。做好观察前的准备工作是进行科学观察的基础，这一准备工作主要包括以下三项内容。

①明确观察目的：观察目的是根据研究任务和观察对象的特点而确定的。为了明确观察目的，应做大略的调查和试探性观察。其目的不在于系统收集研究材料，而是掌握一些基本情况，了解观察对象的特点，以便确定观察需要获得什么材料、弄清楚什么问题，然后确定观察范围，

选定观察重点，具体计划观察的步骤。例如，进行中小学班主任政策可行性研究时，需要确定对班主任工作现状的观察。为此，事先应对班主任有关情况进行大略的调查，通过谈话、查阅有关资料，以及进行试探性观察，对观察对象的特点、观察过程中可能碰到的问题等有所了解。这样便可以科学地确定观察的范围：有高年级段和低年级段的，有文科、理科、艺术科的，有不同责任心的，有不同工作能力和风格的，有不同年龄、教龄和不同性别的，等等。还可以规定观察的具体内容和过程，根据观察量做好观察者的组织分工。

②制订观察计划：在确定观察目的、收集观察对象的资料，并进行试探性的观察后，就应深思熟虑地制订出观察计划。观察计划一般应包括“观察目的，观察重点和范围，观察提纲，观察过程，观察的注意事项，观察的记录表格、符号和参照标准，观察仪器，观察人员的组织分工，观察的应变措施”等内容。

③做好相关物质准备：印制观察记录表格，以便迅速、准确、有条理地记录所需要的材料，便于日后的核对、比较、整理和应用。如果观察要借助仪器，就必须事先对仪器进行检查、安装。

（2）进行实际观察。进行实际观察应尽量按计划进行，不要轻易改变观察的重点、超出原定的范围，致使偏离了原定的观察目的。如果原定计划确实不妥，或观察对象有所变更，则应按计划中的应变措施或实际的变化情况随机应变，但目的只有一个，即力求妥善地完成原定任务，尽可能取得最好的成效。有效观察的途径一般有参观、听课、参加活动、列席会议、个别谈话、座谈会等几种。

（3）观察材料的记录和整理。做观察记录应符合准确性、完整性和有序性的要求，为此，必须及时进行记录，不要依赖记忆。记录方法一般有下列几种。

①评等法：观察者对观察对象评定等级，如观察记录学生在某一集体活动的表现时，可以分为十分活跃、活跃、一般、不活跃、很不活跃五级，其方法是在预先印好的表格上按等级划圈。

②频率法：观察者事先将规定好要观察的对象和观察的项目印成表

格，一旦出现某一现象，就在表格的相应框格内做上记号。

③连续记录法：就是当场在笔记上做连续记录，或借用录音机、摄像机将有关现象连续录下。

做好观察记录后要及时整理材料，即对大量分散的材料利用统计技术进行汇总加工，删去错误材料，对反映特殊情况的材料另做处理，然后对典型材料进行分析。如有遗漏，则及时纠正。

（4）观察的注意事项。科学的观察是对事实进行分析研究，找出各种教育现象间的相互联系。为此，在观察过程中要注意如下事项。

①要摒弃一切先入之见，按照观察对象的本来面目提出问题，进行分析，在不断的分析研究中把观察引向更深的层次。如此循环往复，才能得到高质量的观察结果。

②要深思细察，善疑多问，面对观察事实进行分析。在分析研究中注视观察对象，不分散注意力，不漏掉细节，不轻易相信观察对象的变化，不急于下肯定性的结论，要在缜密的分析、比较、思考、研究中得出结论。

③要见机行事，即根据观察对象的变化灵活地调整观察计划，同时及时、敏锐地捕捉观察对象的各种细微变化，从中找出联系，以使观察结果更丰富，或从中引出新的研究课题。

（五）统计技术

1. 统计技术的意义

就教育领域而言，统计技术即是用数理统计学的原理和方法，对教育研究和教育实践中所获的数据进行整理、计算、分析和解释。统计的主要内容包括描述统计和推断统计。描述统计，就是将数据资料加以整理、简化，形成序列，制作成次数分布图表；或根据数据的分布特征计算成平均数、标准差、相关系数等概括性的统计量数，以便从杂乱的原始数据中获得有意义的信息，进而比较得出结论。推断统计，就是从样本统计量推断它来自总体的特性，并标明可能发生的误差，以此对所研究的问题做出自己的解释或预测。

2. 统计中的常用集中量数

下面几种集中量数是校本教研中要经常用到的统计技术，值得好好掌握。

（1）平均数。平均数是个变量值的总和除以变量总次数所得之商。我们常用一个班的考试平均分来代表全班成绩，由于这个平均分能表示全班分数的中心位置，因此它可以作为所有分数的“代表值”去参加统计分析。

例如一个 4 人小组的分数分别为 100，51，49，0，我们很容易计算出该组的平均分是 50 分。

（2）百分数。表示一个数是另一个数的百分之几的数叫百分数，也叫百分比或者百分率。校本研究中经常使用的百分数有及格率、优秀率等。

例如一个学生回答“自己是不是好孩子？”的统计就用到百分数。

表 11－3　学生回答“自己是不是好孩子？”结果统计

项目	是	我不知道	不是	总计	差异检验
实验班	307 人（77.7%）	62 人（15.6%）	26 人（6.6%）	395 人	$\chi^2=7.65035$ $df=2$ $P<0.05$ 差异显著
对照班	219 人（70%）	75 人（24%）	19 人（6.1%）	313 人	

（3）统计图表。统计图表是对一批杂乱无章的原始数据进行初步加工整理，以便能够直观、形象地看到数据整体的一些特征和规律。统计图表有以下几种类型。

一是按照特征进行归类的表格，如表 11－4 所示。

表 11－4　一个班获得小红花的分类统计（共 35 人）

小红花/朵	1	2	3	4	5
人数/人	2	5	8	15	5

二是按照频数（出现次数）制作的分布表，如表 11－5 所示。

表 11－5　一个班语文分数的频数分布（35 人）

分数段/分	频数/人数
45～55	2
56～66	7
67～77	10
78～88	11
89～100	5

一般 50 人以上分成 8～20 组；50 人以下分成 5～6 组。

三是条形图（竖放时叫直方图），如图 11－1 所示。

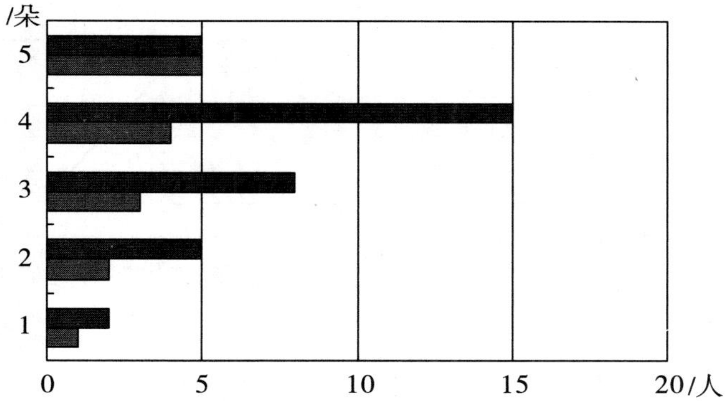

图 11－1　一个班获得小红花的分类统计图（35 人）

四是圆形图，如图 11－2 所示。

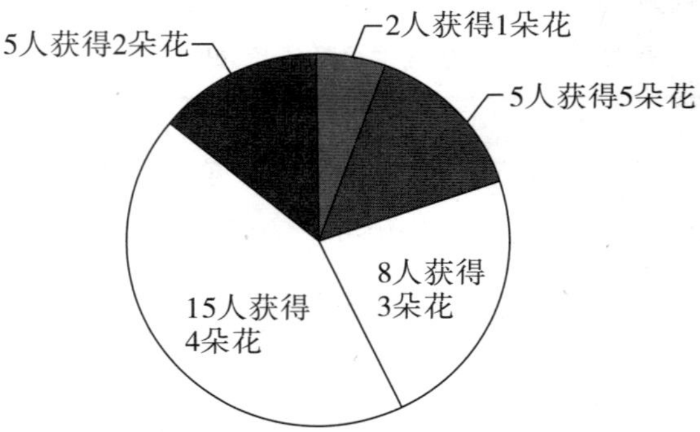

图 11－2　一个班获得小红花的分类统计图（35 人）

五是线状图，如图 11－3 所示。

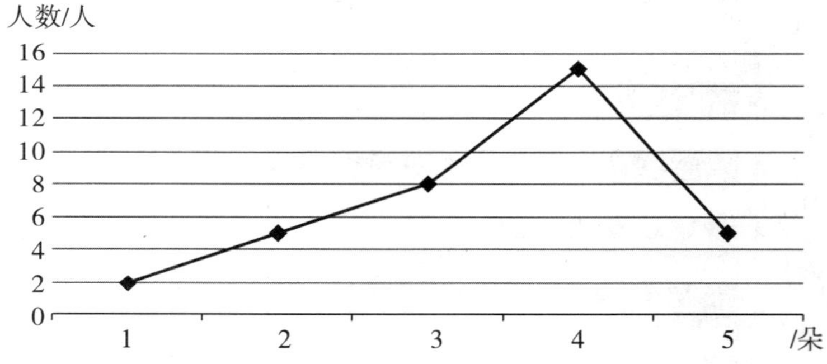

图 11－3　一个班获得小红花的分类统计图（35 人）

3. 统计中的常用符号

一线教师在学习他人研究成果的时候，经常遇见以下一些统计符号，这些统计符号也是校本教研不能回避的内容。

（1）*P*（差异量数）。当我们总结自己的实验成果或者是学习别人的实验成果的时候，常常出现一个统计符号——*P* 值。在教育实验中，实验者即使再小心也难免受到干扰，出现一些误差，从而掩盖了实验的真正效果。为了对实验效果进行分辨，统计方法上采用了“差异显著性检验方法”，这个检验（也叫考验）得到的结果就是 *P* 值。统计学上，把 $P \leqslant 0.05$（图表中用 * 表示）的差异叫作显著差异；把 $P \leqslant 0.01$（图表中用

* * 表示）的差异叫作非常显著差异。

P 值的具体含义是（以上表 11－3 学生回答“自己是不是好孩子?”为例）：$P \leqslant 0.05$ 时，表明这个实验成果有 5% 是偶然因素造成的误差；反过来说，就是这个实验成果有 95% 是由于实验的条件取得的。如果再进行同样条件下的实验，有 95% 成功的把握。一般来说，当实验结果是实验班高于对照班，而且有显著差异或非常显著差异时，才能说明实验基本成功。

（2）Z（检验）。Z 检验是差异显著性检验中最常用的方法，它适用于 30 个样本以上的大样本，如全校的调查往往多达百人甚至上千人。

（3）t（检验）。t 检验是差异显著性检验中最常用的方法，它适用于 30 个样本以下的小样本。

（4）χ^2（检验）。教育研究实验中常常要用性质、品质而不是数量分类来说明实验结果（如性别中的男女，品德中的好中差，态度中的同意、不同意、不了解等），然后再计算出每个类别的人数或次数。这种计数数据（所谓计数数据就是中间不能插入数据，如在 3 人和 4 人之间不能有 3.2 人）则要用 χ^2 来进行差异显著性检验。

下面这个例子就是用“态度”来进行分类，然后根据计数数据用 χ^2 来进行差异显著性检验。

表 11－6　回答“你是否经常对自己有新的要求”统计

项目	是	没有	按教师家长要求做	总计	差异检验
实验班	304 人（77%）	22 人（6%）	69 人（17%）	395 人	$\chi^2 = 21.06687$ $df = 2$ $P < 0.000$ 差异极其显著
对照班	190 人（61%）	26 人（8%）	95 人（31%）	311 人	

（5）s（标准差）。标准差表示一组分数的离散程度，即分数之间彼

此差异的程度。

例如：甲组4个人的分数分别为100，51，49，0，我们很容易计算出甲组的平均分是50分；乙组4个人的分数分别为52，51，49，48，我们也很容易计算出乙组的平均分也是50分。这两组的平均分虽然一样，但是甲组的两极分化现象更为严重。也就是说，甲组分数的离散程度更大——表示这个离散程度的叫标准差，一般以 s 表示（也有记作 sd）。

（6）r（相关系数）。相关是指两组数据之间的相互关系，比如学生的学习成绩和思想品德有一定关系。相关系数就是用来表示相关程度的量的指标，用 r 来表示。相关有三种情况：正相关——两组数据变动方向一致，即一种数据变动时，另外一种数据也发生相同方向的变动，如身高与体重的关系，一般是身体越高体重越重；负相关——两组数据变动方向相反，即一种数据变动时，另外一种数据发生相反方向的变动，如小学生观看电视与阅读的关系，一般是看电视时间越长阅读能力越低；零相关——两组数据变动方向无关，如学生身高与学习成绩无关。

三、校本教研方法的应用

校本教研方法是在研究过程中逐步习得并熟练运用的。这就是说，把握校本教研方法的价值取向和习得规律，是有效应用校本教研方法的必由之路。

（一）掌握校本教研方法的习得规律

校本教研方法的运用有其研究手段、方式和程序的特定要求，这些操作要求的习得不仅要了解其要点，更要理解其内在的联系。

首先，要了解“方法知识”的特点。“方法知识”有两个很明显的特点：一是其更高级的“抽象”知识，即一种“元知识”，具有可以广泛迁移的可能空间，因此，它不能单由“直接告知”解决问题，必须在实践中反复琢磨、细心领会，才能把握其要领和精髓，由抽象上升为具体；二是方法知识是一种程序性知识，其心理特征是“产生式”或“产生式系统”。方法的习得实质上是习得一套“规则”，这正如美国著名心理学家加涅所指出的：规则学习的内部条件是必须掌握相关的陈述性知识（概念、原理），而外部条件则必须获得能够体现规则的例证——无论是“例—规学习”或“规—例学习”，无不如此。一般来说，规则学习要经过“陈述性阶段”“程序化阶段”“自动化阶段”。

其次，要明确习得这些方法的过程。任何方法的掌握本质上都不是一个记忆的过程，而是一个“内隐学习”的过程。从书上获得或别人传授的方法是“显性知识”，而在研究中惯用的方法往往是“默会知识”。研究者只有在运用情境中获得某些经验和体验，通过感悟、反思和概括化，才能达到“内化”的目的。

再次，要重视掌握这些方法的“运思”。从表面上看，方法是一些操作的规则和程序，但实际上所有的操作要求都同内在的思维活动和方式相联系，掌握一种方法，必然要求掌握其“运思”的过程和规律。

（二）对校本教研方法进行创造性加工

校本教研方法应当是那些适合运用于学校情境，以帮助教师解决教育实践中的具体问题，便于教师习得的某些教育研究方法。它的基本特点是：其一，校本教研的方法是研究学校中的教育活动的方法，它常常具有“综合”和“包容”的特征。叶澜教授指出：“教育研究需集人类研究方法之大成。”事实上，校本教研没有“专用”的方法，校本教研方法常常是各种具体研究方法的集合，如“行动研究”“叙事研究”等都会综合与包容一些具体的研究方法。其二，校本研方法是为解决学校教育实践中某一问题服务的，它具有“适合”和“能用”的特征。著名学者劳丹认为：“方法表达的是手段—目的的关系，因此应根据方法的有用性来对待不同的方法。要知道一种方法是否具有有用性，就要看使用这种方法是否能够比不使用它或使用其他方法产生更多的有用信息。……在采用研究的方法时，不应以方法为中心，而应以问题为中心。”这就是说，有利于学校实践问题解决和教师专业发展的方法，就是好的方法。而且，这些好方法应当是教师在学校工作情境中有条件和能力去应用的。

教育研究的方法要适应研究的发展需要。校本教研的兴起，必然会促进教育研究方法新动向的出现，因此要创造性地运用各种教育研究的方法。关于教育研究方法的应用，有学者提出三条原则：一是主体与客体相协调——要适合特定的研究者运用它去研究特定的问题；二是方法与研究相一致——研究的方法要同研究性质、类型、规模、对象等相一致；三是移植与再造相结合——对某种方法应用要同创造性改造和发展结合起来。具体而言，有以下五个方面的要求。

（1）多元取向。在给予实证主义的自然科学研究范式应有地位的同时，应关注现实中所发生的教育事件，更多采用人文主义的研究方法。

（2）力求可行。在确保研究方法具有科学性的同时，尽可能鼓励和支持教师结合实践研究的需要，对研究方法做出必要的变通。

（3）彰显特色。在按照共同标准逐步对广大教师加以引导的同时，应格外尊重学校教师的个性特色，形成自主的研究和特色。

（4）强调整合。在根据研究需要选择某种方法作为主干的方式方法的同时，应格外重视多种方式方法的整合。

（5）借助信息技术。这主要表现在研究前期对情报资料的收集利用和研究后期对所收集的数据采用类似“3033”统计软件进行范围和深度的分析。

（三）遵循校本教研方法的应用取向

校本教研自身的特点决定了其研究方法的价值取向性。校本教研方法的价值取向，主要表现在以下几个方面①。

1.“科学”与“人文”统一

胡森等人在其主编的《国际教育百科全书》中曾指出：在教育研究领域里，20世纪初就已显现出来两个主要范式。一是模仿自然科学强调适合于用数学工具来分析的观念——经验的、可定量化的观察，研究的任务在于确定因果关系，并作出解释；另一范式是从人文科学推衍出来的注重整体的定性的信息，以及说明的方法。他所指的两个范式就是“科学”与“人文”的范式。应当说，“科学”的范式和“人文”的范式

① 严先元．教师怎样做校本教研［M］．北京：中国轻工业出版社，2007：11－13．

都有自己的适用对象和范围。

校本教研要研究的是学校的教育活动，而任何一种教育活动都与其所处的社会文化情境分不开。如果要了解个体和社会的教育活动，就必须把它置于复杂、变化的社会情境中进行考察，必须直接指向个体的生活体验本身。这就决定了校本教研不应以客观自然界为对象，而应该以具有丰富的情感、态度和生命活力的人为对象，即在千变万化的教育实践中进行。教育活动中的因果关系相当复杂，“它不但呈现出多因素相互作用的现象；还存在着因果不断相互转化，致使很难分解变量”①。教育研究的对象、情境及其内部规律的特殊性，决定了教育研究不可能简单模仿、机械照搬自然科学的实验法，也决定了它在追求“客观化”“科学化”规范上的有限性。走向生活体验的校本教研，要求研究者必须在真实的教育情境中进行长期的观察，深入到日常教育生活中，了解日常生活体验，发现其中的教育问题和教育意义。因此，校本教研要把“科学”范式与“人文”范式统一起来、整合起来。

2. “描述”与“干预”结合

校本教研要指向学校教育实践中各种问题的解决，因此，它不仅是要描述某种教育现象或教育活动，而且更要通过干预性的实践去改善它和变革它，以真正体现认识世界的目的是为了改造世界。

干预是人为地、有目的地施加某种影响，以达到改革某一种事物的目的的行动。广义而言，任何教育措施都是干预，但教育措施与教育干预并不是一回事。首先，干预是针对某一问题而设置，具有鲜明的解决问题的目的，常规的教育措施是针对普遍性情况，目的在于学校日常工作的正常运作。其次，干预往往是通过常规教育手段的改变，以获得常规手段难以得到的结果。再次，干预往往是在学校教育改革研究中作为某种变量出现，而处于实施者的控制和观察之中，常规教育措施、手段由于反复运用而处于自动化运行中。但是，两者也不是全然分离的，当

① 叶澜. 关于我国教育实验科学性问题的思考［J］. 教育研究，1992（12）：15.

某种干预措施多次取得成功时，它就可能变为常规的措施固定下来。因此，干预是对原有常规措施的革新，常规措施是成功的干预措施的定型。通过两者的互动，学校各项措施便日益完善化、科学化。可以说，校本研究的实质就是为解决学校中的问题而进行“干预”，并选择最优的干预策略。

3.“成事”与“成人”双赢

教育研究从总体性质来看是一种“事理”研究，这正像叶澜教授所指出的，“事理研究既不像自然科学，是对人的外界物体之研究，以说明‘它’是什么为直接任务；也不像精神科学，是对人的主观状态的研究，以说明‘我’之状态、变化、性质以及为什么会如此等为直接任务。它以人类自己所创造、所从事的活动为研究对象，即研究事由与事态、结构与过程、目标与结果等一系列与事情本身直接相关的方面，也研究提高活动的合理性、效率、质量与水平”[①]。所以，教育研究的价值在于“成事”，既要“改进教育实践”，也要“促进教育理论建设”。

以往的教育研究注意到了“成事”的方面而忽视了“成人”的方面。从校本教研的价值追求来看，它不仅要提高对教育活动规律的认识、解决学校教育实践中的问题，而且要促进学校的文化建设和教师的专业发展。也就是说，校本教研中“成事”与“成人”是统一的，既通过改变人来办好事，又在“成事”中“成人”。校本教研的“成人”价值主要体现在三个方面：一是作为人的理性活动，它具有丰富人类精神文化的价值；二是作为一种组织行为，它具有激发组织活力、形成组织凝聚力的价值；三是作为人的探究活动，它具有不断提升人的生命质量的价值。

4.“主体”与“对象”互动

在校本研教中，学校领导和教师是研究的主体，而具体的人所从事的各种活生生的教育活动是研究的对象。校本教研的主体必须沉浸在教育活动之中，通过各种形式的相互作用和长时间的“参与性观察”，才能做到既看到现象又了解人的真切认识和情感体验，才能把握教育活动深

① 叶澜．教育研究方法论初探［M］．上海：上海教育出版社，1999：323.

层的、本质的“奥秘”。校本教研中的“行动研究”“叙事方法”“经验总结”“主客位互动”等，其意义就在于要在研究者和研究对象之间建立一种新型的互动关系。

如何在教育研究者与研究对象之间建立一种互动关系呢？首先，教育研究者应尽可能地使其研究活动与真实的教育情境和经验形成内在的密切联系，深入研究对象的教育生活，了解他们的思想感情、价值观念和人生态度。其次，研究者要对个体的生活体验进行理性反思，探寻其中的教育意义，从而将晦涩的东西变得明了，使之可以解读；教育研究的最终目的在于服务教育实践，提升教育活动中个体的生活质量与生活意义。再次，实现叙述风格的转变，克服思辨语言的局限性，引入一种平易、亲切的生活语言。

5.“规范”与“灵活”兼容

校本教研作为一种教育科学研究，必须注意科学研究的“规范”，了解各种教育研究方法的特点、利弊、适用范围和影响因素，只有这样才能保证校本教研的质量和实效，才能有效地使用和推广校本教研的成果。但同时应当看到，学校的教育情境是复杂多变的，需要解决的问题又往往是“结构不良领域”的问题，研究方法的条件也未必能充分满足。因此，要在注意“规范”的同时注意“灵活”“变通”“整合”，以使校本教研更具有活力，更能吸引教师的主动参与。

校本教研还要处理“移植”与“改造”的关系。由于校本教研并无一种“专用”方法，常常需要“移植”，而且“移植”必须与“再造”结合起来。叶澜教授指出：“移植不意味原封不动的套用，而是指对已有方法作合目的、合对象的再造，它含有创造的成分。因此，被移植到教育研究这块土地中的任一具体方法，不再只具有原先所属研究领域的方法的类特征，还具有了教育研究领域的方法特性，是不同于原方法的新方法。”因此，校本教研要学会正确地选择和使用方法，在实践过程中不断完善已有的方法，并创造出新的方法。不要被既有方法束缚住自己的手脚。

第十二章　校本教研的成果与应用

校本教研成果反映学校教师研究工作的水平和效果，是校本教研的根本性目标。校本教研成果的价值在于推广应用，推广应用的前提是正确认识和评价成果的价值。

一、 校本教研成果的形态

校本教研成果的形态是校本教研成果的外在形式和内在规定性的综合体，反映了校本教研成果的类型、体例、特点和表达规范。

（一） 校本教研成果的特点

校本教研成果是指学校教师在教育职业活动中，通过行动实证或辩证思维，对某一教育实践问题的探索过程所取得的具有一定实践价值或学术意义的结果。其成果有不同的类型和与之相适应的形态，一般分为认知成果和技术成果两个大类。认知成果是对所研究的问题获得的规律性的认识或理论上的提高，通常以总结、论文、专著等形式体现；技术成果是可供操作使用的一些模式、案例、教材等。考察校本教研成果的内涵与外延，可以看出校本教研成果具有扎根性、个性化、多样性的特点。

1. 扎根性

扎根性是由校本教研的价值取向决定的。校本教研通常属于教育行动研究，其成果是教师在一般教育原理指导下，经过一定阶段实践的孕育，把自己积累的经验性知识条理化、程序化、理性化的结果，是扎根在自己耕耘的教育土壤中产生的有效的本土化理论或个人理论。从研究价值上看，这种成果的重要性在于实践的创新，主要体现在创造性地解决教育教学中的实际问题上，并且在创造性解决实际问题的同时，主动地建构个人专业内涵、发展个人的理论，这是一般理论与个性化实践密切结合的产物。从形式与表达方式上看，这种成果除了一定理论性的阐述外，还大量采用教师自己的“话语系统”，它是在质的研究过程中形成的富于教师内心体验的情境性、过程性的描述。如果只是写文章而缺乏实践过程体验，则无法获得令人满意的成果。

2. 个性化

个性化是由校本教研的性质决定的。自然科学主要研究物，强调研究的科学性；人文科学主要研究人，强调研究的人文性。从教育的性质看，校本教研的对象和情境具有复杂性和多变性，教师对学生的培养很难是一种“批量生产”，而且教育教学更多是一门艺术或个性化活动；从研究内容与过程看，教师以自己和身边的人和事为主，以个人独立研究和同伴合作研究为主，从提出问题到解决问题，教师首先拥有个性体验，在个体的和特定群体的经验背景中展开。教师研究强调将理论运用于具体实践，通过实践创新真正解决问题，这时从教育经验中提炼出的观点往往有其独特的价值。因此，校本教研主要产生个性化的成果。

3. 多样性

多样性是由校本教研的客体丰富性、主体差异性所决定的。其多样性特点的表征体现在成果的性质上，如应用研究成果和开发研究成果等；体现在成果的文本形态上，如教育教学的随笔、论文、案例和各种报告等；体现在技术开发的“产品”形态上，如教材、课件等；体现在“实践产品”形态上，如课堂教学、实践观察等。此外，体现在成果研究对象上，有研究学生也有研究教师本人；体现在成果内容上，有研究校内的问题也有研究学校与外部的关系问题；体现在成果创新上，有原创性的也有移植他人的经验进行再创造的。

（二）校本教研成果的表达

校本教研成果无论表现形式如何，它都要遵循一些共同的规定性。

首先，成果的表达与撰写是一种复杂的思维活动，需要有一定的分析、综合、想象、概括能力，即准确运用语言文字的能力，教师必须借助文字把思考后的问题经过整理、分析、综合、加工，将它客观描述出来。这种思维与表达的过程，也是教师理解和认识水平不断深化的过程。所以，校本教研成果的表达既是一种研究手段，也是一种交流方式。其次，校本教研成果作为教师教育观念、专业素质、创新能力的真实体现，它要求教师在成果表达时必须体现其学术水平，而不仅仅是一般的收获，它需要教师以真实思想和独到的见解开拓出新的教育路子，推动自己的研究。对有条件和能够深入开展研究的教师，要求通过实践把感性的东西上升到一定的理论高度来分析，以增强成果的理论性。最后，要突出问题在成果中的重要性。问题的大小和是否前沿并不重要，重要的是教师对问题有没有认识。校本教研是教师感受、体验、辨析、解决问题的过程，教师要把问题作为研究的原动力，要注重在研究中不断从新的视角、新的高度去诠释和分析问题，从实践中寻找突破口，这是研究成果的实质意义所在。基于校本教研成果表达的规定性，一线教师在表达校本教研成果时必须遵循以下思路。

1. 提升研究的价值，注重成果的效用

校本教研的价值不是在研究完成后再由研究者自己来随意拔高和美化的，而是一种理性的实证经验和事实。校本教研的主要目的是通过研究，寻找出一套能够有效地提高教育质量的方式、方法、途径等，教师无论进行何种研究，运用何种成果载体，都应在一定的主题下按一定的轨迹逐步展开。只有这样，研究才能克服盲目性与随意性。因此，在总结校本教研成果时，教师应清楚自己的研究课题是从哪一角度、通过什么方式、运用什么手段和方法促进学生、教师和学校的发展，是如何与实际工作结合起来的，应清楚并强化研究“实用功能”的价值取向。

校本教研与实际的教育教学活动的联系非常紧密，它在本质上是一种“特殊的学习”，即学习和利用先进理论指导教育教学实践。校本教研行为之所以不同于一般的教育改革行为，就在于它首先是对先进思想、先进理论的认识。在此基础上，教师结合自己工作中存在的问题，通过研究的过程，把学习到的理论运用于实践，得出解决问题的方法，从而在提高工作效益的同时提高教研的价值和水平。

2. 描述实际的研究，呈现清晰的思路

校本教研在初始阶段大都是对教育现象的某种期待，这种期待既产生于生活和工作实践，也产生于理论学习、同行交流和专业进修。这种预测性的假设就是开展校本教研的重要依据，如果研究的过程与假设的推测相符、结果证明了假设，那就说明假设的正确性。由于人们对真理的认识有一个逐渐接近的过程，因此在表达校本教研成果时，应以这一设想为线索，用已有的理论和事实做论证，真实地描述自己接近和解决这种假设的清晰思路与行动过程，把自己的分析、归纳、判断真实地呈现出来。这是校本教研成果表达最本分的环节。

3. 突出问题的解决，强调措施的运用

校本教研的过程是发现和解决一个个教育教学问题的过程，即教师针对自己的研究内容进行调查研究、思辨或论证后所得出新的教育观点、教育思想、教育方法或教育体验的过程。人们了解校本教研成果时，所关心的是如何开展研究，在研究中发现了什么问题，采取了什么样的措施来解决这些问题。因此，在表达校本教研成果时，教师一定要说明自己研究了什么、怎样研究以及研究结果如何、价值怎样等。具体来说，有以下几点要求。

其一，对背景材料进行比较研究，对同类研究的概况与发展趋势进行分析，对本研究创新情况及其亮点进行挖掘与展示。

其二，围绕研究目标思考主要解决了哪些问题，解决这些问题的指导思想、实践思路、操作策略、具体方法、适用范围和支撑条件等。

其三，以客观事实和准确的数据来说明问题，实事求是地呈现研究的过程与结果。

其四，处理好成果表达论点与事实的关系。首先要选好实事（案例），用事实来说明问题，揭示普遍规律；其次要恰当运用事实，即要精选那些富有说服力、具有典型性的事实，去证明自己论点的正确性，做到论点和论据的统一。

（三）校本教研的文本成果①

校本教研文本成果的体例均有一定的规范，下面择要分别予以阐释。

1. 教学随笔

教学随笔是用随感、笔记的形式，反映教育实践中的经验、教训和感受、体会，或针对教育实践中的问题发表自己的意见、见解的教育应用文书。在教育实践中，它主要有教学笔记、教学后记、读书笔记、教学札记、教育教学随感录、备课笔记等样式。

教学随笔的内容十分广泛，或讲述文化知识，或表达教学认识，或评析教学得失，或抒发教学心情，或书写阅读感悟，或记录听课感想，等等。与教学教学相关的点点滴滴，只要自己有深切的感受想表达出来，都可以写成教学随笔。写教学随笔最重要的是要表达出来自己真实的想法与意图，就是把教育实践中的心情、感悟、新观点、新发现等记录下来。

教学随笔其特色就在一个“随”字——随便、随时、随手、随心。有文就录，有感就发，有事就记，有理就说，率性而为，不必拘泥！教学随笔也不受字数的限制，短的几十个字，长的几百字、几千字，篇幅长短皆由内容而定。教学随笔的基本特点是题目小，篇幅短，层次和结构比较简单，内容单纯，涉及面比较小。教学随笔往往不做理论性太强的阐释，行文缜密而不失活泼，结构自由而不失严谨，既富有事例，又富有“理趣”。事与理的结合，使得教学随笔既生动活泼又能启人心智、引人深思。

教学随笔在写作样式上没有什么固定的限制，常见的有借事说理、夹叙夹议等形式。借事说理的随笔主要是着力描写一个事件，不用太多地发议论、做点评，只要能把一件事情写清楚，在文章的结尾做个简单的点题就可以了；夹叙夹议的随笔，是在叙述一个事件的同时发表自己的见解，一边叙述一边评论。

① 李冲锋. 教师教学科研指南［M］. 上海：华东师范大学出版社，2009.

【案例 12－1】

教学随笔两则①

付继新

一、《校园铃声》教学随笔

“课间你们喜欢做什么活动和游戏?”随着我的一个问题，教室里活跃起来，“玩老鹰捉小鸡”“跳绳”“丢手绢”“丢沙包”……看来，我是问到孩子们感兴趣的问题了。本来嘛，对于刚入学一个月的孩子来说，有什么比玩游戏更能吸引他们的呢！可是，这短暂的课间十分钟，如何让他们合理地安排好，即怎样才能既安全又愉快地开展课间活动，是我这节课要尝试解答的问题。

课中我出示了一些图片资料，大家通过自己入学近一个月的实际生活，明白了很多在课间活动的要求，并且也能够尝试把课间的十分钟合理地安排妥当。

在课堂教学的最后一个环节，我告诉孩子们，我像他们这么大的时候喜欢玩的游戏有拍手游戏、踢毽子、跳绳。我还带着他们一起玩这些游戏，告诉他们每个游戏的玩法，尤其是踢毽子。我对他们说：“刚开始老师也不会踢，于是我自己想了个办法，用一根绳子拴着毽子踢，慢慢地就能踢得很好了！”我在课堂上边说边示范，孩子也一个个跃跃欲试起来。我马上给孩子们分好组，每个小组分几个毽子、几条跳绳和几个球，让他们自己安排游戏，然后伴随着《你好，十分钟》欢快的音乐，大家开始活动起来。

顿时，教室里俨然已经变成了欢快的课间，孩子们的高兴劲儿就别提了。音乐声停，活动停，这是我提前说好的，可孩子们还是不想停下来。于是，我对他们说：“这个音乐停了，就像我们的课间结束要上课了

① 付继新．教学随笔两则［J］．中小学教材教学（小学版），2006（10）：88－89.

一样，听到上课铃声我们就要把自己做的游戏停下来，赶快回到教室上课了，对吗？”孩子们赞同地点头。

我又接着说：“刚才我发现有几个同学与别人争抢东西，请大家谈谈对这种现象的看法。”孩子们你一言我一语地发表自己的见解，有的说：“不应该跟别人抢，老师发给你什么你就玩什么。”还有的说：“跟别人抢东西玩不礼貌。”“我们在游戏时应该讲谦让。”……这个环节的设计，主要是为了在孩子们活动的过程中发现问题、解决问题。

正如“品德与生活”课程理念中所提到的：品德与生活必须针对学生的生活实际，以学生的生活情境为教学切入点，关注学生的兴趣和爱好，了解学生品德与生活中的新情况、新问题，从学生的生活去取材，有针对性地选择学生身边的典型事例作为教材，再去指导学生的生活。这节课中的这个环节的设计我认为是成功的：我让课堂变成了课间，让学生在活动中进一步体验了课间活动的快乐，不仅如此，他们还从中知道了在活动中应该避免的一些问题，初步具备了明辨是非的能力。

在学生的学校生活中，无论是课间还是课堂，处处充满了教育，又何必非要区分是课间还是课堂呢？

二、《春天来了》教学随笔

今天，我要到双榆树二小上一节《春天来了》。说真的，我心里一点儿谱都没有，因为不是自己学校的学生，而且也没有来得及提前见他们，来了就得直接讲课，难以预测上课时学生会出现什么问题。

刚开始上课他们就给我一个“下马威”。出现在我提出的一个问题上：“春天在哪里？”“在嫩绿的草里。因为……”“在柳树上，因为……”学生们饶有兴趣地回答着。

这时有一个孩子说：“在人们的眼睛里，因为所有的魅力景色都要靠眼睛才能看见……”他的话音还没落，一个还小的声音钻入我的耳朵，“如果是瞎子看不见呢？”

很多同学的目光也随之转移到那个同学身上，而后又落回到我的身上。

其实这时我完全可以当作什么都没听见，继续进行下去，因为在我的教学中没有涉及这个问题，况且还有听课教师在场。

但不理会的念头一瞬而过，我还是决定接受这个挑战。说实话，这时我并没有想好该如何回答。

我灵机一动，对全班同学说："刚才我听到一个很小的声音问——要是眼睛看不见怎么办？他的问题很好！请发表一下你们的意见。"

孩子们真聪明，我的问题刚出来，有的孩子就回答道："他们可以用耳朵听春天的小鸟的叫声！""还可以用鼻子闻春天的泥土的味道！""还可以用脸去感受春天气温的变化呀！""他们的眼睛虽然看不见，但可以用心去感受啊！"

孩子们你一句我一句地说起来，他们说得多好呀！令我感到豁然开朗，我也顺势发表了自己的看法。

听课的老师在评课时表扬了我能抓住课堂中即时生成的问题引发讨论，其实我只不过是没有放过课堂上那个非常微小的问题而已，而且，如果没有孩子们的积极发言，后边的话我都可能还不知道该如何讲呢。

其实，在我们的课堂上经常会出现类似的情况，一个小小的在意料之外的问题，往往被老师忽略或者置之不理。其实这个"不理"，一方面可能在无形中打击个别孩子探求知识的积极性；另一方面也可能会损失很好的课程资源。教师是课堂上的引导者，要关注所有的同学，注意每个孩子在课堂上的发言，激发他们学习知识的积极性。

经过这节课上的小插曲，我在教学上真的又成熟了一步！

这两则教学随笔写得生动活泼，不论是教师的心理活动，还是现场的教学氛围、师生的互动等都写得细致真切，让人如临其境。详细叙述事件后的感悟思考也令人信服。在第一则随笔中作者说："在学生的学校生活中，无论是课间还是课堂，处处充满了教育，又何必非要区分是课间还是课堂呢？"这样的认识非常具有哲理性，打破了人们把课间与课堂分割开来的思想认识，启人深思。第二则中的"一个小小的在意料之外的问题，往往被老师忽略或者置之不理，其实这个'不理'，一方面可能在无形中打击个别孩子探求知识的积极性，另一方面也可能会损失很好的课程资源”，对作者是“又成熟了一步”，对读者也是非常有启迪作用的。在点点滴滴的教学小事中生发出教育的大智慧来，教学随笔的作用不可小看。

2. 教学设计

教学设计是教师为了达到一定的教学目标，分析教学问题、设计解决方法、对教学活动进行精心组织与策划的教学行为方式。教学设计是教师对教学进行的规划，是对教什么（教学内容）和怎么教（教学活动、教学方法、教学媒体等）进行的设计。

按照教学设计的步骤和流程，一份完整的教学设计方案应该包括教材分析、学情分析、教学目标、重点难点、教学准备、教学过程、布置作业、教学后记几个方面的内容。当然，根据实际情况上述内容也可以有所增减。教学设计的简与细，要根据教学实际需要而定。如果是一些老教师对教材和学生情况比较熟悉，那么有些教材分析与学情分析就不必写了，而主要写教学过程的设计。且看下面一则教学设计的示例。

【案例 12－2】

《谈生命》教学设计①

赵久坤

【教学目标】

1. 知识与技能：把握文章脉络，理解文章主旨。

2. 过程与方法：品析、探究含蓄深沉的语言，体会文中比喻手法的巧妙运用。

3. 情感态度与价值观：认识生命的本质，树立热爱生活、热爱生命的观念。

---

① 赵久坤.《谈生命》教学设计［J］. 黑龙江教育（中学版），2007（3）：12－13.

【重点难点】

1. 品味、探究精妙语言的内涵。

2. 认识生命的本质，树立真爱生命的观念，养成积极进取的生活态度。

【教学准备】

多媒体课件，课文的朗读磁带，有关作者的资料和文章，预习课文。

【教学过程】

一、情境导入

（大屏幕播放：一粒种子破土而出，伸出两瓣柔嫩的绿叶。）

生命是我们最熟悉的，却也是最难说清的。从古至今，不知有多少人以精辟的语言思考来揭示过生命的真谛，给我们留下了关于生命的文学财富。今天，我们要学习的就是冰心写的一篇关于生命的优美散文《谈生命》。

二、检查预习

1. 资料交流。用简短的话交流收集到的冰心资料，交流后，多媒体显示相关内容（电脑显示冰心简介）。

2. 作品阅读交流。用一句话向其他学生介绍你读过的冰心作品，其中包括作品名、内容和阅读感受（要求言简意赅、表达清晰）。

3. 理解重点诗句。让学生找出难理解的词，通过查字典、询问同学等方法解决，解释不完全的由其他学生或老师补充。

三、整体感知

1. 听课文录音，把握课文的内容大意，学生跟读课文。

思考：本文围绕“生命”谈了哪些内容？（鼓励学生大胆发表自己的认识与感悟，只要言之成理即可）

提示：这篇文章用“一江春水”和“一棵小树”为喻，形象地描述了生命的历程，表达了珍爱生命的思想感情和奋发向上的生活态度。

2. 再读课文，理清文章的写作思路及内容要旨。

思考：（1）本文把生命比作什么？为什么要这样比喻？从几个方面来写？语言上有没有明显的标志？这些话在文中的作用是什么？（2）画

出文中表现着急的句子。

明确：(1) 把生命比作“一江春水”“一棵小树”；这样比喻就使抽象的事物通过形象的比喻具体化；分层来写（生命像水，生命像树，生命的本质）；语言标志：不敢说……也不敢信……；这两句话把全篇内容有条理地串在一起，形成了统一整体。(2) 关键性语句：“要记住生命中不是永远快乐，也不是永远痛苦，快乐和痛苦是相生相成的”“在快乐中我们要感谢生命，在痛苦中我们也要感谢生命”。

四、研读探究

1. 分组探究课文内容（将学生分为4个小组，第1组与第2组探究“一江春水”，第3组和第4组探究“一棵小树”）。

2. 成果汇报（先由第1组与第3组汇报本组探究成果，第2组与第4组补充）。

3. 问题探究（汇报成果组接受其他小组的提问，并作出解答）。

4. 问题展示。

“一江春水”部分：

(1)“我不能说生命是什么，我只能说生命像什么”一句中，为什么作者用了“像”字，而不使用“是”字？

提示：“是”字是对生命本质的揭示，而“像”则重在对生命外部形式的再现。“是什么”是下定义；“像什么”是文学性的表述，具有形象性和隐喻性的特点。

(2)“一江春水”在奔流入海的过程中经历了哪些体验？这个过程与生命的过程有何相似之处？

提示：可从文中几个“有时候”领起的内容来思考，几个“有时候”领起的内容与生命过程中经历的各个阶段一一照应。

“一棵小树”部分：

(1) 在生命的历程中，小树是如何度过生命中每一个阶段的？

提示：四季的不同状态。

(2) 作者为什么反复说：“我不敢说来生，也不敢相信来生？”

提示：“不敢说”“也不敢相信”传达出作者对“今生”的珍爱与重

视，这是积极进取的生命观。无论经历的是坦途还是坎坷，都应当勇敢面对，让自己的人生充实而有意义。

五、赏析品味

1. 找出自己喜欢的句子加以赏析。

2. 仿照课文的思路和语言，写一段话，表达你对生命的感悟，然后共同欣赏。

六、总结

1. 结束语：让自己的生命更璀璨、更充实，不是仅仅停留在口头上，更重要的是在生活中，用自己的实际行动去实践。

2. 布置作业：(1) 摘录佳句，摘录课文中你喜爱的语句段落；(2) 写作训练，写一篇读后感，自拟题目，500 字左右。

教学设计就是教学实施的活动导向图，教师可以据此展开教学。这则教学设计内容比较全面，过程设计清晰，层次井然有序，把教师的教学思路很好地呈现了出来。由此，不难想象这堂课的行进路径与实施情况。

3. 教学实录

教学实录是在对课堂教学进行录音、录像的基础上整理出来的对课堂过程的真实记录。教学实录可以真实地反映课堂教学的推进过程、课堂教学中的师生互动、课堂教学中的动态生成。它是教师教学设计与教学实践相结合的产物，体现了课堂教学预设性与生成性相结合的特点。教学实录是教师教学设计研究的结果，同时为进一步研究课堂教学提供了宝贵的一手资料。教学实录的写作首先需要有完整的录音或录像材料，然后对它们进行整理。虽然名为实录，但并不是什么都要照搬进来，而是可以对一些重复的、冗余的内容予以删除，也可做适当的补充修正。对于体现课堂教学气氛的细节，如学生的反应等，不妨用括号备注的方式详细记录下来。

【案例 12－3】

《散步》课堂教学实录及评点①

余映潮　周丽

时间：2006 年 10 月 26 日

地点：沙市实验中学

班级：七（4）班

师：同学们，我们今天学习《散步》。

师：请翻开课文，接着老师的话来说话：让我们走进美文《散步》，这里有……

生 1：浓浓的亲情。

师：亲情。

生 2：一个动人的故事。

师：故事。

生 3：生机勃勃的春意。

师：景色。

生 4：深刻的体会。

师：感悟。

生 5：责任感。

生 6：和谐的家庭气氛。

师：说得都很好啊。

师：请一起读起来。

（屏幕显示）

让我们一起走进美文《散步》——那里有南方初春的田野，有铺展

① 余映潮，周丽.《散步》课堂教学实录及评点［J］. 中学语文（教学大参考），2007（3）：33－35.

着生命的新绿，有阳光下的金色菜花，有水波粼粼的鱼塘……还有相亲相爱一家人的情感涟漪……（生齐读）

师：看，“它”比你们说得生动些啊。

（评：这是匠心独运的课始。用余老师的话说，是“开课揭题，直入情境”。教师引导着学生直截了当地进入了课文。给学生的话题“让我们走进《散步》，这里有……”巧妙地牵起了课文内容，一下子就把学生带入了文章的意境。）

师：这节课我们做三件事。

（屏幕显示）

我们的阅读活动：理解文意、朗读课文、品味语言。

师：现在我们开始第一个阅读活动。（屏幕显示）

建议你这样理解文意

试着给文章再拟一个标题，并说明你的标题能够表示你读出了课文的味道。

师：大家看，老师并没有这样说——“这个标题表示你读出了这篇课文的主题”，而是说——“这个标题表示你读出了课文的味道”，这个味道要通过你拟的标题来表现。好，开始动作。

（生考虑片刻，纷纷举手）

生1：我拟的标题是“分歧”。

师：你是抓住了课文里的波澜、故事里面的一个曲折，来表示你读出了课文的味道。

生2：我认为可以拟标题“美”，因为课文很美，里面有爱。

师：“美”字也可以表示你读出了课文的味道。但是从这个标题看，表现的范围大了点，可以给这个标题加个限制。

生3：可以用“关爱”两个字，因为这一家人都互相关爱着。

师：关爱之美——因为有三代人浓浓的亲情。

生4：我拟的是“温情的春天”。

师：有诗意。春天暗示一种生命力，一种暖意。

生5：可以把标题拟为“大路还是小路”。因为一个分歧更能表现决定的重要性，更能体现责任感。

师："大路还是小路"，建议你把"还是"两个字去掉。

生6：我拟的是"爱，责任"。

师："爱，责任"，很新颖。

生6：因为这篇文章表现了三代人浓浓的爱和"我"的责任重大。

师：中年人的责任感。

师：好，大家说了一些，我们再看看大屏幕。（多媒体显示，教师讲述）

如："三代同行"这个标题，课文中对此就表现得很充分："我们在田野上散步：我，我的母亲，我的妻子和儿子。""前面也是妈妈和儿子，后面也是妈妈和儿子。"这是从人物的角度，从故事的角度来命题的。

如：幸福的家庭，亲情无边，分歧，大路小路，责任，背起整个世界；又如：春意，呵护，生命，小事情深，选择，温馨瞬间……

师：上面这些标题都是可以的。但是让我们把目光回到"散步"两个字，这么多标题比较一下，老师认为还是"散步"好。为什么？哪个同学帮我来论述"还是'散步'好"？

生1："散步"写了我们一家三代人去散步的故事。

师："散步"本身就有故事在里面。

生2："散步"写了一家人的亲情。

师："散步"有亲情在里面。

生3："散步"会让我们想到谁在散步。

师：还有人物在里面。

生4："散步"里面还表现了浓浓的亲情。

师：大家给"散步"赋予了新的含义，看，还是"散步"这个标题好啊。好，请看大屏幕。

（屏幕显示，老师讲述）

要说本文的标题，还是"散步"好：它简明，准确，含蓄，有情致，有画面感，有故事味。

（评：这是课堂上第一个教学活动。用余老师的话说，是"侧面入手，正面解读”。教师指导学生“给文章再拟一个标题”，看似是引导学生对课文进行整体解读，实际上是引领学生进行发散式思维训练，让学生在体味课文的“味道”中把握文意。紧接着老师又让学生论述“还是‘散步’好”，把学生的思维聚集在作者拟题的用意上，学生在潜移默化中不仅感受了拟题的艺术，而且进一步体味到课文的意境。）

师：“理解文意”这个活动，我们就进行到这里，下面我们进入“朗读课文”的学习活动。

（屏幕显示）

建议你这样朗读课文：（1）中速、深情地朗读课文，好像作者写完文章后欣赏自己的作品一样。

师：下面请大家各自朗读文章，全文朗读，注意“速度感”，注意你自己好像是作者一样。

（学生朗读课文，师板书“朗读情味感”，生略作停顿，看完板书后所悟，继续朗读，全班同学读毕）

师：我们再次朗读。

（屏幕显示）

建议你这样朗读课文：（2）读好文中的波澜，好像你一个人在扮演着故事中的几个角色一样。

师：注意“角色”两个字，注意朗读的重音，注意文中的波澜在6、7两段。

（学生再次朗读）

（屏幕显示）

建议你这样朗读课文：（3）朗读课文最后一段，好像你带着深深的体会给人家示范朗读一样。（师读出屏幕显示内容）

师：谁自告奋勇来做示范朗读？

（生1起来朗读最后一段）

师：有没有向他发出挑战的？

（生2读最后一段）

师：已经不错了，继续挑战，不要放弃。

（生3读最后一段）

师：三位同学水平相当，都很流畅，都很注重情感表达，重音也咬得准。弱点是：1. 语速太慢。2. 语速无变化。3. 几个重要的字音没有读好：我蹲下来，妻子也蹲下来，这两个“蹲”字要读出味道；“慢慢地”“稳稳地”要读得稍慢点；“整个世界”四个字，读起来很轻又好像很重，要读出一种轻重相济的意味。

（生自由、深情地朗读课文最后一段）

（师小结）

（屏幕显示，老师讲述）

要说这篇文章的朗读，主要要注意这样一些朗读的感觉：速度感，情节感，重音感，意味感。

（评：这是课堂的第二个教学活动。用余老师的话来说，这是“诗意朗读，角度细腻”。这个过程的教学设计非常高妙。第一，设置了“朗读情境”；第二，“情境朗读”的角度分明；第三，朗读的范围逐层缩小，朗读的要求渐次提高。同学们在“自我欣赏”“角色体味”“示范朗读”过程中，感受着文中的情感，体味朗读的速度、重音和它们所传达出来的意味。而且，大部分的“朗读”是由全班同学一起来进行的。）

师：好，现在让我们一起来品味语言。

（屏幕显示）

建议大家这样品味语言：以“字、词、句、段对人物的表现作用”为话题，自选文句并联系上下文用简洁的语言进行评点。

师：先看老师的举例。如这样一句：“我们在田野上散步：我，我的母亲，我的妻子和儿子。”

老师是这样品味的：

“散步”紧紧扣题，全句点明了故事发生的地点、人物。

全句很有意味，不用“三代人散步”而用现在的写法，表现出了浓浓的亲情。

“我”这个字摆的地方很重要，表现出“我”的一种责任感。作者没有写成“我的母亲、我、我的妻子和儿子”，很巧妙地把“我”的责任感表现出来了。这个句子的句式很美，这样写很庄重，表现出“散步”在“我”心中是一件很重要的事情。

师：这样，这个句子就从多个角度表现了人物。好，下面每位同学在课文中找一个地方，再谈谈这个地方对人物的表现作用。

（学生活动、几位学生举手）

生1：“今年的春天来得太迟，太迟了，有一些老人挺不住”中的“太迟，太迟了”写出了“我”的感慨。

师：还写出了“我”对春天的到来盼望已久。

生2：“我”选择走大路，说明“我”尊重母亲；母亲改变主意走小路，说明母亲对孙子的疼爱；“我”听从了母亲的话，又体现了散步的融洽。

师：幸福的家庭中，爱是相互的。

生3：“我的母亲又熬过了一个严冬”，“熬”是不容易度过的意思，体现了“我”对母亲的关怀，说明“我”是个孝顺的儿子。

师：还有看到母亲度过了严冬、儿子心中充满欢喜的味道。

生4：“小家伙突然叫起来：‘前面也是妈妈和儿子，后面也是妈妈和儿子’”写得很活泼，有情趣。表现了一家人幸福的感觉。

师：有情趣。作者运用反复手法，表现了小孩的童趣、纯真。从小孩子的角度，表现了家庭的和谐。

生5：“不过，一切都取决于我”，点明了“我”在家中的地位；“一霎时我感到了责任的重大”，写出了他既要照顾母亲，又要疼爱儿子。

师：体现了中年人的责任感。

生6：“这南方初春的田野，大块小块的新绿随意地铺着，有的浓，有的淡；树上的嫩芽也密了；田里的冬水也咕咕地起着水泡。这一切都使人想着一样东西——生命。”这里的环境描写好，写出了春天的美丽景色。

师：这里透露出春的气息，表现了昂扬的生命力，是散步的美好背景。

生7：第五段第一句“我和母亲走在前面，我的妻子和儿子走在后面”，我好像看到了四个人散步的位置，有协调性。

师：你是在想象画面。这里的氛围表现得很好，读起来让人觉得甜甜的。

生8：文章中的最后一句话“但我和妻子都是慢慢地，稳稳地，走得很仔细，好像我背上的同她背上的加起来，就是整个世界”，既点明主题，又升华主题。

师：这句话意味深长。“整个世界”令人回味无穷。它写出了关爱、呵护——关爱下一代，呵护老一辈。

生9：最后一段第一句“这样，我们在阳光下，向着那菜花、桑树和鱼塘走去”，虽然我们一家人发生了分歧，但是依然很融洽。“菜花”在我们眼前呈现一幅美丽的画面。

师：这里似乎还带着点象征的味道：一切是多么的美好啊。

师：今天大家的发言很精彩，说到这篇文章语言的欣赏，我们可重点关注“句子”，要品味它们的造型美、用词美、情趣美、蕴意美，要感受到它们对我们心灵的熏陶。

（评：这是课堂教学中的第三个活动。余老师在谈判“主问题”设计时说过，“挈领而顿，百毛皆顺”，教师在这里设计的主问题就是：以“字、词、句、段对人物的表现作用”为话题，自选文句并联系上下文用简洁的语言进行评点。它有着“一问能抵许多问”的牵引力，引领着学生从多个角度品析语言、欣赏语言，可谓精彩纷呈。）

师：好，同学们，我们就要走出美文《散步》了。

（屏幕显示）

在我们就要走出美文《散步》的时候，让我们一起深情地吟诵文中最后一段……

师生一起深情吟诵：这样，我们在阳光下，向着那菜花、桑树和鱼塘走去。到了一处，我蹲下来，背起了母亲，妻子也蹲下来，背起了儿子。我的母亲虽然高大，然而很瘦，自然不算重；儿子虽然很胖，毕竟幼小，自然也轻。但我和妻子都是慢慢地，稳稳地，走得很仔细，好像我背上的同她背上的加起来，就是整个世界。

……

（师宣布下课）

（评：这是课文教学的收束，简洁、轻快、充满情致，不仅与课始相照应，显得诗意盎然，而且别具情味。这正如余老师所说的“结而不尽，余味犹存”。）

这则教学实录完整、翔实地为读者再现了课堂教学的情境，给读者身临其境之感。根据这则教学实录，我们不仅可以体会教师的教学设计、体验教学过程，而且可以领略教师的执教艺术，从中受到启发，从而为自己的教学获取资源与灵感。教学过程是教师教学设计即教学研究实施的成果展现，教学实录是对这一成果展现的真实记录，也是教学研究的重要组成部分。

4. 教学案例

教学案例是从教育教学实践活动中总结出来的实例。在被描述的具体情境中包含一个或多个引人入胜的问题，同时也包含解决这些问题的方法和技巧，既有具体情境的介绍和描述，也有一定的理论思考和对实践活动的反思。教学案例不仅记叙教学行为，还记录伴随行为而产生的思想、情感及灵感，反映教师在教学活动中遇到的问题、矛盾、困惑，以及由此而产生的想法、思路、对策等。它既具有具体的情节、过程、真实感，又从教育理论、教学方法、教学艺术的高度进行归纳、总结，得出其中的育人真谛，予人以启迪。教学案例能够直接、形象地反映教育教学的具体过程，因而具有很强的可读性和操作性，非常适合于由丰富实践经验的一线教师来写作。

教学案例一般包括案例背景、案例主题、案例过程、案例细节、案例结果与评析等构件。案例背景是向读者交代清楚故事发生的时间、地点、人物、事情的起因等。案例主题是案例要说明的某个问题，可以是反映对某个新理念的认识、理解和实践，或者说明教师角色如何转变，教的方式、学的方式怎样变化，或是介绍对教材重点、难点的把握和处理等。案例过程要特别把关键性细节写清楚，要特别注意揭示人物心理。

教学案例不仅要说明教学的思路，描述教学的过程，还要交代教学的结果——某种教学措施实施的即时效果，包括学生的反应和教师的感受，解决了哪些问题，未解决哪些问题，取得成功的体会，现有成果的遗憾以及今后的打算、设想等。案例细节要以问题为主线，有矛盾、冲突甚至悬念，能引起读者的兴趣和深入思考。案例评析是在记叙基础上的议论，表明对案例所反映的主题和内容的看法和分析，以进一步揭示事件的意义和价值。评析可以是自评，就事论事、有感而发，也可请专家点评、深化。评析主要通过对背景、问题、解决问题的方法的描述，反思自身的教育教学行为，总结利弊得失和启示。

教学病历是教学案例的一种，它是教师把教学中出现的错误等加以细致描述、分析产生原因、提出改进办法的一种教学研究成果的表达方式。教学病历的写作一般包括出现问题的表现（即教学症状）、分析问题产生的原因（教学诊断）、提出解决问题的措施（教学改进）等方面。教学病历的研究不仅可以使教师本人避免犯同类错误、改进教学过程、提高教学质量，而且可以为其他教师提供避免类似错误的经验。教学病历的写作需要教师具有较强的反思能力，同时也可能需要其他人的指导与帮助。教学病历的写作既可以分析教师自己的教学病历，也可以分析他人的教学病历。请看下面两个教学病历的案例。

【案例 12 -4】

我们尊重学生了吗?[①]（节选）

杨顺珍

师：同学们，你们怎么记住“仪”字呢？

生：“不仁不义”就是“仪”。

师：不对，“不仁不义”里的“义”不是这个“仪”。请坐。

学生欲言又止，嘟囔着坐下了。

---

① 杨顺珍. 我们尊重学生了吗?［J］. 小学语文教学，2006（1）：13.

【反思】新课程倡导分享学生成果，要求学生注意倾听学习伙伴的发言。我觉得作为教师更应用心倾听学生的发言。在很长的一段时间里，教师在课堂上往往喜欢听一些与预设相同或相近的发言，忽视或不理睬那些与预设背道而驰的发言。实际上，这些看似与预设背道而驰的发言往往会把课堂引向精彩。因为学生的“错误”往往是课堂上最好的生成点，如果教师巧妙处理往往会呈现出很多的亮点，使课堂教学真正获得有意义的预设外的生成。为了学生的发展、提高，教师一定要用心倾听，捕捉学生错误发言中有价值的信息，加以巧妙引导。

【行为跟进】课后，我去问这个学生：“你还想说什么啊?”他说：“我想对老师说，我说的意思是‘人’和‘义’合成一个‘仪’，不是‘不仁不义’里的‘义’。”听了学生的话，我想象着另外一个课堂…

思想决定行动。让我们真正尊重学生，真正把学生当成学习的主人吧。

在这个案例中，教师对自己在课堂教学中的行为进行了深入反思，从而有了诸多思想上的收获。在此思想指导下，进行“行为跟进”，进一步改进教学行为，提升教学认识。这种反思对教师个人是一种提升，对其他的教师来说也有借鉴意义。这样的反思发表出来就具有了社会意义。

【案例 12 -5】

阅读教学的误区及矫正例举①（节选）

黄桂林

【教学误区】浅层互动，缺乏思维的参与

师：燕子的羽毛是怎样的?

生（齐）：乌黑光亮的。

---

① 黄桂林. 阅读教学的误区及矫正例举［J］. 小学语文教学，2006（1）：11 - 12.

师：燕子的翅膀呢？

生（齐）：俊俏轻快的。

师：尾巴又是怎样的呢？

生（齐）：剪刀似的。

师：这样的燕子给我们什么样的印象呢？

生（齐）：活泼机灵。

师：你们看，乌黑光亮的羽毛、俊俏轻快的翅膀、剪刀似的尾巴，组合成了活泼机灵的燕子。燕子真是可爱！

【诊断分析】这是一位教师教学《燕子》的片断。初看，课堂气氛热烈。《语文课程标准》倡导对话，就是要让学生走进文本与作者和文中人物进行情感的沟通，用心灵对话；走出文本与老师和同学进行心灵的沟通、情感的交流，从而获得自己的真切感受，获得超越文本的、多元的、独特的意义，这才是对话的实质。上述案例中，师生虽在对话，学生虽在表述，但没有情感的沟通，缺乏心灵的交流，除了能把课文读一遍外，几乎没有任何其他价值。

【教学建议】师生互动绝不仅仅表现在师生“零距离接触”的表面文章上，教师要积极主动地思考、合理有效地想象，再现语言情境，进而走进情境，感受作者的情感，形成真切的体验和独特的感受。在此基础上，通过师生之间、学生之间的心灵沟通、思维的碰撞，促进情感的外化、感受的升华。阅读《燕子》第一节，须具体感悟燕子外形的美，感受作者情感的美，品析语言描述的美，要给学生想象、思考的时间，让学生一边读，一边想象：读了这一节，眼前出现了怎样的画面，看到这画面后自己有什么感受。让学生通过合理的想象，将语言文字变成具体的形象；在积极的思维中，将语言形象转化为真切的感受；在自由对话中，将真切的感受转换成个性化的语言。在这样互动中，教师与学生就能共同分享双方的思想、经验和知识，交流彼此的情感、体验和观念，丰富教学内容，求得新的发现，从而达成共识、共享、共进，实现教学相长和共同发展。

这一案例中，作者呈现出了他人的教学现状，对其存在的问题（表面热闹，实则没有情感沟通，缺乏心灵交流）进行了诊断分析，进而提出了教学建议。教师读罢此文可以对此类问题引以为戒，并设想如何处理这类问题。

5．教学后记

教学后记也叫教学反思，是教师在教学之后对教学设计、教学实施情况所做的反思、总结和评价。教完一堂课并不意味着教学的结束，教师应该及时认真回忆、梳理、反思课堂教学的每一个环节和细节，进行总结和改进，抓住教学中印象深刻、有启发意义的事件和环节写出教学反思。

不断进行教学反思是教师专业发展的必由之路，教学后记是教师走上教学反思之路的有效途径。著名特级教师于永正说："写教学反思实际上是对自己的备课及实施的总结。认真写三年教案的人，不一定成为优秀教师；但认真写三年教学反思的人，必定成为有思想的教师，说不定还能写出一个专家来。"教学后记的写作可以把零散的经验、教训积聚成宝贵的教学经验，有助于教师在感悟与思考中提升专业素养，促进专业发展。因此，教师应重视教学后记的写作，养成坚持写作教学后记的习惯。

教学反思是对整堂课的全面检查，可从多方面进行，例如，上课的总体感觉如何；原有教学环节的设计是否合适；课前对教学目标的预设在多大程度上已经达成；重点是否突出，难点是否突破；哪些教学环节的实施比较成功，原因是什么；学生在学习中遇到了哪些困难，原因是什么；是否营造了高质量的师生对话；多媒体使用的时机和方式是否恰当；教学时间安排、板书设计是否合理；等等。这些都可以成为教学后记写作的内容。

教学后记的写作需要注意如下几个方面的问题。

（1）形式自由。教学后记的形式不拘一格，可长可短、可详可略；可以写成颇具篇幅的文章，也可以是点滴的记录。教学后记虽然不拘形式，也不能流于形式，记成流水账。

（2）及时写作。课堂上出现的一些情况，会随着时间的延长而淡忘。所以最好是在授课结束后趁热打铁，及时记下教学过程中的灵感，如果时过境迁，再追补记忆，效果就会相差甚远。因为灵感只是一瞬间的，情消意散，灵感就不“灵”了。

（3）内容简明扼要。教学后记是对该课“实况”的反思，要透过表象找出内在的规律，进行初步归纳和取舍，做到有话则长，无话则短，言简意赅。

（4）突出重点。教学中可总结、可记录的很多，但并不是每项内容都要写进教学后记，而是要选择有代表性的内容，有重点地写。一般而言，教学后记要记录的是教学中的疏漏、失误、发现、感情、亮点、收获、困惑、感悟、精彩片断等。

【案例 12－6】

《从百草园到三味书屋》教学后记①

李恩中

在教《从百草园到三味书屋》一文时，一个学生向我提出了这样一个问题：“‘Ade，我的蟋蟀们！Ade，我的覆盆子和木莲们！’这里为什么不直接用‘再见’、‘别了’，而偏要用一个德文词汇‘Ade’呢?”我当时是这样回答的：

1.“五四”时期的文章里夹用几个外国词汇是很常见的，不足为奇。

2. 鲁迅先生对德文有很深的造诣，他在南京、仙台都学过德文，后来还到东京的德文学校学习过。在文中用“Ade”，正如我们在作文中也偶尔用几个英语单词一样，并无特殊含义。

说实话，当时我对自己的解释还是比较满意的，学生也表示认可。可是，事后我一琢磨：一向以用词准确、严谨著称的鲁迅先生，应该不

---

① 李恩中.《从百草园到三味书屋》教学后记［J］. 语文教学之友，2006（6）：34.

会很随意地用这样一个德文词汇吧？这其中是否有别的含义呢？按课本注释，“Ade”是“别了、再见”的意思，文章完全可以用“别了”来代替“Ade”，在语意上并无区别。那么，鲁迅先生为什么要舍弃本国如此丰富的词汇，偏偏要用“Ade”这个外国词汇呢？难道仅仅是为了时尚吗？查遍了手头上的资料，请教了本地的泰山北斗，都没有获得令人满意的答案。这个问题便一直悬在我的心头。

一日，听一位英语老师的公开课，听她给学生分析“baybay”和“goodbay”的区别。我心中猛然一动：德文中的“再见”也应有不同的表示方法吧！一查，果然不出所料，德文中的“再见”有两种表示方法：一种是“Wiedersehen”，一般用于较正式的场合；一种是“Ade”，多用于儿童之间的告别。看到这样的解释，我恍然大悟，心中对鲁迅先生的敬佩又增添了厚厚的一层。

至此，鲁迅先生为什么用“Ade”而不用“别了”的原因就不言而喻了：“Ade”这个词语符合“我”的年龄特征。“我”是一个十一二岁的孩子，对百草园的感情是相当浓厚的，百草园是“我”的乐园，而家里人要送“我”去三味书屋读书，“我”不得不离开“我”的乐园，那时的心情“又怎一个‘再见’了得”？“Ade”恰恰表现出“我”作为一个儿童此时此刻的心情。这个德语词汇所蕴含的内容实在是“再见”“别了”之类的词语所不能比拟的。

问题解决了，心情大为愉悦，然而又不安起来。在中学课本上百篇文章中，我们到底有多少自以为很清楚、很简单而实际上却不知其深意的问题呢？我想，那一定是“相当多啊！”

这则教学后记记录了教师教后的反思与研究。教师查阅资料、请教同行、查阅字典后结合课文进行分析，通过研究终于揭开了“Ade”之谜，深刻理解了鲁迅先生的用意。这就是一种研究。可见，教学后记是教学研究成果的一种表现方式，值得教师在教研中使用。

6. 教学总结

教学总结是教师对一段时间内自己教学实践的回顾与评价。教学总结有助于教师进行回顾与反思，有助于提高教师的教学思想和认识。教学总结一般包括如下几个方面的内容。

（1）过程概述。主要概述一段时期的工作过程，可按时间顺序概述或工作内容概述，字不宜多，简明扼要，点明就行。概述内容可以压缩为一个段落，是工作总结的开头语或导语，起到提示全文的总纲作用。

（2）成绩归纳。成绩的概括应该有条理有顺序地摆数据、讲事实、搞对比，把这段时期的主要成绩写出来。写成绩要用直接叙述的表达方法，语言实实在在，少发议论，多用数据，多举事实，让事实说话，没有虚言。这部分的篇幅决定于内容，该长则长，能短则短，以说明成绩为准。

（3）经验提炼。成绩是实在的，看得见、摸得着，有目共睹；而经验则是比较含蓄的，隐蔽在成绩里面，需要经过分析研究，在大量事实的基础上进行升华，才能提炼出来。从某种意义上说，成绩是实践的概括，经验则是把成绩上升到理性认识，经验源于成绩，高于成绩，工作总结的过程也是由感性认识上升到理性认识的过程。因此，写经验部分要很好地开动脑筋，把经验的精华高度概括地提炼出来。

（4）问题分析。这部分内容主要是找准问题，深刻分析。对问题做分析要从主客观两个方面找原因，尤其要从思想上剖析。问题分析的文字不宜长，能写深刻便可。

教学总结由这四个部分组成，也可以写两个或三个部分，要根据具体情况而定。教学总结不仅仅是学期总结或学年总结，也可以是对自己某项或某些教学活动、教学实践的总结。请看下面的案例：

【案例 12－7】

给听写换张新面孔[①]

沈培萍

听写字词，一般是教师报学生写，或教师出示拼音让学生看拼音写

① 沈培萍．给听写换张新面孔［J］．小学语文教学，2006（1）：27.

字词。渐渐地，我发现学生在听写前主动复习的劲头不足，听写时积极性不高。因此，我采取了让学生竞报的方法。具体做法是：由学生自主决定字词听写的顺序，想到什么就报什么（谁先想到谁先报）。这样的听写，遵循了记忆规律：由易到难，减轻了一部分学生的心理负担，学生在听写时出现暂时性遗忘的情况少了。由于形式新颖，学生产生了较浓的兴趣，注意力较以往集中，思维较以往活跃，听写前能主动想方设法记忆，听写的效率明显提高。在良好的心境下、平等的氛围中，若教师提议听写或默写自己喜欢的佳句，学生往往乐于接受挑战，无疑增加了学生的积累量。在这样的听写中，学生的主体性得到了体现，字词得到了实实在在的复习。

这是发表在《小学语文教学》2006 年第 1 期“三言两语”栏目中的小文章。这篇小文章可以看作作者对自己所做的微型“教学改革”的总结，既讲述了“教学改革”的背景与动因，也讲述了具体做法，还讲出了其中的道理与教学改进后的效果，可谓“麻雀虽小，五脏俱全”。这样的小文章对作者来说是一种总结，对他人来说也是可学习借鉴的例子。

7. 教育论文

教育论文是对教育领域的问题进行深入研讨，从而阐述教育科学的思想见解和理论规律的文章体裁。对于中小学教师来说，教育论文是教师在教学研究的基础上，经过分析论证的深化认识过程，把研究成果文字化的结果。教育论文对研究者具有较高的要求，如能够自觉运用规范的科学方法、理性的学术思维和严密的逻辑论证等。教育论文要求既具有一定的理论性，又具有一定的科学性，要能够理性地认识问题、分析问题，揭示具有普适性的规律。此外，还要求具有一定的创造性。高质量的教育论文，是教学研究智慧的结晶和教学研究高水平的标志。

一篇完整结构的论文一般包括标题、作者、摘要、关键词、正文、注释、参考文献、附录等内容。

标题应能概括文章的主要观点或主要内容，符合文体要求和语法规范，一般不能超过 20 个字，必要时可加副标题。

摘要即内容提要，由论题、观点、方法、结论等内容组成，以便读者在不读论文全文的情况下，就能获得论文的主要信息，从而初步判定论文的价值。摘要的位置应放在题目名称和作者署名之下、关键词和正文之前。

关键词是最能表达主题内容，具有论文所属学科的专业性和较高检索价值的主要词汇。一篇论文的关键词以3～8个为宜。关键词的位置放在摘要的下方另起一行排列。

正文是论文的主体部分，它包括引言、本论、结语三个部分。引言一般介绍研究的背景、选题的缘由和意义等。本论是论文的核心部分，主要是提出问题、分析问题、解决问题。论文内容不同，其写法也不同，没有统一规定。论文的结构形式常见的有递进式和并列式。递进式结构是在分论点之间形成步步深入、层层推进的关系，论证时环环相扣。并列式结构是在分论点之间构成平等并列关系，论证时分别进行论证，从而达到证明中心论点的目的。结语不是文中各部分内容小结的重复，它重在总结提升，做出展望。

文中凡引用、参考了他人著作或文章，应在文末列出有关篇目的作者、著作、出版地、出版者、出版时间等。若文内引用他人文献内容，应在文内注释或编号在章节的末尾归纳并注释。引用图书要说明作者、书名、出版者、出版时间、版次、页码。引用期刊要注明作者、篇名、报刊名、日期、版次等。这些引文和参考文献注释均有规范的格式要求。

附录是指附在论文之后的有关背景材料，如访谈提纲、调查问卷、测试卷等。附上它，可以增强研究成果的可信度和参考性。

目前，学术团体、学术单位、学术刊物对教育论文格式的要求还不大一致。比如，有的学术性刊物对内容提要、关键词做了严格要求，有的则未做要求；有的刊物为了减轻审稿阅稿量，则要求作者写上“内容摘要”。

【案例 12－8】

反思“带着问题读”①

刘伦斌　支玉恒

“带着问题读”，指阅读课上学生阅读课文时，老师先布置几个思考题，学生一边读书，一边思考这些问题。这些问题一般都针对文章（或段落）的重点，帮助学生理解掌握其内容、结构或其他问题，从而实现教学目标。“带着问题读”是多年来语文阅读课堂教学中经常采用的一种方法，这种方法为学生的阅读指出了要解决的问题、确定了明晰的目标。它是对“教师讲，学生听”的灌输式教学的一种革命，的确对小学阅读教学的进步起到了相当的推动作用，因此曾经被作为经验广泛传播。笔者也曾为此专门撰文发表。直到现在，大多数教师还把“带着问题读”当作阅读教学的重要方法。

在素质教育、创新教育不断推进的过程中，在激发学生“自主发展”的教学实践中，笔者越来越意识到：要使学生得到全面的、主动的、生动活泼的发展，就必须充分发挥他们在学习中的主体精神，必须在教学中给学生提供充分的思维空间，让他们自主地发现问题、提出问题、解决问题，从而发挥其创造才能。

但是“带着问题读”这一曾经立过功劳的指导学生阅读的方式，在推进素质教育和创新教育的今天，却越来越明显地暴露出它“先天的缺陷”。

第一，束缚学生的自主发展。

“带着问题读”，“带”着谁的问题？众所周知，学生所“带”的问题，是教师在备课时根据自己对教材的理解和自己确定的教学目的、方法设计的，它不一定符合学生的学习水平、思维方式和内心需求。因此，

① 刘伦斌，支玉恒. 反思“带着问题读”［J］. 小学语文教学，2000（2）：16－18.

这些“问题”对学生来说是非自主的，从它“诞生”的那一刻起，就已经把学生置于被动的地位。教师的这些问题，给学生的阅读思考预设了“框架”，这种对学生思维指向和内容规定，虽然可以方便、直截了当地“引导”学生“读懂”课文，但它却限制了学生自主精神和创造精神的发展，限制了学生在阅读中更加生动活泼的思维、丰富多彩的想象和富于创造性的表达，影响了学生个性的发展。因此，“带”着问题去读，看起来是学生“自己”在读，实际上，他们所“带”的问题，像一只无形的手，在紧紧地控制着自己，不允许“自由行动”。从实践角度看，学生“带”着问题去读，也使课堂上的读发生了“异变”——把学生的阅读变成了从课文中寻找问题的答案。笔者在这方面也有深刻的教训。课堂上学生“读书”后的表达，往往都是三言两语或就问题答问题，经常是枯燥无味的。因为他们的发言，目的只是回答教师提出的问题，而不是在谈自己的读书感受，很少加入自己对课文中的语言文字和思想内容的独特见解。固然，这种独特的理解也可能是错误的，但错了又有什么关系呢？学生就是在不断地否定自我、超越自我的过程中成长起来的。学习和思维的光彩，往往就闪现在这些“独特”中！

笔者在讲《穷人》一课时，让学生读后自由地发表自己读书的感受。有的学生说：“我认为作者这样安排材料，不能更好地表现人物的好品质。”（师反问：“你觉得应该怎样安排?”）“如果我是作者，我就让桑娜有两个孩子，让死去的西蒙有五个孩子。”（师问：“为什么?”）“老师讲过，人物克服的困难越大，越能表现人物的精神。桑娜本身有两个孩子，日子已经过得很艰难，一下子又抱回西蒙的五个孩子，困难有多大！这不表现了桑娜更加高尚的品质吗?”笔者引导学生用“算账”的方法证明了这种假设的错误：按原作的安排，桑娜一家七口人，即使每顿省下一口饭，分给抱来的两个孩子，每个能吃到三口半，凑合着能活；按学生的安排，桑娜一家只有四口人，同样每人每顿省一口，四口饭分给抱来的五个孩子，每人不到一口，养不活。这样使学生弄清了，办事时自己的意愿应该符合实际可能（动机与效果统一）；写文章时要考虑周到，要合情合理，不能顾了这头忘了那一头。

这样的表达和讨论，确实鼓励了学生的思考和创新精神，展现了他们生疑、质疑，表达自己独特的见解，并在解决问题的过程中提高自身的思维品质和认识能力。这种学生自主发展的过程，在“带着问题读”的方式中是不会见到的。

第二，造成阅读能力的缺陷。

我们知道，阅读教学的目的是培养学生的阅读能力（而不单单是为了理解课文）。阅读能力是由许多要素构成的，如识记能力、诵读能力、理解能力、鉴赏能力等。但是要识记、要诵读、要理解、要鉴赏，就首先有一个识什么、诵什么、解什么、赏什么的问题。所有这些，通常都写在教师备课教案的教学目的栏内，然后再化作若干个问题，上课时“带”给学生，只需学生“按图索骥”找到问题的答案，就算完成了阅读教学的任务。可以设想，如果学生身边没有教师来提出问题，他还会读书吗？我们常常发现一些学生读了课外书，只能说出一些热热闹闹的表面情节。什么原因呢？他不知道该识什么、诵什么、解什么、赏什么，一句话，他不知道该从文章中汲取什么“营养”。

造成这种状况的原因很多，其中很重要的一点就是，长期以来，我们做教师的，总是耐心细致地把课文中需要学生掌握的东西，设计成各式各样的问题，上课时让学生“带着问题”去读书。这样，学生有了明确的阅读指向，读起来没走一点弯路，重点、难点、疑点的破解都是一箭中的，教师也认为课上得顺畅流利。岂不知，正是因为教师的这一番“耐心细致”，代替了学生自己在阅读取向方面的思考。学生只需“一张口”就可以“吃到饭”，哪里还需要“渔”与“猎”！久而久之，他们面对一篇文章，不会自主地确定从文章中学些什么、懂得从哪些角度去深入思考，抓不住能够突破全篇的关键段落或语句，发现不了值得品味欣赏的精言妙语，也说不出独到的见解，提不出值得深思的问题……所以只能说一些零散的故事情节。这种状况，难道不是学生阅读能力的缺陷吗？

第三，有碍学习习惯的形成。

学生阅读，应该养成一边读一边想和能够发现问题、提出问题的习惯。有了这样的习惯，才有助于逐步形成能力。但是，“带着问题读”用不着学生再去发现什么，提出什么问题，他们只需要从课文中寻找答案、回答问题即可。几年书念过之后，他们反倒形成了另一种习惯——等着老师提问题。笔者曾多次做过实验：不给学生提出任何“阅读思考题”，就让他们自己去读，然后让他们想说什么就说什么。结果大多数学生都没有话说，不知道从何说起，个别发言，也只是提出某某词怎样讲。这既是能力的缺陷，也是没有形成良好阅读习惯的表现。经过一段时间的培养，表现则有明显不同。在讲《高粱情》时，有的同学就问：“‘高粱塑造了我们的躯体和生命’？‘塑造躯体’可以理解，为什么还‘塑造了生命’呢？‘躯体’和‘生命’有什么区别？”讲《科里亚里的木匣》时，提出了：“‘周围一切在变化’，为什么妈妈的步子却没有变化？为什么三十步埋下，不是三十步取出？”这类问题的提出，表明了学生对问题进行了思考，抓住了关键，抓住了疑点。学生自己提出这样的问题，比教师把问题“带”给他们，效果不知要好多少倍。学生形成了质疑的习惯，对其发展具有巨大作用，而且，这种发展是自主性的。

笔者提出对“带着问题读”的反思，并不是要彻底否定这一教学方法，不是说上阅读课再不能给学生提出问题，关键是提什么问题，怎样提问题。对此，笔者也做了一些实践研究，有以下心得：

第一，不要把提问视为引导学生阅读的唯一方法，避免出现“满堂问”的局面。阅读理解最主要的手段是读，让学生在自读中自悟，锻炼他们自主地表达学习心得、学习收获以及提出问题的勇气和能力。在教学设计中，要给学生留一点较大的自主思维的空间，想错了说错了也没关系，更不要责备他们。经过一段时间的训练，表达和质疑的质量一定会逐步提高。

第二，要训练。要让学生知道什么时候该想什么，说什么。例如，初读课文，可以从课文的整体内容和结构上去思考和表达；读段落时，则着重思考段落与整体的关系、重点章节的精心描述，思考从什么角度去把握段落的中心内容（在讲《再见了，亲人》“小金花”一段时，有学生提问：既然小金花是个刚强的孩子，为什么和志愿军分别时却哭了？

这一问题的思考角度非常准确，一下子提携了全段）；总结课文时，可把注意力集中在全篇思想内容、段与段之间的联系、认识事物或表现手法等方面。但这仅是一个基本思路，应根据具体课文具体处理。

第三，尝试把提问转换成其他手段。有一位教师讲《一夜的工作》原想“带”一个问题给学生：“课文哪些地方用了对比手法？把什么和什么相比较？”后来她把问题转换成语言训练：让学生用“在……却……”或“是……却……”的方式说出课文中具有对比性质的内容。于是学生举例：“在高大的宫殿式的房子里，陈设却很简单。”“在一张不大的写字台上，却放着一尺来高的一叠文件。”“周总理在工作了整整一夜之后，却只用一小碟花生米充饥。”“周总理的工作是那样的劳苦，他的生活却又是那样的简朴。”等等。这种转换，不但完成了原问题的任务、进行了语言表达训练，而且是对全文的总结、对人物认识的升华，其效果肯定比提问好得多。老师备课时，脑子里多转一个弯，想一想，本来要提问的内容能不能转换为其他形式，如换为朗读，换为质疑争辩，换为说话写话训练，甚至换好图示、表格或演示，让学生从中受到启发达到自悟，等等。

第四，在必要提问的情况下，要仔细斟酌提问的方式和内容，尽量不提那些直接涉及课文内容的问题。笔者在讲《太阳》一课时，一些看起来非提不可的问题，如“太阳有哪些特点？”“课文怎样说明太阳的远、大、热？”“为什么说太阳和我们的关系非常密切？”等，一律没有提，都是采用各种训练手法，让学生自悟自得。提问时，尽量采用旁敲侧击、拨云见日、声东击西、陈仓暗度、点石成金、架桥铺路等方式，使学生在阅读中受到启发，打开思路，而不是从课文中寻找问题的答案。因为这样的问题在文中是没有现成语句做答案的，必须以课文为依据，深入思考才能解决。如讲《跳水》，若问水手怎样逗猴子，学生就必须从课文中找词找句找答案，若问水手为什么会逗猴子，学生就必须从课文第一段的字里行间去想象、分析、推理：“一艘轮船环游世界”——时间太久了，水手心中很烦闷，很想找寻开心；“正在往回返航”——返航了，没事了，心中轻松，更想玩一玩；“风平浪静”——天气好，没有险情，人们闲聚甲板晒太阳，猴子也来凑趣，“舞台”和“角度”都已齐备；“猴子知道人们在拿它取乐，就更加放肆”——猴子和人熟识，顽皮有趣，引人发笑；等等。《高粱情》一课中高粱为什么“能塑造生命”很难理解，笔者在高粱与人之间提了一个中介性问题：“人有根吗？人的根是什么？”（解决过程略）这一问题解决了，“塑造生命的问题”也就解决了。这样一些问题，都不会促使学生去死读书，而是让他们动脑筋。

当然，避免过多提问和不当提问的方法绝不仅限于此，以上所述也只是举例而已。这就需要广大教师共同研究探索，使我们小学语文阅读教学再不是一问一答、一问到底，而要呈现一种学生自主发展、教师点拨指导的生动活泼的新气象。

这篇论文是对过去肯定了的教学方法“带着问题读”进行质疑。引论部分介绍了论题的背景，以说明论文写作的必要性；主体部分先破后立，即先指出“带着问题读”具有三大缺陷，并做了理论分析和举例论证；然后提出了解决问题的方法。文章有理有据，写法也符合论文要求，值得借鉴。

8. 课题报告

课题报告是论述某一课题的研究经过和研究结果的报告，属于教育论文的范畴。一个较为复杂的教育研究课题，不仅要综合运用观摩、调查、实验、经验总结等方法，还可能要用到数学的方法和理论的方法。课题研究报告的结构比较统一，一般由如下六部分组成。

（1）课题名称。课题名称即研究报告的题目，一般是对研究对象和研究方法的高度概括。题目下面应该署上课题组或课题研究报告撰写人的姓名。

（2）问题的提出。这一部分要将课题的研究目的、研究背景、价值和意义，课题在国内外研究的主要成果和现状，课题预计要解决的问题和研究理论框架表述清楚。

（3）课题的实施。这一部分主要写明进行这一课题研究所选用的方法和技术。在撰写过程中，一定要注意把研究的过程写清楚，让别人明白研究是怎样推进的，课题研究的结论是怎样得出的。

（4）研究的结果。研究的结果是研究报告的主要内容。客观性、真实性是该部分最重要的指标，这也就是说，研究结果是对研究的客观叙述，所做的分析仅仅是对研究材料及数据的提示。

（5）结论与分析。这一部分由结论与分析两个方面组成。结论部分主要是针对课题提出的问题或课题假设给出答案，要求简明扼要；分析部分主要是通过对有关材料和数据的分析，以及相关理论阐释，来说明研究结论与研究结果、结论与措施之间的逻辑关系，要求表达严密、自圆其说。在这一部分的最后，研究者还要对研究成果的不足和进一步研究的方向做一简要叙述。

（6）参考文献。在这一部分研究者应该明确指出研究报告中所引用内容或者参考资料的来源，以示对他人知识产权的尊重和方便读者查阅。参考资料的排列格式一般是：如果是期刊资料，则要注明作者姓名、文章标题、刊名刊号；如果是书籍资料，则要注明作者姓名、书名、出版地、出版者、出版时间、页码等；如果是网络资料，则要注明作者姓名、网址、发表日期等。

【案例12－9】

认知再建模式在小学高年级数学教学中运用的实效性研究①

上海市永兴路第二小学　李雯

一、问题的提出

在新教材的教学实践中发现，教材的系统性、逻辑性很强，教材的编排是呈螺旋式上升的，新知识往往是旧知识的重组、变形或自然延伸。在教材中，新出现的例题是以新旧知识综合而形成的知识模块呈现出来的。

---

① 王钢，张音．教育科研实用手册［M］．上海：上海教育出版社，2004：30－38．

本研究的目的指向在于结合学生原有的数学知识基础，让学生通过对新知识的探索学习，使每一个学生的认识结构都能在各自的最近发展区得到更新，通过认知结构的再建来获得新的知识。

二、研究方法

1. 研究对象：永兴路二小四（1）班、四（4）班56名学生。实验组：四（1）班28人，其中男生14人，女生14人。控制组：四（4）班28人，其中男生14人，女生14人。

2. 研究时间：2000年9月至2001年6月。

3. 研究方法：等组对照实验法。

4. 研究过程：

（1）2000年9月开学初进行一次摸底测验，根据学生成绩从四（1）班、四（4）班中用等组配偶法各选取28名学生。

（2）控制组学生在自然状态下按原计划上课。

（3）实验组学生在自然状态下由教师施放实验因子，在数学课堂教学中根据学生的认知特点，在数学分层教学中采取针对性对策，帮助学生进行认知再建。

三、研究内容及目标

1. 研究内容：四年级数学（第一学期、第二学期）。

2. 研究目标：本研究力求使学生不但能够通过自己的探究掌握新知，而且掌握一定的学习方法，提高学习能力。

3. 研究措施

环节一：设疑引新，巧作铺垫。

这一环节主要是新授前教师运用一定的方式方法提出要探究的问题，使学生明确探究目标，设疑引新可用多种方式。

（1）利用新知与旧知之间的矛盾冲突来引发学生探究。当学生无法用旧知识解决新问题时，就会对认知探究伴有猜想和期待。比如在教学《面积单位》一课时，教师出示如下两个图形：

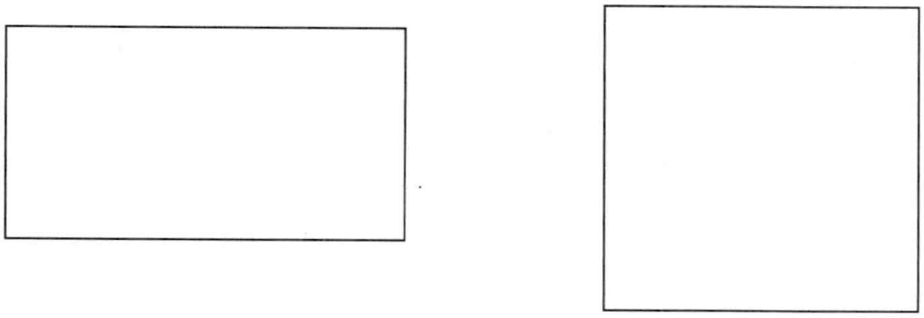

请学生说一说什么是图形，并指出这两个图形的面积。接着教师提出问题："这两个图形的面积哪个大一些？大多少？"当学生很难分出这两个图形的大小，更不能准确地说出大多少时，教师适时地引出面积单位的学习，这样就极大地调动了学生的学习积极性和探究欲望。当学生通过学习活动认识了面积单位，并且最后解决了这个问题时，就更能够使学生获得满足某种需要的愉悦之感。

（2）用故事或游戏比赛来设疑引新。利用有趣的故事或者比赛活动可以在课堂中创设出一种令学生兴奋、积极、迫切要求投入课堂的情绪场。如在教学《有余数除法》时，教师可以先讲一个猪八戒分桃子的故事，请学生当裁判来判断一下猪八戒分得对不对，从而引出新知。

环节二：点拨导探，获得新知。

这一环节主要是由教师引导学生拟定解题途径和方法，或者是由教师引导学生通过探究把新旧知识联系起来，帮助学生完成由旧知识向新知识的转化。

在教学《商不变性质》时，教师在出示一组除法算式的基础上，引导学生自己寻找其中蕴藏的规律。学生在小组讨论中，可以猜想规律，也可以尝试用自己的语言来叙述发现。这时，教师进一步要求学生自己用实例来验证猜想，证明发现。最后，大家一起看书，看看数学家是怎么来总结这其中蕴藏着的规律的。通过一系列的活动，学生不但对商不变性质有了深入的理解，而且体会到了怎样寻找数学规律，初步掌握了一种学习方法。

环节三：反馈调控，促进迁移。

在这一环节中，教师可根据教学内容，恰当地设置习题供学生练习运用，可提出问题帮助学生开展辨析，也可组织学生互相改错纠正。

例如，在教学《长方形和正方形面积》时，在学生找到了求长方形和正方形面积的方法后，教师除了可以出示简单的长方形和正方形请学生计算面积之外，还可以再让学生计算这些图形的周长，通过新旧知识的对比，积极地帮助学生进行认知结构的再建，防止旧知识对新知识的负迁移。

环节四：开拓发展，体验成功。

这一环节首先是为了创设愉快的学习情境，以进一步提高学生学习的兴趣；其次是为了发展学生的求异思维能力和创新意识；最后是为了培养学生解决实际应用问题的能力，使学生体会到生活中处处有数学，生活中处处可以用数学。所以，这一环节中的练习设计比前一环节的练习设计更为开放，形式更为活泼，内容具有延伸性和拓展性。教师可以设计游戏性的练习，以进一步激发学生的学习兴趣；可以设计发展性的练习，以发展学生能力；还可以设计实践性的练习，以拓宽学生的视野。

例如，学生掌握了怎样求长方形和正方形的面积之后，教师可以设计这样的练习开拓学生的思路，帮助学生体验成功。

(1) 教师出示被拍卖房屋的平面示意图（单位：米），这套房屋拍卖的底价是2 000元/平方米，王叔叔准备用12万元来买这套房子，你认为够不够？

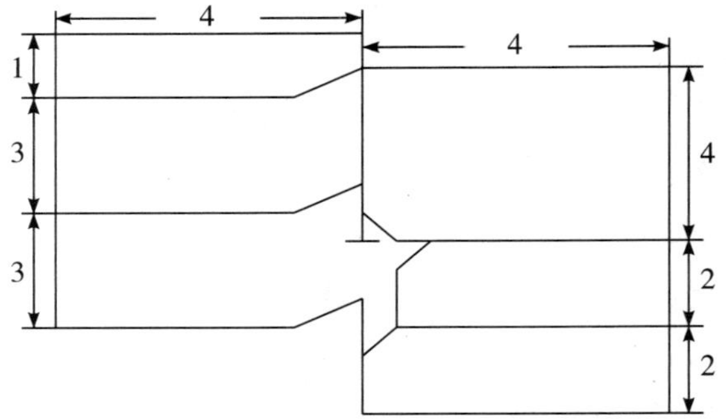

这时学生不但要运用已有的知识计算出房屋的面积，还要联系生活实际来考虑竞买房屋是否可能，从而使学生体会到生活中处处有数学，

生活中处处能够用数学。

(2) 王爷爷最近新买了些羊，可是他家的羊圈太小了。如果要求栅栏的总长度不变，围出的羊圈形状仍然是长方形或正方形，你能帮王爷爷想个办法围出一个面积更大的羊圈吗?

这道题的答案不是唯一的，在不同的情况下（不靠墙、靠一面墙、靠两面墙等），围成的羊圈的形状与大小也是不同的。在对这道题的解答过程中，不论是哪个层次的学生都能找到至少一种答案，由此他们每一个人都能从中品尝到成功的快乐，而对于找到更多种答案的学生来说，这道题更能发散自己的思维，更有思考的余地。

4. 无关因子控制

在整个实验过程中，教材是统一的，学生均不被告知任何情况，都在自然状态下参与，最初选择研究对象时用等组配偶法使得两组学生最初的成绩相同，两组学生的教师以同样的认真态度进行教学，实行测试的时间均统一，批改采用流水作业。

四、研究结果

1. 使学生乐学

数学课对于学生来说，不再是枯燥与烦琐的代名词，学生们大大增强了学习的兴趣和信心。现在学生积极参与课堂学习的劲头比以前更足了，他们积极举手发言，对于教师提出的问题，举手率保持在80%以上，一堂课中，班中人人都有过发言，有时甚至下课后还在讨论。

2. 使学生会学，会主动地学

原先的学习是老师教什么，学生接受什么，老师没教的就等老师说。现在许多学生能积极主动地投入到知识的学习中去，主动探求知识，积极动脑动口动手争着把发现告诉老师和同学。对于课本上的知识乐于、敢于质疑。解题时出现了一题多解的情况。学生们的这种探究精神还延伸到课后，他们利用自己获得的解决问题的技能在课后主动探求新知，做提高题，有不明白的就主动与老师、同学讨论。学生由原来总有一部分对于思考题不感兴趣或不会做，到现在大多数人都乐于动脑，实在有问题的就与同学讨论。

3. 统计处理（t 检验）

表 1　四年级第一学期成绩第二次校统测成绩对比表

对比	n	Σ	$\bar{x}$	t	P
实验组	28	2 561.5	91.48	2.28	$P<0.05^{*}$
控制组	28	2 439	87.11		

由表 1 可知，两组学生成绩差异显著，有统计学上的意义。

表 2　四年级第二学期成绩第一次校统测成绩对比表

对比	n	Σ	$\bar{x}$	t	P
实验组	28	2 578	92.87	2.87	$P<0.01^{**}$
控制组	28	2 463	87.96		

由表 2 可知，两组学生成绩差异极其显著，有统计学上的意义。

表 3　实验组实验前后成绩对比表

对比	n	Σ	$\bar{x}$	t	P
实验组	28	2 532	90.42	2.42	$P<0.05^{*}$
控制组	28	2 650	94.64		

由表 3 可知，实验组的前后成绩存在显著差异，有统计学上的意义。

表 4　控制组实验前后成绩对比表

对比	n	Σ	$\bar{x}$	t	P
实验组	28	2 532	90.42	1.89	$P<0.05$
控制组	28	2 554	91.21		

由表 4 可知，控制组的前后成绩无显著差异。

五、分析与讨论

1. 本研究证明，在数学教学中帮助学生进行认知再建，能使学生学会如何学习，使学生不但学到数学知识，更学到思考问题、解决问题的方法，具有举一反三的能力，提高了学生学习数学的兴趣，并进一步提高教师的教与学生的学的有效性。"认知结构"是指每个小学生心理内部的知识结构、认知经验和认知方式。学生的认知结构的变更或者说认知结构的再建是一个连续的过程。认知结构随着知识模块的更新而再建，任何一个时段的认知结构都是一个完整性的结构。通过每节课的探究学习，每个学生的认知结构都能在各自的最近发展区得到更新，得以再建。皮亚杰认为，处于具体运算第一阶段的学生（7～8岁），成长为具体运算第二阶段的学生（11～12岁），经历了"质变"的过程。小学生在活动的基础上建立起认知的图式，这是一种质变；在进一步认知新知的过程中改变原来已有的图式，经同化和顺应产生新的认知结构，这也是一种质变；小学生由新的活动建立新的图式，从而又达到新的平衡，这样循环往复、不断进化，就是不断发生质变的过程。促进认知结构的质变必然建立在认知结构量变的基础上。

2. 本研究证明在新授前设疑引新，能够激发学生的认知兴趣和求知欲，能够在学生的求知心理和教材内容之间制造一种不协调，从而使学生处于心有求而不解的愤悱状态，使学生改变角色意识，把自己"摆进去"，自觉投入学习，探求规律，寓解疑于设疑之中，寓解疑于趣味之中。古人曾说：疑为思之始，小疑则小进，大疑则大进。

3. 本研究证明了在小学数学分层教学中，运用帮助学生进行认知再建有利于促进学生学习的实效性。但由于研究时间短，又是从某一角度进行研究的，故对其还缺乏深入探讨。本研究只是在一个特定范围内展开，是否对小学所有年级学生均有普遍意义，还有待验证。由于条件所限，研究中运用电脑多媒体辅助教学的机会不多，如果能有更多机会，可能效果会更好，这些都有待今后继续研究。

这个课题报告虽然与课题研究报告的标准格式有所出入，但体例规范、表述清晰、主次分明。尤其是它的研究内容与表述结构相称，符合校本教研小课题研究的实际。因此具有示范意义。

9. 学术著作

学术著作是以公开出版发行的书籍形式出现的研究成果，主要包括教育教学研究的专著、编著、合著、文集等。专著是对某一问题深入研究的结果，是最能代表教师研究水平与实力的作品之一。编著则是在充分吸收、借鉴、引用他人成果的基础上，加上自己的研究与理解所形成的既编又著的作品，有的以编为主，有的以著为主。合著则是两人或两人以上共同完成的研究作品。文集包括个人研究的文集和多人研究成果的结集。个人研究文集是教师个体把自己的研究成果结集出版的作品。教师把诸如教学病历、教学反思、教育叙事、教育随笔等结集起来，可以产生聚集效应；教师也可以把平时积累的各种病历、反思、随笔等加以归类，整理写成论文，积累多了也可以结集出版。许多教师的著作就是这些日常积累作品的结集。多人研究成果的结集则有的具有相同、相类似的研究主题，有的是以学校或区域为单位组织而成。教育学术著作集中反映了教师研究的成果，可以较为深入全面地反映研究对象的内容，但因其学术难度和含金量较高，所以在校本教研成果中所占的比例较小。

总而言之，校本教研成果有多种多样的表现形式。教师可以根据自己的研究情况选择合适的成果形态，最重要的是在实践中思考、在实践中研究，在思考与研究之后拿起笔把它们写下来。写文章的前提是实践、是研究、是思考，但还必须要写，这样才能形成真正的成果。成果是“做出来”的，也是“写出来”的。

二、 校本教研成果的评价

校本教研成果评价是指按照校本教研的评价要素对已经得出的校本教研成果进行检查、分析和评定，对校本教研过程和研究成果的科学性和质量做出判断。它是应用和推广校本教研成果、改善校本教研工作、推动校本教研发展的一项重要工作，也是校本教研管理工作的一个重要环节。下面从指导思想、评价方式和评价指标几个方面对校本教研成果的评价做一基本阐释。

（一）校本教研评价的指导思想

校本教研评价的指导思想是校本教研的本质要求和核心价值的集中反映，它揭示了校本教研的评价理念、原则要求和价值导向，成为校本教研的思想基础和评价原则。

1. 校本教研的评价理念

校本教研的评价理念取决于校本教研的本质属性和价值取向，作为校本教研评价的核心思想，它包含以下五方面的基本内容。

（1）校本教研质量的起点是解决自己学校的实际问题。要着重强调在对学校基础情况进行分析和对学校发展现状进行诊断的基础上，选择符合本校发展的研究课题进行评价。

（2）校本教研质量的基础是本校教师参与研究的程度。要把学校的教研活动看成是提高教师素养的培训过程和人力资源的开发过程，要特别关注研究过程中学校教师参与的人数和获益的程度。

（3）校本教研质量的根本是研究对实际工作所产生的作用。这要从与研究相关的工作改进程度、教师自身提高的状态和与研究的手段、策略所带来的学生发展情况三个方面去考量。

（4）校本教研质量的关键是研究成果和实际效果的一致性。也就是说，所提交的研究成果应该的确是学校实际教育教学进步与发展的真实写照。

（5）校本教研质量评定的程度区别在于成果的创新性。这里的创新性是指研究创造性地解决了本校的实际问题，并提炼出具有个性化意义的理论依据。

上述评价理念，从校本教研的起点、基础、根本、关键和归宿等角度，充分体现了校本教研的性质、特点和宗旨。

2. 校本教研的评价取向

鉴于校本教研评价理念的指向性，在对校本教研成果进行具体评价时，必须注意以下四个方面的原则性要求，以体现校本教研的评价取向。

（1）不计水平高低，张扬介入精神。客观地说，基层学校的教师开展校本教研，大多数情况下就是教师对日常教育教学现象的一些非常原始而朴素的解读。他们不太可能也未必需要在理论层面有什么大的建树，他们的研究所要解决的是非常实际的一些小问题。但是这些问题解决的过程，能够使他们进步起来。要解决问题，就要动脑子，而动脑的过程就是自我提升的实践。因此，在校本教研的初级阶段，不宜把评价标准定得太高，而要特别在乎教师是否介入，要在乎教师是否已经习惯用心去体察教育教学中的一些问题，并设法去解决它。而不要总是以研究是否有质量来作为主要的衡量标准。也就是说，只要教师们积极介入，就应大张旗鼓地予以肯定。当前，特别需要保护的是广大教师从事研究的热情，至于水平和质量，则有待于他们介入之后的历练过程。

（2）强调以人为本，体现特征评价。俗话说："尺有所短，寸有所长。"对于一个人或一项研究来说也是如此，每个人的性格、气质等心理机制的倾向不同，其个性特征也就不同。校本教研作为一项非常人性化的事业，自然体现人的风格和特征。比如说，高水平的研究，考验的是一个人的综合素质，它既需要敏锐的洞察力，又需要较强的分析力、组织力和表达力。这么多的能力很好地体现在一人身上的概率是不高的，大多数人一般总是在某一两个方面发展得比较好。为此，对校本教研成果的评价，就要尽量体现人文精神，充分考虑到个体的特征。唯其如此，才能使教师在研究中发挥自身的优势，形成自己的研究特长，从而真正体现人尽其才。

（3）淡化规范意识，肯定实践特色。在评价上淡化规范意识并不是说不要规范，而是指评价取舍上的一种特定导向。它主要是针对开口就提项目设计，闭口不忘专家论证，大谈特谈研究成果的理论价值和实践创新这样一倾向而言的。许多研究成果不一定是事先严密设计的产物，而往往是灵感加实践积累的结果。对于校本教研来说，研究特色比研究规范更重要。如果胸无点墨，行无方略，却要苦思冥想搞所谓的规范化设计，那是不可靠的。再说研究一旦有卓尔不群的成效，要使它向规范化靠拢也并不难。所以，对基层学校的校本教研来说，首先看重的不应该是规范不规范的问题，而应该是教育教学的实践和探索有无特色的问题。

（4）不唯成果论英雄，看重扎实过程。当下，校本教研评价有那么一种浮夸之风：谈起教育教学研究，即想到要出专著、想到媒体宣传、想到研究项目包装、想到课题评选得奖，至于教师们在研究中所走过的路程、所碰到的困难、所经受的体验等，却少有关心。其实，相对于结果性的东西，研究的经历和过程更为重要。因为研究中许多闪光的东西，必定是在实践过程中体现的，只有经历扎实的研究过程，才能获得实实在在的研究成果。如果没有一个扎实的研究过程，很难相信可以产生高质量的作品。研究者出不出书、得没得奖、是否发表文章，不是教师个人完全能够掌控的，也不是教师从事校本教研的本质意义所在。有鉴于此，校本教研评价应更加关注教师们在研究过程中留下的足迹，肯定他们的实践意义，这样才能促使学校教研工作健康发展。

总之，对校本教研成果的正确评价，应该尽量克服急功近利的倾向，要考虑其本体性的需求，而且还应该随校本教研发展的实际及时调整评价目标。比如，在校本教研的起步阶段，可以强调一定的数量与结果；在校本教研走上发展阶段后，则应该注重引导学校教师把外部动机转化为内部动机，以此引导校本教研向创办学校特色和提升教育质量的境界推进。

（二）校本教研成果评价的方式

校本教研成果评价的方式是指实施校本教研成果评价的组织形式及其行为方式，它是校本教研成果评价必要的途径和平台。

1. 评价主体

校本教研成果评价的主体可分为教师自我评价、同行专家评价和行政管理部门评价三类。

（1）教师自我评价。教师自我评价虽不能作为成果评定的主要依据，但它有利于教师提高研究水平、完善研究意识。教师通过对照评价标准来衡量自己的研究成果，总结经验教训，为今后或下一步研究提供有力的帮助。更重要的是，教师自我评价是以当事人自己的主观感受和眼光看待自己的研究成果，可以反映出研究成果的许多重要信息，从而为其他的评价提供有益参考。

（2）同行专家评价。同行专家评价对校本研究成果具有判别意义。专家评价可以个别进行，即由每个专家各自按标准做出评定，最后汇总得出结果；也可以经过专家组集体讨论研究得出评价结论。前者的长处是专家之间的观点较为独立和客观，相互之间不受影响，但有可能因专家水平不同、评价标准不具体而造成各专家之间评价结论差异较大；后者便于专家之间充分讨论沟通，澄清有关问题，但有可能受到权威人物观点或人际关系、交往互动的影响。不论哪种形式，参评专家都要具备相符的学术水平和科学求实的态度。

（3）行政管理部门评价。行政管理部门评价一般是由相关行政管理部门组成一个稳定的教育研究成果评价委员会来实施具体评价鉴定工作。为保证评价结果的科学性、严肃性和权威性，教育研究成果评价委员会应严格挑选参评专家，避免由行政领导代替专家做出决定。

由于校本教研的直接目的是改善学校实践，提高教学质量，促进教师和学生的共同发展。因此，评价校本教研成果的最终主体应该是学校的校长、教师和学生，这样有利于促进学校加强自我反思与提高，发挥主观能动性。不过，在学校自我评价的基础上，可以结合采用同行专家评价和行政管理部门评价，这样有利于促进校本教研成果的真实性和效用性，实现评价的纠偏功能。在校本教研成果的评价中，强调自我评价与同行专家评价、行政管理部门评价的有机结合是校本教研评价的应有之义。

2．评价形式

校本教研成果评价的形式一般有通讯评价和会议评价两种。这两种形式都要求提前向有关方面提交成果，以便评价者有足够的时间阅读、思考并做出评定。通讯评价是将成果以邮寄的方式交给评价者，然后，在规定的时间内，评价者将评定结果邮寄给有关部门；会议评价是专门召开的研究成果讨论会，评价者之间、评价者和有关研究人员之间展开交流、讨论。通讯评价和会议评价各有利弊，适用的范围不尽相同。校本教研成果的评价鉴定应以因地制宜的会议评价为主。

3．评价方法

校本教研成果的评价方法有定性评价和定量评价两大类。定性评价主要是依据评价标准对研究成果做出评语式的鉴定；定量评价是通过数量化的评价方法来判定研究成果的质量和价值。对校本教研而言，较为有效的评价方法则是定性与定量相结合，以定性方法为主，定量方法为辅。这样既给出定性的结论，也给出量化的信息，可使评价较为客观公正。

在一定条件下，校本教研成果评价不妨借鉴教育科研成果的评价标准，从理论价值和实践应用价值两方面去评判。理论价值主要是指研究成果在整个教育科学知识体系中所处的地位，以及它在指导教育教学实践中所产生的影响大小；实践应用价值主要是指研究成果在现实教育过程中的推广意义、使用价值、适用范围和可行性。而研究成果的理论价值和实践应用价值又大致决定于研究成果自身的科学性、实践性和创新性。

（三）校本教研成果评价的指标

校本教研成果评价的指标是一定的价值取向和评价方法、评价标准相结合的产物，具有评价的客观性、可测性、针对性和可行性的特点。

基于评价方法和评价标准的内在规定性以及校本教研的价值取向，校本教研成果评价的指标体系的建构不妨采取"分因素评价"和"综合评价"的模型。分因素评价的优点是评价指标和具体分值明确，根据各指标的重要程度赋予相应的权值，较好体现了各指标在指标体系中的地位，评价较为客观。但是，分因素评价会出现人为割裂成果价值的现象——个别评价因素有可能"掩盖"成果的一些弱点；成果中某些弱点的累积又可能抹杀其整体上的长处，从而否定了成果中某些可贵的成分。此外，分因素评价的结果往往拉不开距离，会导致成果水平悬殊而分值却相差无几的情形出现。因此，在分因素评价后还必须进行综合评价。综合评价从整体上权衡考量，可以避免评价中出现偏颇。分因素评价和综合评价的指标体系从下述内容可见一斑。

1. 分因素评价的指标

分因素评价是对校本研究成果的内在品质和研究过程做较为细致的分析的评价方法，其评价指标如下。

（1）科学性。科学性是研究成果的首要条件，关系到研究成果是否成立，因而它在评价中的权重一般不要低于0.5。研究成果的科学性一般可从以下几个方面来考量：①研究的问题是否符合学校的实际情况，有没有进一步思考和探索的价值；②研究计划是否有理论或实践经验为依据，研究方法是否适合、科学，研究计划内容是否周密；③研究过程是否按计划执行，收集的资料是否客观、可靠和完整；④是否对有关的研究资料进行科学的整理和分析，并由此得出合理的结论。

（2）实践性。对于应用性研究成果，评价实践性的权重可达0.35左右；对于个人化理论研究成果，一般只能考察它对实践的指导作用，其评价权重可略低一些。

研究成果的实践性可以从以下三个方面来考量：①是否针对学校教改的现实矛盾，有没有应用性的实践案例；②是否从学校教育实践中总结和提炼出来，是否经过科学的验证并获得较为稳定的成效；③是否已经形成一套切实可行的操作方法，有无广泛推广应用的可能性，是否具有良好的发展前景。

（3）创新性。这是评价研究成果水平高低的核心和重点。实证研究中的新发现和新见解，思辨研究中的新论点和独到分析，运用新的研究方法和研究思想，提供新材料（新的事实依据）等，均可视为成果的创新性。

研究成果的创新性可以从以下几个方面来考量：①是否解决了别人没有解决的问题，是否形成了新概念、新观点、新见解和新结论；②有没有在各概念之间建立起规律性的联系，得出规律性的认识；③有无切实可行的操作方案，是否建立了明确的研究图式；④理论内涵的完整性、系列性、形式美。

科研成果的创新性，是一种较高层次的要求，在校本教研范围内一般较难达到。因此，目前在评价时不宜赋予较大的权重，分配在0.15～

0.2之间较为合适。

2．综合评价的指标

综合评价是从成果的系统性与成熟度上衡量研究成果的一种评价方法，这种评价一般按一等成果、二等成果和三等成果三个等级来划分。

（1）一等成果。分因素评价得分在0.8以上，尤其是实践性评价中得分不少于该项总分值的0.85；成果反映学校教改中的重大问题，具有普遍应用价值或广阔应用前景，对解决学校教改中的问题起关键性作用，并有助于推动教育理论的发展；成果为实践证实，易于推广。

（2）二等成果。分因素评价得分在0.7以上；成果反映学校教改中的重大问题，在较大范围有影响，对学校教改中某一问题的解决起较大作用，对教育理论的发展有一定的积极意义；成果已为实践所证实，操作化程度好。

（3）三等成果。分因素评价得分在0.6以上；成果反映学校教改中的某一问题，具有区域性或局部性影响，对学校教改中某一具体问题的解决起较好作用；经实践验证，操作化程度好。

上述分因素评价的权重或综合评价等级，仅是一种建议性的意见。在不同时期、不同地区或不同对象应有所侧重，可从实际出发，酌情自行调整或完善。

三、校本教研成果的应用

校本教研成果是学校教育教学活动的知识形态和精华所在，在教育发展中起着“第一生产力”的作用。校本教研的根本目的不仅在于认识世界、揭示规律，更在于指导和服务于教育实践，使校本教研成果发挥最大潜力和效益。校本教研成果的评价为校本教研成果的应用指明了方向，接下来就是将校本教研成果应用于学校的教育教学实践。这一环节的基本思路是：明确成果应用目标—消化吸收成果内容—应用推广成果。

（一）校本教研成果应用的目标

校本教研成果属于社会科学类成果，它与自然科学类成果的应用有较大的差异。基于校本教研成果的属性，校本教研成果的应用内容一般指向以下几个方面。

1. 校本教研成果中先进的教育理念

校本教研成果中所反映的先进的教育理念和教育思想，对于更新教育观念、改革教育制度和教育方法具有极其重要的促进作用。在校本教研评价中得到肯定的成果，往往会在某一方面体现出研究者对教育教学较为科学、先进的认识。为此，在应用校本教研成果时，首先要让成果中先进的教育观念得到广泛的接受和认同。也只有成果中先进的教育观念得到广泛的接受和认同，其成果才有推广应用的“市场”。

2. 校本教研成果中的教育规律和教育原则

校本教研成果所揭示的教育规律或改进建议，对于学校具体的教育教学实践具有相当的指导意义。人们对教育规律的揭示、对教育原则的总结有一个不断深入的过程，新近揭示和总结出来的教育规律和教育原则，迫切需要人们去学习、掌握和遵循，以促进学校的可持续发展。

3. 校本教研成果中的新方法和新技术

校本教研成果中的新方法和新技术，有利于教学方法的改进和教育技术的提高。教育教学方法的改进和先进教育技术的推广应用，是广大一线教师十分关注的事，因为他们在教育教学实践中经常会遇到一些疑难问题，面临着一个在原有基础上提高工作质量和效益的问题。因此，将校本教研成果中的新方法和新技术及时在基础教育学校中加以推广应用，具有重要的现实意义。

4. 校本教研成果中的科学思维方式

教育科学要在新形势下有所作为，就要转变教育科学研究机构及其研究人员的思维方式。教书育人是一种创造性的实践活动，广大中小学教师也应像教育研究者一样，紧跟时代的步伐，不断改进自己的思维方式，力求用新的视角分析新情况、研究新问题。为此，校本教研成果中所体现的科学思维方式，是校本教研成果应用中不可忽视的重要内容，完全可以借助它来改变一线教师落后的思维方式。

（二）校本教研成果的消化吸收

消化吸收是实践应用的前提，也是校本教研成果转化为实际效益的关键一步。这里讲的消化吸收就是一个对已经选定的校本教研成果进行研究性学习的过程，在这个过程中，教师既是学习者，更是研究者，应该对被推广应用的成果抱“批判地吸收”的态度。

1. 理解成果产生的背景

每一项校本教研成果都有它的研究背景，即有其适用范围的时间、空间的相对性。因此有必要对将要吸收应用的该项教研成果研究的背景与时空的相对性做出深刻的认识——弄明白研究者是在什么样的情况下进行这项研究的，研究的已有基础是什么，研究究竟解决了什么问题，揭示了什么样的教育规律。这就需要对研究报告所提出的参考文献做了解，弄明白研究者的研究起点与背景，弄明白他的研究是在什么样的时间与空间中进行，同时思考自己是否同他具有相同的背景和相似的时空范围。如果不同，那么其差异在哪里，这个差异有多大，有没有本质上的差异。如果这项成果的研究背景与时间范围，特别是它所揭示的教育规律同你的应用之间确有本质上的差异，那么它可能难以为你所应用。如果这项成果的研究背景与时空范围同你的应用之间虽然确有不小差异，但是其揭示的教育规律同你的应用实践之间并无本质上的差异，那么，你就应当意识到可能需要进行“移植”研究。这实际上等于让你找到了一个新的校本教研课题。

2. 审视成果的研究过程

对将要被应用的成果的研究过程进行审视，首先要看它的研究思路是否清晰，整个研究过程是否具有客观的和主观的逻辑性；其次要看它的研究方法是否科学，研究手段是否可靠。只有清晰的研究思路、科学的研究方法、可靠的研究手段，其获取的材料才可能真实可靠，其研究结果才有可信度。这既是去伪存真的重要步骤，也是理解研究者思考、学习其研究方法和手段的重要步骤。严格地讲，只要遵循研究者的正确思路，应用研究者的科学方法和手段进行再实践，该成果所反映的实践效果就会被重现出来，最起码该项成果的本质特征会重新反映出来。有些教师不明白这个道理，不注重学习成果研究者的研究思路、方法和手段，只是简单地学习应用其现成的结论，结果往往得不出应用的实践效果，甚至反映不出该项成果的本质特征。在适当的时空内，成果的本质特征不能被重新反映出来，可能有两种情况：一种是该项成果本身不具有本质特征上的可重复性，它揭示的不是普遍意义上的教育规律，它经不起实践的检验；另一种是没有按照研究者的思路、方法、手段去再实践，得不出与成果研究者相同的“结果”。前者说明成果的真实性有问题，不值得别人应用；后者说明成果的消化吸收环节出了问题，需要做针对性的弥补。

3. 认识成果的研究结果

研究报告中所反映的实验结果、调查结果、观察结果等内容，是研究者在特定的背景与时空条件下，用他们的思路、方法、手段得来的。但由于实际存在的差异，特别是时空的局限性，应用该项成果所产生的实际效果同原来的并不一样——可能比它更好也可能比它差。不要把成果的“研究结果”看成绝对的东西而照搬，要知道，只有该项成果的本质特征在应用中被重新反映出来了，实际效果在数量和程度上的差异才是合理的。因此，应当通过努力，设法取得比研究报告中的“研究结果”更好的实际效果。

4. 理解成果的理论内涵

对研究报告中有关“理论阐述”的部分或成果中蕴含的理论成分，应当花工夫去认真消化吸收，因为它一般都是研究者科学抽象、概括的内容，是该项成果所揭示教育规律的反映，是成果的本质性所在，带有更普遍的意义。对此可以从两方面来加以理解：其一，从自己已经掌握的教育理论的角度去理解，将这些理论阐述同自己已经掌握的教育理论进行碰撞、整合，从而在更加广阔的基础上把握该成果所揭示的教育规律和本质特征；其二，从自己已有的教育经验与教训的角度去理解，将这些理论阐述同自己已有的经验教训相联系，特别是将它同自己将要进行的实践应用相联系，看看它是不是真有道理，是不是真的对自己将要解决的实际问题有根本的指导性。由此悟出该项成果的实质，抓住其中心论点，把握其本质特征，理解该项成果所阐明的教育规律，同时进一步思考怎样来应用它。

5．写出成果阅读笔记

对自己所要应用的教研成果的消化吸收过程最好能写出阅读笔记，即把上面四个方面的阅读与思考的结果写下来。许多认识与想法往往在消化、批判、吸收过程中一闪而过，如果及时地把它写下来，进而联系自己的教育实践再思考，就会帮助我们更深刻地把握这项成果的精髓。撰写成果阅读笔记，要尽可能地围绕着“这项成果的实质是什么？我们怎样来应用它？”类似的问题来展开。通过逐项研读研究报告，在“批判地吸收”的同时构思怎样来应用，从而完成阅读笔记。这样，不但能真正地理解校本教研成果，而且对怎样应用有了针对性的感悟和心得。

（三）校本教研成果的实践应用

将已经消化吸收的校本教研成果在实际工作中应用，使之产生实际效益，同时形成新的认识，是一个改变教师的工作行为，并创造性地解决教育教学实际问题的过程。下面，就其实践应用的途径和方式做一探讨。

1．应用途径

校本教研成果的应用要立足于“校本”，其应用途径不外乎以下四种。

（1）由局部向全校推广。校本教研成果的推广应用，应坚持循序渐进的原则，由局部到全局就比较稳妥。切忌将个别的成果在未取得局部应用经验的情况下，一哄而上。盲目的开始往往以失败而告终。

（2）在新调入教师中应用。新调入的教师往往是经过考试、试讲、面试等重重关口检验的优胜者，他们初来乍到，为站稳脚跟，大都是雄心勃勃、干劲十足的。抓住这个契机，帮助新教师迅速了解已在和将在全校推广的有关研究成果，不仅可以使新教师快速适应学校的教学工作，还可以让已推广的研究成果得以巩固，让将要推广应用的优秀成果得以深化。

（3）向其他学科辐射。不同学科之间总有相通的一面，此学科的研究成果对彼学科也会产生有益的影响。学科之间的借鉴、吸取和通融，是校本成果推广应用的主要方式之一。

（4）向校外辐射。向校外辐射是校本教研成果增值、扩大学校影响力的上佳方式。对外开放研究课、实验课；对外展示各类教研成果的文本和实物；走出去作学术报告；向有关刊物和媒体发表宣传校本成果等都不失为向校外辐射的有效手段和途径。

2. *应用方式*

校本教研成果应用的方式一般有两种：一种是直接应用，即将一些操作性很强的教研成果直接应用于自己的工作实践；另一种是开发性的应用，即把将要应用的教研成果转化成为一个可以操作的方案，展开教育实验，这样不但求得更好的教育教学效果，还可以进一步改善和发展原有成果。由于大多数教育研究成果的操作性比较差，因此更需要这种开发性的应用。下面就对怎样进行开发性的应用做一阐释。

（1）制订开发性应用的计划，设计操作方案。进行开发性应用需要事先有一个计划，其计划一般包括表 12－1 中的一些内容。

表 12－1　开发性应用计划表

项目	内　　容
应用目的	为解决什么问题而应用
应用内容	原成果的精华和我们需要改进的地方
应用范围	在我们工作的哪些方面进行应用，如在某学科的某一节课的课堂教学中进行应用
应用过程	应用的前后步骤，按时间先后安排
应用评价	用什么标准来评价应用结果，怎样评价
应用条件	对应用中的主客观条件做出分析
风险与补救	对应用中可能出现的负面影响做出估计，并做出补救措施

开发性应用的核心问题是设计研制成果应用的具体操作方案。比如，我们要应用某一种先进的教学方法或者教学模式甚至教育理念，就必须

按照这种教学方法、教学模式、教育理念的要求，结合自己的教学实际设计出一个新的教案，使之在课堂教学中体现出这项成果的精华。又比如，要学习某位特级教师有关班主任工作的教研成果（有的可能是教育经验），就应当针对自己班级的实际情况，设计研制一个新的班主任工作年度计划，使之在自己的工作中体现出这些成果的先进思想与方法。再比如，要学习吸收某项关于调动教师工作积极性的学校管理的教研成果，就必须针对本校实际研制设计出一个新的管理方案（或工作思路），以便在学校管理的实际工作中体现出这项教研成果精神。

从教育实验的角度来看，研制新的操作方案的过程实际上也是操纵自变量的过程，可以将这些新的操作方案作为自变量作用于被试，进而与旧的操作方案进行比较，就可以从中看出新的教育规律在教育实践过程中所产生的作用。

（2）实验操作方案，做出客观评价。有了应用计划和操作方案，就可以在实际工作中加以实施了。在实施过程中，要应用观察被试的变化情况，并且做出客观的评价。

由于应用的目的是为了解决自己工作中的实际问题，因此，在实施过程中，应当把自己的观察中心始终定位在这些问题的解决上，看看被试是否因为我们改变了原来的教育行为而得到更好的发展；我们的问题是否真的得以解决；是否随着原来那个问题的解决，又带来了新的问题。在实施过程中，一定要注意观察被试的变化情况，它可能比用一张试卷来测验一下实验结果更有意义。因为这可以让我们感知被试的变化过程，感知到这项教研成果所反映的教育规律。

对应用的评价应力求客观。这不妨听取各方面对实施情况的反映，比如学生方面、领导方面、其他同事方面，甚至专家方面，当然也可以对被试进行相应的测试，然后综合各方面的意见，并加上应用者自己的评价，就可以获得该项成果应用的初步评价结果。需要注意的是，应用者自己的评价是举足轻重的，因为自己教育教学的问题是否真正得到了解决，最清楚的还是自己了。

（3）修正操作方案，进行再次实践。不要轻易相信一次操作所得到的结果，在第一次操作之后，还需要及时对实施过程做出反思，肯定成功之处，修正不足之处，在此基础上对操作方案做出修改，并将修改后的方案进行再实践（扩大应用范围进行再实施）。比如，某一种教学方法，我们在这节课中应用成功了，经过反思，找出了成功之处，也知道了不足之处，就可以根据新的教学内容设计新的教案，在以后的课堂教学中再试用。这样从设计操作方案开始，然后实施，然后反思，然后再设计，然后再实施，应用范围不断扩大，认识和见解也就不断提高了。

（4）总结实践经验，形成对原成果的再认识。经过一段时期（如一学期、一学年）的实际应用，就要将所取得的经验进行整理与总结，对照自己对该项教研成果写出的阅读笔记，重新审视原有成果，提出自己的再认识。这个再认识可能就是对原有成果的新发展。这样我们因此可以得到至少三个方面的收获：解决了自己教育教学中的实际问题；创造了某项教研成果应用的操作方案；对原成果所揭示的教育规律有了再认识。

附　录

教育部关于加强和改进新时代基础教育教研工作的意见

教基〔2019〕14号

各省、自治区、直辖市教育厅（教委），新疆生产建设兵团教育局：

教研工作是保障基础教育质量的重要支撑。长期以来，教研工作在推进课程改革、指导教学实践、促进教师发展、服务教育决策等方面，发挥了十分重要的作用。进入新时代，面对发展素质教育、全面提高基础教育质量的新形势新任务新要求，教研工作还存在机构体系不完善、教研队伍不健全、教研方式不科学、条件保障不到位等问题，急需加以解决。为贯彻落实全国教育大会、全国基础教育工作会议精神，深化教育教学改革，全面提高基础教育质量，现就进一步加强和改进新时代基础教育教研工作提出如下意见。

一、总体要求

1. 指导思想。坚持以习近平新时代中国特色社会主义思想为指导，全面贯彻党的教育方针，落实立德树人根本任务，遵循教育规律，树立科学的教育质量观，为构建德智体美劳全面培养的教育体系，发展素质教育，培养担当民族复兴大任的时代新人提供强有力的专业支撑。

2. 主要任务。服务学校教育教学，引领课程教学改革，提高教育教学质量；服务教师专业成长，指导教师改进教学方式，提高教书育人能力；服务学生全面发展，深入研究学生学习和成长规律，提高学生综合素质；服务教育管理决策，加强基础教育理论、政策和实践研究，提高教育决策的科学化水平。

二、完善教研工作体系

3. 健全教研机构。按照《中共中央　国务院关于深化教育教学改革全面提高义务教育质量的意见》要求，进一步完善国家、省、市、县、校五级教研工作体系，有条件的地方应独立设置教研机构，暂不具备条件的地方应在相对统一的教育事业单位内独立设置，形成上下联动、运行高效的教研工作机制。各级教育行政部门要加强对教研机构的组织领导，上级教研机构要加强对下级教研机构的业务指导，教研机构要加强与中小学校、高等学校、科研院所、教师培训、考试评价、电化教育、教育装备等单位的协作，形成以教育行政部门为主导、教研机构为主体、中小学校为基地、相关单位通力协作的教研工作新格局。

4. 明晰工作职责。教育部基础教育课程教材发展中心在部内有关司局指导下，组织开展基础教育教研工作，发挥专业引领作用，组织实施重大教学改革研究项目，建设基础教育教研基地，指导各地教研工作。地方各级教育行政部门要进一步明确教研机构的工作职责，充分发挥教研机构在推进区域课程教学改革、教学诊断与改进、课程教学资源建设、培育推广优秀教学成果等方面的重要作用。省级教研机构要加强对教研工作的统筹指导，市、县级教研机构要重心下移，深入学校、课堂、教师、学生之中，紧密联系教育教学一线实际开展研究，指导学校和教师加强校本教研，改进教育教学工作，形成在课程目标引领下的备、教、学、评一体化的教学格局。

5. 强化校本教研。校本教研要立足学校实际，以实施新课程新教材、探索新方法新技术、提高教师专业能力为重点，着力增强教学设计的整体性、系统化，不断提高基于课程标准的教学水平。学校要健全校本教研制度，开展经常性教研活动，充分发挥教研组、备课组、年级组在研究学生学习、改进教学方法、优化作业设计、解决教学问题、指导家庭教育等方面的作用。

三、深化教研工作改革

6. 突出全面育人研究。聚焦构建德智体美劳全面培养的教育体系，健全立德树人落实机制，围绕如何突出德育实效、提升智育水平、强化体育锻炼、增强美育熏陶、加强劳动教育等方面重点问题，强化学科整体育人功能，深入开展内容、策略、方法、机制研究，指导学校将德智体美劳全面培养的要求有机融入教育教学全过程，促进学生德智体美劳全面发展、健康成长。

7. 加强关键环节研究。加强对课程、教学、作业和考试评价等育人关键环节研究。强化国家课程研究，指导学校和教师准确把握国家课程方案和课程标准，做好课程实施工作；加强地方课程和校本课程开发研究，丰富学校课程体系，满足学生多样化发展需求。加强综合性和实践性教学研究，指导学校和教师不断创新教学组织形式和教育教学方式。加强作业设计研究，指导学校和教师完善作业调控机制，创新作业方式，提升作业设计水平。加强考试评价改革研究，提高考试命题质量，推动建立以发展素质教育为导向的科学评价体系。

8. 创新教研工作方式。要根据不同学科、不同学段、不同教师的实际情况，因地制宜采用区域教研、网络教研、综合教研、主题教研以及教学展示、现场指导、项目研究等多种方式，提升教研工作的针对性、有效性和吸引力、创造力。积极探索信息技术背景下的教研模式改革。各地要对教研员每学期到学校讲授示范课、公开课，组织研究课，开展听评课和说课活动等提出明确要求；建立教研员乡村学校、薄弱学校联系点制度，组织教研员到农村、贫困、民族、边远地区学校和薄弱学校持续开展教学指导，帮助乡村学校和薄弱学校提升教育教学质量。

四、加强教研队伍建设

9. 严格专业标准。严格教研员准入制度。教研员一般应具备以下基本条件：（1）政治素质过硬。牢固树立“四个意识”，坚定“四个自信”，坚决做到“两个维护”，认真贯彻党的教育方针。（2）事业心责任感强。有教育理想和教育情怀，热爱教研工作，自觉为提高基础教育质量贡献智慧。（3）教育观念正确。遵循教育规律和学生身心发展规律，坚持德智体美劳全面培养，积极践行发展素质教育。（4）教研能力较强。具有扎实的教育理论功底，教学经验丰富，原则上应有6年以上教学工作经历，具有中级以上教师专业技术职称，在教育教学上取得优异成绩。（5）职业道德良好。遵守教研工作学术道德，作风民主，有较强的服务精神，善于听取和总结基层经验，勇于探索教育教学改革创新。各省级教育行政部门可从实际出发，进一步明确各级教研员准入条件。

10. 认真遴选配备。严格按照专业标准和准入条件完善教研员遴选配备办法。建立专兼结合的教研队伍，省、市、县三级教研机构应按照国家课程方案配齐所有学科专职教研员，有条件的地方应分学段配齐所有学科专职教研员；各级教研机构可在中小学或其他相关机构聘请若干名符合条件的兼职教研员。优化教研队伍年龄结构，及时遴选优秀年轻教师充实教研队伍，保持教研队伍充满活力。建立专职教研员定期到中小学任教制度，教研员在岗工作满5年后，原则上要到中小学校从事1学年以上教育教学工作。对于不履行教研职责、违背教研员职业道德、不适宜继续从事教研工作的教研员，应及时调整出教研队伍。

11. 促进专业发展。加强教研员培训，将其纳入教师“国培计划”，教育部每年组织骨干教研员国家级示范培训；省、市、县级教育行政部门要建立教研员全员培训制度，每位教研员每年接受不少于72课时的培训。各级教育行政部门和教研机构，要根据教育教学改革需要，设立若干重点研究项目，组织教研员开展课题研究，提高教研能力和教学指导水平。教研员专业技术职称原则上执行中小学教师职称系列，也可根据自身情况，选择社会科学研究系列；各地要充分考虑教研员岗位专业要求高、指导责任重的特殊性，适当提高教研机构专业技术高级岗位比例。依法依规保障教研员工资待遇，对作出突出贡献的教研员应予以表彰奖励。

五、完善保障机制

12. 加强组织领导。各地教育行政部门要高度重视教研工作，将其摆在更加突出的重要位置，切实加强工作指导，确保教研工作正确方向，及时研究解决教研工作中遇到的困难和问题，保障教研工作有效开展。要认真做好教研机构负责人和教研员的遴选配备工作。加强教研制度建设，抓紧完善教研工作体系，积极推进教研工作创新，加大对各地各校教研工作典型经验的宣传推广力度，促进教研工作科学化、专业化和规范化发展。

13. 加大经费投入。各级教育行政部门要把教研工作经费纳入本级教育事业经费预算，保障教研工作经费随教育事业的发展逐步增加，确保教研机构日常运转和组织开展重要教研课题研究的经费需要，并对学校开展教研工作给予经费支持。

14. 强化督导评估。教研工作要作为地方人民政府履行教育职责的重要内容，各地教育督导部门要将其纳入督导评估体系，重点督导评估教研工作方向、机构设置、队伍建设、条件保障和教研工作实效等。强化督导评估结果运用，将评估结果作为评价政府履行教育职责行为和对教研机构及教研员实施绩效奖励、评优评先等方面的重要参考依据。

教育部

2019 年 11 月 20 日

参考文献

[1] 钟启泉，崔允漷，张华. 为了中华民族的复兴为了每位学生的发展：《基础教育课程改革纲要（试行）》解读［M］. 上海：华东师范大学出版社，2001.

[2] 朱慕菊. 走进新课程：与新课程实施者对话［M］. 北京：北京师范大学出版社，2002.

[3] 王少非. 新课程背景下的教师专业发展［M］. 上海：华东师范大学出版社，2005.

[4] 吴明清. 教育研究：基本观念与方法之分析［M］. 台北：五南图书出版公司，1991.

[5] 张民生，金宝成. 现代教师：走近教育科研［M］. 北京：教育科学出版社，2002.

[6] 潘国青. 学校教育科研新论［M］. 上海：上海教育出版社，2005.

[7] 郑慧琦，胡兴宏. 教师成为研究者［M］. 上海：上海教育出版社，2005.

[8] 李冲锋. 教师教学科研指南［M］. 上海：华东师范大学出版社，2009.

[9] 余文森，吴刚平，刘良华. 探索以校为本的教学研究［M］. 上海：华东师范大学出版社，2005.

[10] 郑金洲. 校本研究指导［M］. 北京：教育科学出版社，2002.

[11] 张行涛，李玉平. 走进校本教研［M］. 北京：开明出版社，2003.

[12] 邹尚智. 校本教研指导 [M]. 北京：首都师范大学出版社，2004.

[13] 严先元. 教师怎样做校本研究 [M]. 北京：中国轻工业出版社，2007.

[14] 柯孔标. 校本教研实践模式研究 [M]. 杭州：浙江大学出版社，2008.

[15] 胡庆芳，汤立宏，赵勤，等. 校本教研实践创新 [M]. 北京：教育科学出版社，2007.

[16] 胡庆芳，陈向青，徐谊. 校本教研制度创新 [M]. 北京：教育科学出版社，2007.

[17] 创建以校为本教研制度建设基地项目组. 校本教研在行动 [M]. 北京：高等教育出版社，2006.

[18] 沈凌. 校本教研新视野 [M]. 北京：国家行政学院出版社，2013.

[19] 张丰，顾泠沅，王洁. 校本研修的活动策划与制度建设 [M]. 上海：华东师范大学出版社，2007.

[20] 赵才欣. 有效教研：基础教育教研工作导论 [M]. 上海：上海教育出版社，2009.

[21] 杨向谊，陆葆谦. 互动·共享·创新：学校教研组建设的新探索 [M]. 上海：上海教育出版社，2008.